JN493042

린(Lean) 6시그마 분석과 성과 향상

"각 조직의 가치창출경로의 도표화 및 시뮬레이션 솔루션을 활용하여 각 업무의 프로세스를 분석하고 시뮬레이션을 통해 시나리오를 검토함으로써 성과향상을 달성합니다!"

시그마플로우 가치흐름지도 그리기 시뮬레이터를 활용한
SigmaFlow VSM(Value Stream Mapping) Simulator

린(Lean) 6 시그마 분석과 성과 향상

(주)디시전사이언스
강현수·조영성 옮김

VSM SIGMAFLOW (Value Stream Mapping) Simulator

KYOWOOSA 教友社

시그마플로우 가치흐름지도 그리기 시뮬레이터를 활용한
SigmaFlow VSM(Value Stream Mapping) Simulator

린(Lean) 6시그마 분석과 성과 향상

Copyright, Trademarks and Service Marks

SigmaFlow VSM and all its documentation are Copyright ⓒ 2001 – 2008,
Compass Partners, Inc. All Rights Reserved.
Six Sigma is a registered trademark of Motorola, Inc.
SigmaFlow is a trademark of Compass Partners, Inc.
Microsoft Project is a trademark of Microsoft, Inc.
All other marks are the property of their respective owners.

This book was published in 2010 by
Kyowoo Publishing imprint, Seoul.

이 책의 저작권은 원 저작권자와의 계약으로 (주)디시전사이언스에 있으며 판권은
(주)디시전사이언스와 도서출판 교우사와의 계약에 의해 도서출판 교우사에 있습니다.
저작권법에 의해 한국내에서 보호를 받은 저작물이므로 무단 전재, 복재, 전승, 배포 등을 금합니다.

머리말

조직의 구성원으로써 우리가 자주 듣고, 보고, 관심을 기울이는 주제 중 하나는 "성과의 측정 및 향상"에 관한 것이다. 성과를 올바르게 측정하고 향상시키는 것은 인류의 역사와 함께 시작된, 유한한 자원이라는 제약조건 하에서 살아가는 우리 인간의 기본 과제이다. 시대가 변함에 따라 성과를 측정하고 향상시키는 방법 역시 거듭 발전해왔다. 최근에는 TQM, Lean Management, 6시그마 등과 더불어 BSC(Balanced Scorecard), Performance Pyramid, Performance Prism 등이 새로운 방법들로 널리 활용되고 있다.

그러나 지난 수년간의 교육, 자문, 솔루션 제공 등을 통해 얻은 경험에 의하면, 매우 위험스럽게도, 많은 사람과 조직이 최신의 방법론을 최선의 방법으로 도입활용하면 성과 향상이 이루어지거나 최소한 커다란 도움이 될 것이라고 무의식적으로 믿고 있다는 점이다. 이에 따라 최신의 방법론을 도입활용하는데 엄청난 노력과 비용을 투자하고 있지만 성과에 대해서는 회의적인 경우가 빈번히 발생하게 된다. 이는 여러 가지 원인에 기인하지만, 중요한 원인을 다음과 같이 정리할 수 있다.

첫째, 방법론 자체가 목적이 된다. 방법은 어떤 목적을 달성하기 위한 수단임을 모두가 알고 있음에도 불구하고, 많은 경우에 6시그마, BSC 등과 같은 방법론의 추구 자체가 목적이 되어 "성과향상"이라는 진정한 목적은 잃어 버리게 된다. 즉 성과측정/향상이라는 목적에서 볼 때 어떤 방법론도 결코 완벽하지 않으며 스스로의 한계를 가지고 있기 때문에 장점은 활용하되 단점을 다른 방법으로 보완해야 함에도 불구하고, 방법론 자체가 목적이 됨에 따라 오히려 문제만을 확대하는 경우가 많다.

둘째, 조직의 필요와 방법론의 활용이 따로 논다. 아무리 좋은 방법론일지라도 조직의 상황과 필요에 부합하지 않으면 의미가 없다. 그럼에도 불구하고 시장에서 이슈가 되고 있거나 다른 조직에서 활용하고 있기 때문에 우리 조직에서도 도입활용하고자 시도한다. 이 때 조직의 상황 및 니즈에 맞는 방법론인지 여부에 대한 검

PREFACE

토는 무시되기 일쑤다. 무시되는 실질적인 이유는 조직의 니즈는 찾아냈지만, 이를 충족하기 위한 "가장 좋은 방법론들의 조합이 무엇이며, 이를 어떻게 유기적으로 활용해야 하는지"를 알기가 쉽지 않기 때문이라고 생각한다.

셋째, 경제적이면서도 용이하게 활용할 수 있는 도구가 없다. 앞의 2가지 문제점이 극복되었다 하더라도 남는 것은 선택한 방법론들을 우리 조직에 효과적이고 효율적으로 활용할 수 있도록 해주는 도구(tool), 즉 솔루션을 가지고 있지 않다는 점이다. 아무리 방법론의 장점과 한계를 잘 이해하고 이를 조직의 니즈에 맞게 선택한다 하더라도 실제 상황에서 쉽게 활용할 수 있는 도구가 없다면 앞의 노력은 도로(徒勞)가 된다. 현학적 탁상공론이 될 뿐이다.

이런 문제점을 극복하고 조직의 성과향상을 달성하기 위해 무엇을 해야 하는가? 이에 대한 해답을 찾는데 도움을 줄 수 있다면 매우 의미 있는 일이 될 것이다. 이 책은 이를 위한 출발점으로 활용될 수 있도록 하기 위한 취지에서 출간하게 되었다.

프로세스 데이터를 실행 가능한 가치분석 정보로 전환

성과향상의 기본은 제품이나 서비스를 생산하고 이를 제공하는 것과 관련된 프로세스의 이해와 개선으로부터 시작되어야 한다. BSC, MBO, 6시그마 등의 방법론 들이 효과를 나타내기 위해서는 먼저 어떤 프로세스에 대한 이해와 이의 개선방향을 먼저 찾아낸 다음에나 가능한 것이다. 이 책에서 활용하고 있는 솔루션인 SigmaFlow VSM은 다음과 같은 여러 가지 프로세스 기반 방법론들을 실행하고 유지할 수 있도록 해준다.

- 품질 보증(Quality Certification): 말콤 볼드리지, ISO 9000 등
- 안전(Safety): DuPont STOP, HAZOP, Milliken 등
- 의료 인증(Medical Certification): JCAHO, MAGNET 등

- 프로젝트 관리(Project Management): PMBOK, PRINCE2, TenStep 등
- 페이즈 게이트 개발(Phase-Gate Development): CMMI, SDLC, Stage-Gate 등
- 성과 향상(Performance Improvement): SCOR, 린 6시그마 등
- 기타 1000여 개의 절차 기반 방법론 등

이 책의 내용은 세계적으로 매우 널리 활용되고 있는 SigmaFlow VSM(Value Stream Map) 소프트웨어의 매뉴얼을 기반으로 한다. SigmaFlow VSM은 현행 프로세스를 분석하고 시뮬레이션을 통해 여러 시나리오를 만들 수 있게 지원한다. 이를 통해 프로젝트의 cycle time과 오류 및 비효율성을 제거하고, 리스크를 반영 및 관리하며, 더 좋은 프로젝트 관리와 성과향상을 확보할 수 있도록 지원한다. 세부 프로세스 지도, 부가가치 보고서, Lean Management, 시뮬레이션 등을 주요 구성요소로 하고 있다. 또한 프로세스, 경보, KPI(Key Performances Indicators) 등 꼭 필요한 정보를 제공한다. 이를 통해 새로운 프로세스를 더 잘 관리 및 유지할 수 있게 된다.

- 절차 품질 관리: 어떤 표준적 운영 절차에 대한 템플릿을 생성하고 참고문서, 도구 측정지표들을 연결할 수 있도록 지원한다. 품질 측정지표를 연결함으로써 프로세스 능력을 쉽게 계산할 수 있게 하고 프로세스 수익이 오랜 동안 지속되도록 한다.
- 성과 측정지표 시스템: 성과 자료에 전후 좌우 문맥을 파악할 수 있도록 하여 정보가 프로세스 다이어그램과 추세 차트에서 쉽게 표현될 수 있도록 한다.
- 성과표와 대시보드: 프로세스, 측정지표, 역할, 책임 등을 조직 내 모든 사람이 보고 이해할 수 있도록 하나의 그림으로 제공한다. 품질 향상 문화를 일상의 업무 프로세스로 제도화할 수 있게 된다.

이 책은 조직의 성과향상을 위해 노력하고 있는 임직원들과 컨설턴트, 연구자, 기타 관련자들 모두에게 도움이 될 수 있을 것으로 기대한다. 특히 사회 진출을 위해 살아있는 지식을 쌓고 있는 학생들도 염두에 두었다. 이 책의 내용을 잘 이해하고 관련 도구를 잘 활용할 수 있게 된다면 많은 조직에서 환영 받게 될 것으로 생각한다.

끝으로, 이 책이 출간되기까지 믿고 지원해 주신 교우사의 오판근 사장님과 직원들께 깊이 감사 드린다.

(주)디시전사이언스
강현수 · 조영성

PREFACE

아래주소에서 회원등록후 trial 버전을 다운로드 받아 사용하실 수 있습니다.

http://www.sigmaflow.com/downloads.html 또는
http://www.expertchoice.co.kr/software.html

차례

PART 01 가치흐름지도(VSM)

CONTENTS

PART 02 시뮬레이션(Simulation)

C O N T E N T S

1 시뮬레이션(Simulation) 개요

2 SigmaFlow Simulator 활용

3 시그마플로우 시뮬레이터(SigmaFlow Simulator) 소프트웨어

CONTENTS

시그마플로우 가치흐름지도 그리기 시뮬레이터를 활용한
SigmaFlow VSM(Value Stream Mapping) Simulator

린(Lean) 6시그마 분석과 성과 향상

PART 01

가치흐름지도(VSM)

1 가치흐름지도(VSM) 개요

가치흐름지도(VSM, Value Stream Map)

가치흐름지도는 고객을 위한 가치를 창출하는 프로세스/활동들을 철저하게 분석하여 모아놓은 지도를 말하는데, 일반적으로 사람, 도구, 기술, 시설, 커뮤니케이션 채널, 정책, 절차 등을 포함한다. 즉, 모든 제품에 필수적인 기본 흐름을 통해 제품을 생산하는 데 필요한 모든 활동들(부가가치가 있는 활동뿐만 아니라 부가가치가 없는 활동 포함)을 말한다. 이는 '원재료로부터 고객의 손에 이르기까지의 전 과정'과 '개념으로부터 제품 출시에 이르는 디자인 과정'을 포함한다.

일반적으로 가치흐름지도를 구축하는 주요 단계는 다음과 같다.

① 최종 고객에 따라 제품군을 선정한다.

② 한 사람을 선정하여 지도 그리기 과정을 이끌어 가도록 한다.

③ 공장에 대하여 각 단계별로 현행 상태를 지도로 그린다.

④ 바람직한 미래의 린 가치흐름지도를 그린다.

⑤ 미래의 상태를 달성하기 위한 실현 계획을 수립한다.

이 때, 시그마플로우 VSM(SigmaFlow VSM) 소프트웨어는 다음과 같은 장점을 가지고 있어 VSM을 쉽고 빠르게 구축할 수 있다.

① 널리 활용되는 소프트웨어인 Visio에 기초한 솔루션을 제공하여 학습시간을 단축한다.

② 프로세스에서 실제 발생하는 상황을 쉽게, 그리고 올바르게 파악할 수 있도록 한다.

③ 팀원들의 프로세스에 대한 이해를 공유하고 촉진할 수 있도록 한다.

④ 프로세스를 구성단계로 나누어 분석할 수 있도록 한다.

⑤ 구체적 자료가 적용될 구조를 제공한다.

⑥ 자원과 정보의 흐름을 포함한다.

⑦ 보기 쉬운 린 Scorecard를 제공하고 이를 간단하게 Excel로 보낼 수 있게 한다.

⑧ 이해하기 쉬운 그래프를 제공하여 분석을 신속하게 할 수 있게 한다.

2 가치흐름지도(VSM) 활용

시그마플로우 VSM(SigmaFlow VSM) 소프트웨어를 활용하여 프로젝트를 시작하는 방법을 살펴본다. 특히 시그마플로우 VSM(SigmaFlow VSM) 소프트웨어는 '완전한 가치창출경로 분석'을 하기 전에 '린 벤치마킹 분석'을 수행할 수 있게 지원한다.

린 벤치마킹과 가치흐름지도 분석의 비교

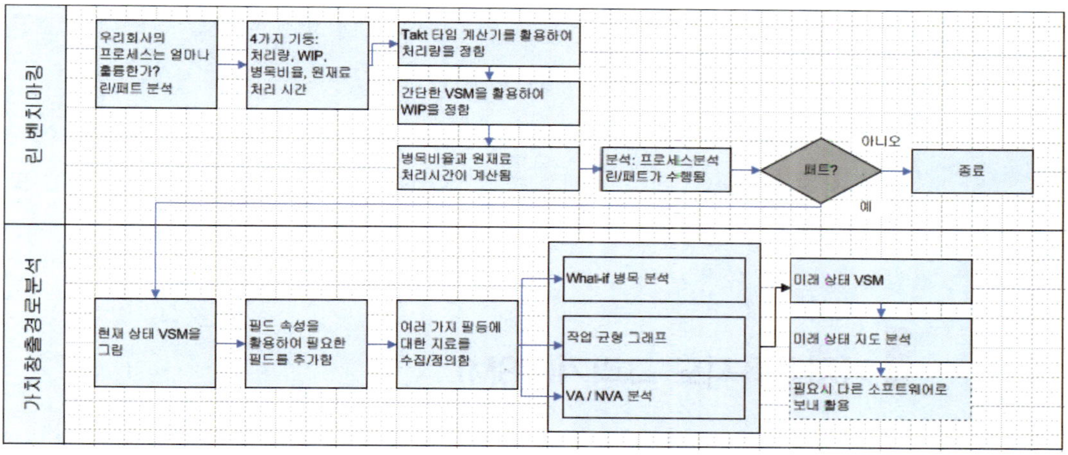

린 벤치마킹(Lean Benchmarking)

❶ 시그마플로우 VSM(SigmaFlow VSM) 소프트웨어를 시작한다.

❷ 시작 화면에서 "Create a Value Stream Map" 아이콘을 선택한다. 오른쪽에 Value Stream Map의 캔버스가 나타나며 왼쪽에 도형(셰이프, shape)들이 나타난다. 소프트웨어에서 기본적으로 설정한 템플리트 화면이 나타남. 이를 수정해서 활용해도 되지만, 여기서는 [File] – [New]를 선택하여 새로운 화면에서 시작하는 것을 살펴 본다.

❸ 단계 1: 필요한 도형들을 캔버스에 끌어 놓아 기본 프로세스 단계들을 그린다.

❹ 단계 2: 메뉴에서 [Tools] – [Takt Time Calculator]를 선택하고 "Available Work Time"과 "Demand / Throughput" 밑에 있는 변수들란에 해당 값을 입력한다.

❺ 단계 3: 캔버스에서 단계들을 나타내는 도형을 오른쪽 마우스로 클릭하고

"Open Activity Task Pane"을 선택한다.(이미 열려 있지 않은 경우). 오른쪽에 Task Pane이 나타나는데, 드롭다운 리스트에서 "Numeric Data"를 선택하고 기본 WIP(Work in Process) inventory, # of machines, utilization 등을 입력한다. 프로세스 단계를 나타내는 모든 도형들에 대해 동일한 과정을 수행한다.

❻ 단계 4: 메뉴에서 [Reports] – [Lean Benchmarking]을 선택한다. 여기서 Summary 탭을 선택하면 분석결과가 나타난다(프로세스가 Lean 또는 FAT인 경우).

가치흐름지도 그리기(VSM)

❶ 시그마플로우 VSM(SigmaFlow VSM) 소프트웨어를 시작한다.

❷ 시작 화면에서 "Create a Value Stream Map" 아이콘을 선택한다. 오른쪽에 Value Stream Map의 캔버스가 나타나며 왼쪽에 도형들이 나타난다.

❸ 단계 1: 원하는 도형들을 캔버스에 끌어 놓아 기본 프로세스 단계들을 그린다.

❹ 단계 2: 메뉴에서 [Tools]-[Takt Time Calculator]를 선택하고 "Available Work Time" 과 "Demand / Throughput" 밑에 있는 변수들 란에 해당 값을 입력한다.

❺ 단계 3: header 메뉴에서 [Settings]-[Numeric Data] 탭을 선택한다. 린 솔루션에서 가장 많이 활용되는 몇 개의 기본 린 필드(field)가 나타난다. "Add Field" 단추를 활용하여 원하는 필드를 추가할 수 있으며, 필요 없는 필드를 오른쪽 마우스로 클릭하고 Delete Fields를 선택하면 필드를 삭제할 수도 있다(단, 기본 필드는 삭제할 수 없다).

❻ 단계 4: 캔버스에서 단계들을 나타내는 도형을 오른쪽 마우스로 클릭하고 "Open Activity Task Pane"을 선택함(이미 열려 있지 않은 경우). 오른쪽에 Task Pane이 나타나는데, dropdown 리스트에서 "Numeric Data"를 선택하고 다음 과정을 수행한다.

i. 해당 도형에 대한 값과 단위를 입력한다. 값을 입력하는 field 밖을 클릭하면 VSM을 위한 체크박스가 체크된다.
ii. 아래에 있는 "Calculated Fields"에 있는 요소들의 값이 자동적으로 바뀐다.
iii. "Refresh" 단추를 누르면, 지도에 있는 이들 field의 값들이 나타난다.

❼ 단계 5: 메뉴에서 [Reports]-[Value Stream Mapping]을 선택한다. 지도에 있는 여러 objects(도형으로 표시됨)의 데이터가 나타난다.

i. 위 부분에 VSM에 대한 요약 정보가 나타난다.
ii. 그리드에서 "Function" 행에 있는 드롭다운 메뉴를 활용하여 해당 열의 데이터 통합 방법을 적용한다.
iii. "Select" 체크박스를 체크하거나 체크를 삭제하면 통합 방법에 따라 통합 계산 시에 포함할 행을 선택할 수 있다.
iv. 화면의 오른쪽 위에 있는 "Customize" 아이콘을 활용하여 열을 감추거나 보이게 할 수 있다.
v. 화면의 오른쪽 위에 있는 "Export to Excel" 아이콘을 활용하여 데이터를 Excel로 보낼 수 있다.
vi. 화면의 오른쪽 위에 있는 "Graph" 아이콘을 활용하여 VSM에 대한 작업량 균형 그래프를 볼 수 있다.

린 벤치마킹(Lean Benchmarking)과 가치흐름지도 그리기(VSM) 사례

대찬㈜은 전기자전거 부품을 생산하고 있다. 최근 국제 오일 가격의 꾸준한 인상과 친환경 제품에 대한 시민들의 수요 증대로 인하여 전기자전거에 대한 수요가 큰 폭으로 증가하고 있다. 이에 따라 대찬㈜의 생산 제품 중 전기자전거용 변속기에 대한 수요도 큰 폭으로 증가하고 있어, 현재의 프로세스를 점검하여 낭비 요소가 있는 경우 이를 제거하고, 프로세스 자체의 변경이 필요한 경우에는 새로운 프로세스를 구축하고자 한다. 이를 위해 Lean Manufacturing의 기법을 활용하기로 하였다.

1. 예상되는 수요와 현재의 프로세스에 대한 데이터를 수집

- **예상 수요:** 최근의 수요와 고객과의 면담을 통한 올해의 수요는 월평균 약 8,000개로 추정되었다.

- **현행 프로세스:** 현장을 방문하여 조사한 현재의 변속기 제작 프로세스는 다음과 같이 6단계를 거치는 것으로 조사되었다.

압형 → 용접 1 → 용접 2 → 조립 1 → 조립 2 → 선적

한편, 용접 1과 용접 2는 각각 다음과 같은 하위 프로세스를 가지고 있었다.

압형 → 용접 1 → 용접 2 → 조립 1 → 조립 2 → 선적

- 한편, 현장 방문 조사 당시 각 단계에서의 데이터는 다음과 같이 조사되었다.

구분	단위	압형	용접 1	용접 2	조립 1	조립 2	선적
가공시간(Cycle Time)	초	62.75	215.0	105.909	42.907	145	163.62
전환시간(Changeover Time)	초	3,600	600	610	300	300	0
자원의 수(Number of Resources)	명	1	3	3	1	2	3
자원 활용가능도 (Resource Availability)	%	100	85	61.67	100	100	100
기계의 수(Number of Machines)	대	1	3	3	1	1	1
기계 활용가능도 (Machine Availability)	%	90	93.33	88.33	75	85	100
교대 작업조 수(Number of Shift)	조	2	2	2	1	1	1
재고(Inventory)	개	20	90	120	50	50	30
일관처리 크기(Move Batch Size)	개	20	20	20	20	20	20

주) 1. Cycle time(CT): Cycle time은 주어진 routing에서 특정 job이 routing의 시작점에 투입되어 끝점에 도달하는 데 걸리는 평균 시간을 의미함(특정 parts가 WIP로서 존재하는 시간) ≒ average cycle time, flow time, throughput time, sojourn time
2. Lead time: 특정 routing 혹은 line에 할당되어진 part 생산 시간
3. Work in process(WIP; 재공품): 제품 생산 routing상의 시작점과 끝점 사이에 있는 재고량

2. 현재의 프로세스에 대한 Lean Benchmarking 분석을 실시

❶ 먼저 SigmaFlow VSM 소프트웨어를 시작하고 시작 화면에서 Create a Value Stream Map을 선택한다. 시스템에서 기본으로 제공하는 template이 나타나는데, 우리의 프로세스는 이와 상당히 다르므로 새로운 파일을 만들어 활용하도록 한다. [File]-[New]-[Process Map]을 선택하면 다음 화면이 나타난다.

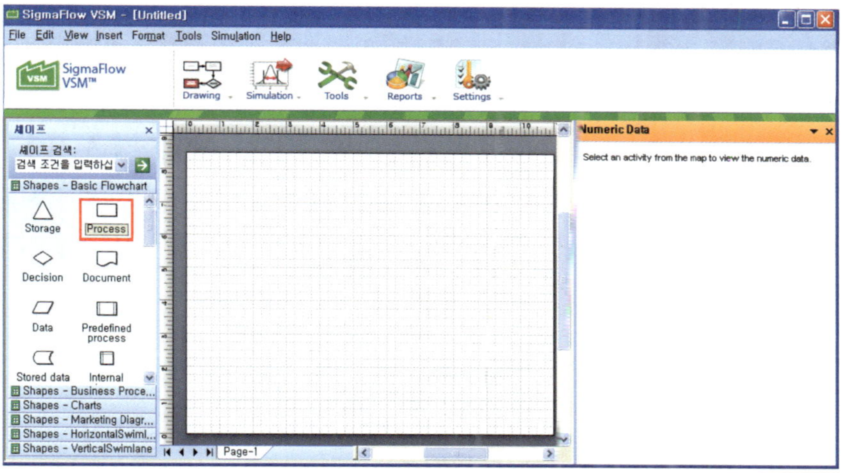

❷ 셰이프(shapes)에서 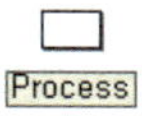 를 클릭한 상태에서 모눈종이 모양의 캔버스로 끌어 놓는다. 이제 캔버스에 놓인 도형을 더블클릭하여 "압형"이라고 입력한다. 이런 과정을 "용접 1", "용접 2", "조립 1", "조립 2", "선적"에 대하여 동일하게 실시해보자.

❸ 셰이프에서 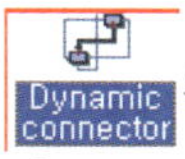 를 클릭한 상태에서 첫 번째 도형의 오른쪽 경계선의 가운데로 끌어 놓는다. 그런 다음 화살표의 오른쪽 아래 부분을 클릭하여 다음 도형의 왼쪽 경계선의 가운데로 끌어 놓는다.

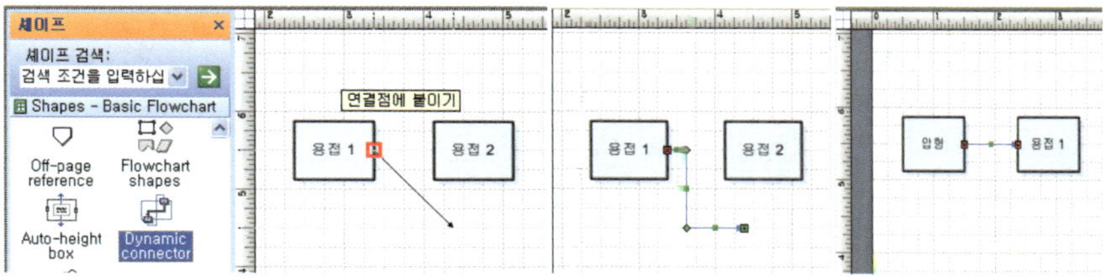

❹. 완성된 프로세스 지도(map)가 다음과 같이 그려진다.

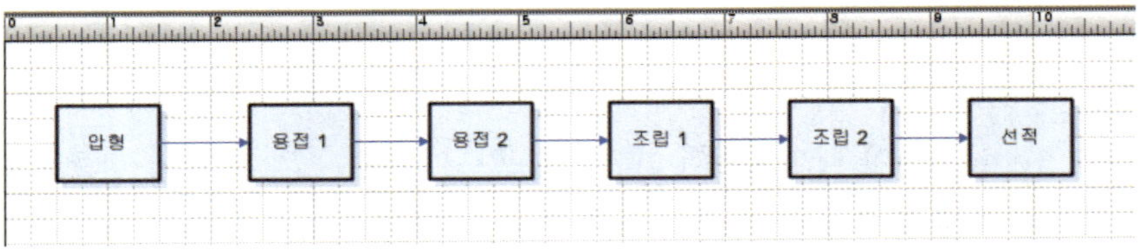

❺ 이제 프로세스의 제목을 달고 편집을 한다. 메뉴에서 [View]-[ToolBars]-[Standard]를 클릭하면 아이콘들이 나타나는데, A를 선택하고 원하는 영역을 선택하면 텍스트를 입력할 수 있는 상자가 나타난다. 여기에 "전기자전거용 변속기 제작 프로세스"라고 입력한다. 그런 다음, 를 클릭하여 커서를 바꾼 다음 텍스트 상자를 오른쪽 클릭한다. [서식]-[텍스트]를 선택하여 글자의 크기, 모양 등을 바꾸고, [서식]→[채우기]를 선택하여 텍스트 상자의 배경색을 지정할 수 있다.

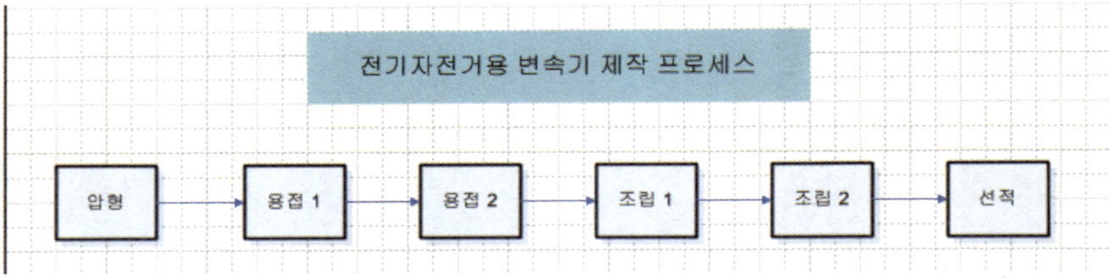

❻ 이제 메뉴에서 [Menu]-[Tools]-[Takt Time Calculator]를 선택하고, "Available Work Time"과 "Demand / Throughput" 밑에 있는 변수들 란에 해당 값을 입력한다. 시스템에서 기본 설정으로 다음과 같은 값들이 나타난다.

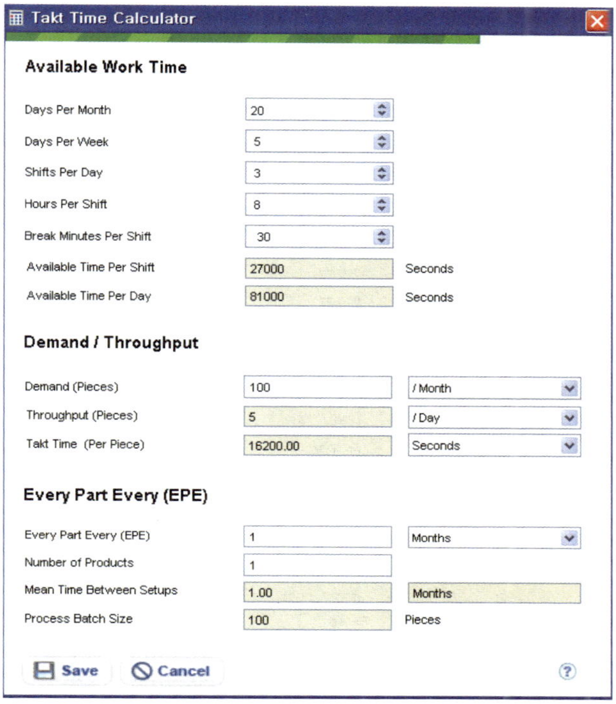

대찬㈜는 월요일~금요일까지 근무하므로 위 값들 중 Days Per Month(월중 근무일수)와 Days Per Week(주중 근무일수)는 20과 5를 그대로 두고, Shifts Per Day(일중 교대 작업조)는 기본 2교대이므로 2로 수정하고(단, 교대 작업조의 수가 2가 아닌 경우에는 향후 각 object에서 수정 입력), Hours Per Shift(교대 작업조 당 근무시간)은 8시간이므로 그대로 두고, Break Minutes Per Shift(교대 작업조 당 휴식시간)은 60분이므로 60으로 수정 입력한다. 그러면 Available Time Per Shift와 Available Time Per Day가 자동적으로 계산되어 나타난다. 또한 Demand(수요)는 월 8,000개이므로 8,000을 입력한다. 그러면 Throughput(Pieces)과 Takt Time(Per Piece)가 자동으로 계산되어 나타난다.

* Every Part Evert(EPE)는 나중에 설명하므로 여기서는 그대로 둔다.
  수정된 Takt Time Calculator의 내용은 다음과 같다.

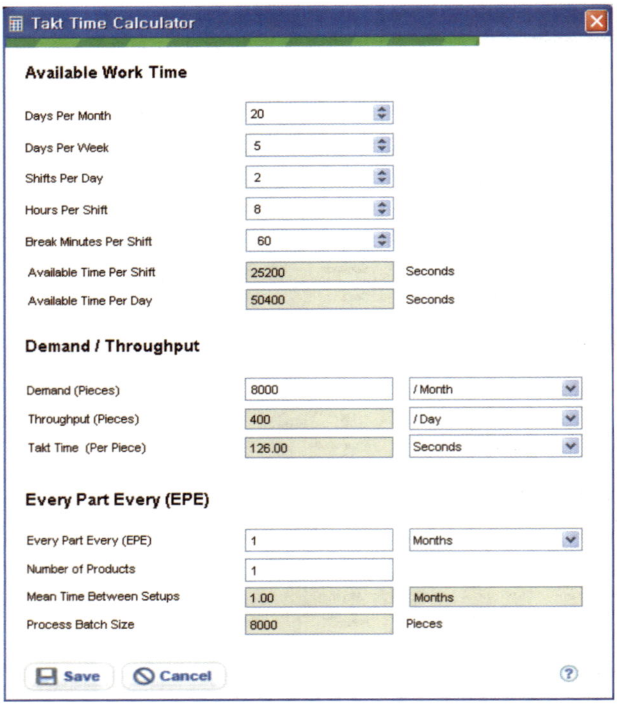

❼ 다음으로 "압형" object를 클릭하고 "Open Activity Task Pane"을 선택함(이미 열려 있는 경우에는 이 단계가 필요 없다).

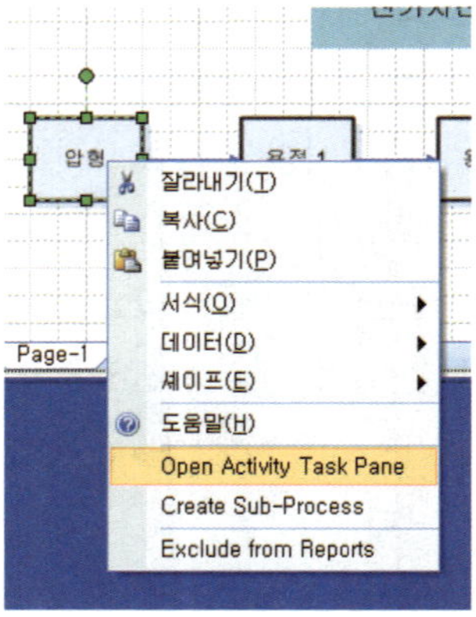

오른 쪽에 과제 창(Task Pane)이 나타나는데, 과제 창의 드롭다운(dropdown) 리스트에서 "Numeric Data"를 선택한다.

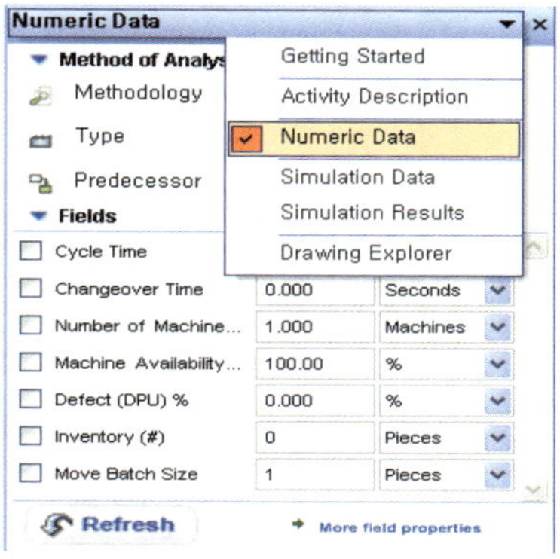

이제, 필요한 인수 및 값들을 입력해야 함. “압형”에 대한 Numeric Data에는 위 데이터 표의 내용을 참조하여 다음과 같이 입력한다.

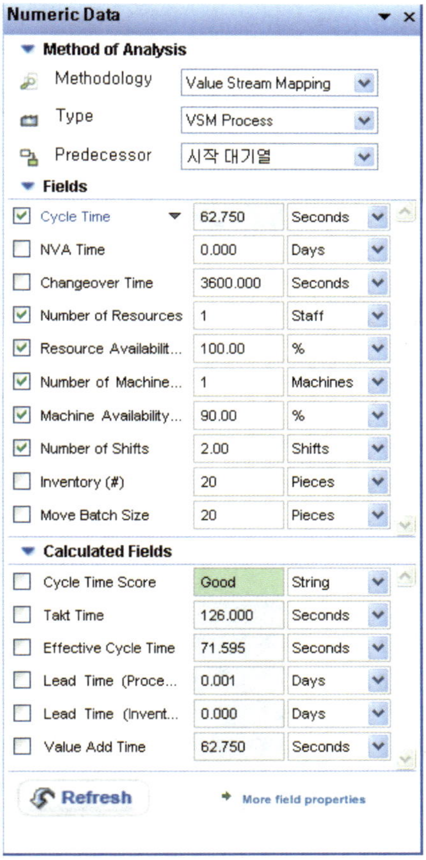

왼쪽 과제 창에서 ☑로 선택한 field는 VSM의 object 아래에 나타날 항목이다. 선개한 후 왼쪽 아래에 있는 **Refresh** 단추를 클릭하던 선택한 데이터가 해당 object 아래에 나타난다.

참조

위 그림에 나타난 필드가 없는 경우에는 과제 창 오른쪽 아래에 있는 [More field properties] 를 클릭하여 나타나는 화면에서 원하는 Fields를 선택하면 됨. [Drawing] 를 클릭하여 원래의 화면으로 돌아오면, 과제 창에 선택한 필드가 표시되어 있는 것을 확인할 수 있다.

위와 같은 과정을 모든 object에 대해 실시한다. 모든 object에 대한 데이터 입력이 끝난 후, [Reports] 를 클릭하고 "Summary" 탭을 클릭하면 요약 분석결과가 다음과 같이 나타난다.

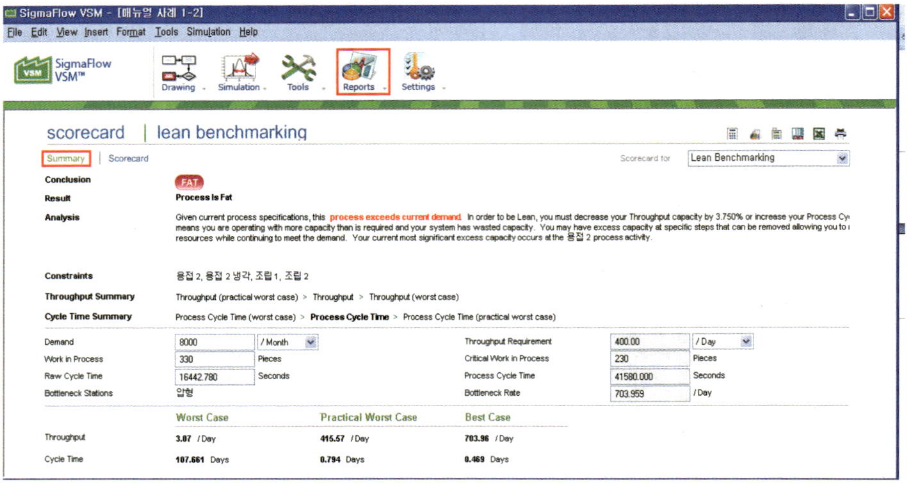

분석결과, 위 그림에서 볼 수 있듯이, 현재의 프로세스는 "Fat", 즉 loss가 있는 상태인 것으로 나타난다. Lean이 되기 위해서는 처리량 용량을 3.750% 줄이거나 가공시간(cycle time)을 3.960% 줄여야 하는 것으로 나타난다. 즉 필요한 수준을 초과하는 시설을 운영하고 있으며 이를 조정하면 수요를 충족시키면서도 자원을 절약하거나 재할당할 수 있는 여지가 있음을 나타낸다(Analysis: "Given current process specifications, this process exceeds current demand. In order to be Lean, you must decrease your Throughput capacity by 3.750% or increase your process cycle time by 3.960%. This means you are operating with more capacity than is required and your system has wasted capacity. Your may have excess capacity at specific steps that canbe removed allowing you to reallocate or remove resources while continuing to meet the demand. Your current most significant excess capacity occurs at the 용접 2 process activity" 라는 설명 참조). 또한, 병목 현상은 "압형"에서 발생하고 있으며, "용접 2, 용접 2 냉각, 조립 1, 조립 2" 등이 향후 제약 조건이 될 수 있다는 중요한 사실을 알게 되었다.

위 화면에서 오른쪽 위에 있는 아이콘을 클릭하면 위 결과를 그래프로 볼 수 있으며, 아이콘을 클릭하면 결과를 Excel로 보내 여러 가지 추가 분석을 용이하게 실시할 수 있다. 나아가 다른 아이콘을 활용하여 맞춤 화면을 만들거나 결과를 직접 인쇄할 수 있다. 그래프는 아래와 같이 Throughput 그래프와 Cycle Time 그래프를 볼 수 있다.

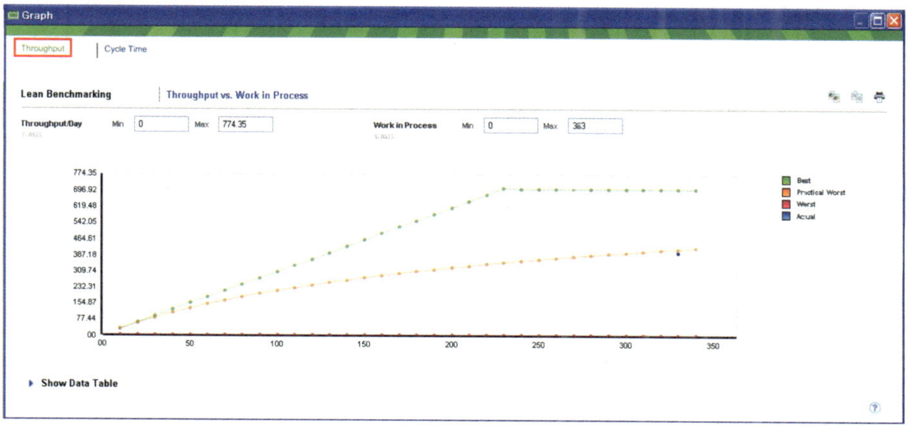

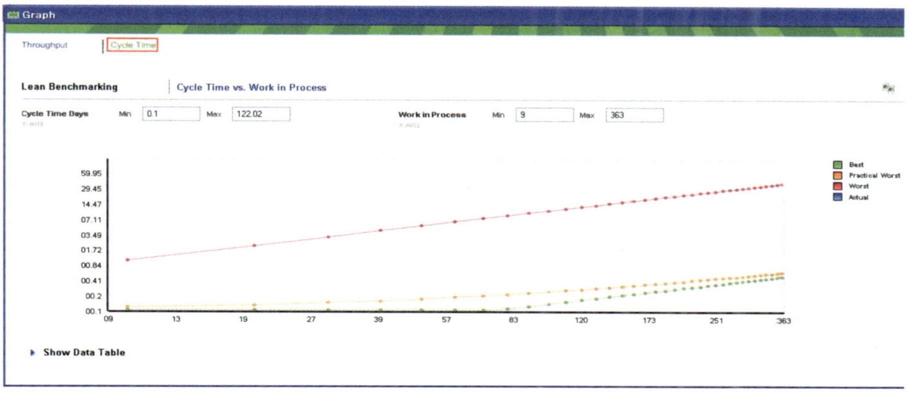

❽ 한편, Scorecard에서 Value Analysis를 선택하면, 아래와 같은 분석 결과가 나타난다. 여기서 "Value Added Activity와 Non Value Added Activity, 생산성 및 성과 개선이 가능한 업무, 개선의 정도 및 가능성, 자원 절약 정도 및 가능성 등" 중요한 정보들을 추가로 확인할 수 있음. 뿐만 아니라 Yield Analysis 결과까지 확인할 수 있다.

scorecard | value analysis

Scorecard for: Value Analysis by: Time

	As-Is	To-Be	Improvement	Opportunity	Most NVA by %	Most NVA by Value
Cycle Time	571.57	436.32	135.24 Seconds	23.660%	용접 2 냉각	용접 2
Processing Cost	0.00	0.00	0.00 $	0.00%	용접 2 냉각	
# of Resources	10.00	7.20	2.80 Staff	28.000%	용접 2 냉각	용접 2

Cycle Time NVA Analysis

Rate per Time Unit	50	/ Hour
Frequency of Occurrence	5	/ Hour
Estimated NVA Reduction %	50.000	%
Total Savings Opportunity	125	/ Hour

Yield Analysis

Rolled Throughput Yield %	54.887%
Final Traditional Yield %	78.399%

Activity	Predecessor Activity	Cycle Time	VA (%)	BVA (%)	NVA (%)	VA	BVA	NVA
Function		Sum	Select	Select	Select	Sum	Sum	Sum
Total		571.566	57.800	5.000	37.200	386.481	49.843	135.243
Units		Seconds	%	%	%	Seconds	Seconds	Seconds
압형	시작 대기열	62.750	75.000	10.000	15.000	47.063	6.275	9.413
용접 1	압형	215.000	44.000	0.000	56.000	175.250	22.000	17.750
용접 2	용접 1	105.909	55.000	0.000	45.000	28.046	10.027	67.836
조립 1	용접 2	42.907	30.000	10.000	60.000	12.872	4.291	25.744
조립 2	조립 1	145.000	85.000	5.000	10.000	123.250	7.250	14.500

위 화면에서 오른쪽 위에 있는 그래프 아이콘을 클릭하면 위 내용이 다음과 같은 그래프로 나타난다. 그래프에는 activity와 하위 activity에 대한 VA, BVA, NVA가 모두 표시되는데, 예를 들어 "용접 2"의 경우 NVA가 매우 크게 나타나고 있는데, 이는 소속 하위 프로세스 중 "용접 2 냉각"의 NVA가 매우 크기 때문임을 그림을 통해 직관적으로 알 수 있다.

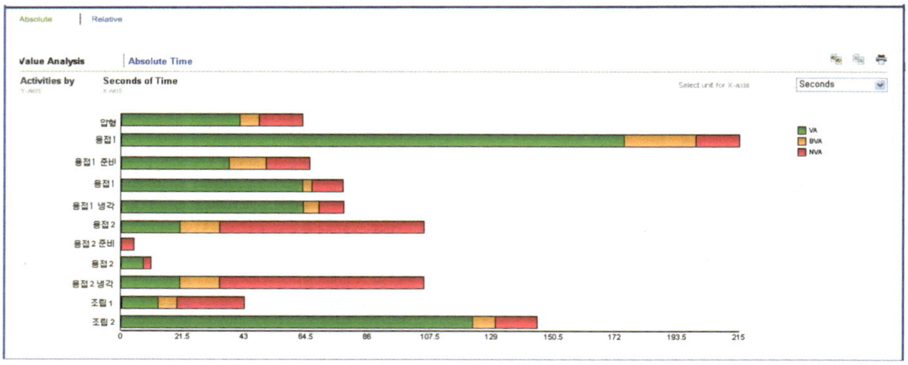

3. 현재의 프로세스에 대한 Value Steam Map을 그림

❶ 현재의 프로세스가 Fat하며(즉, 낭비 요소가 있으며) 총 571.566초의 cycle time 중 135.243초가 Non value added한 것으로 나타나고 있는, 위 분석 결과를 바탕으로 개선책을 찾기 위해 우선 현행 VSM을 구체적으로 그려야 한다. "고객"으로부터 시작하여 생산관리 시스템에서의 주

별 스케줄과 공급자의 원료 공급과 내부 제작 프로세스를 모두 포함하는 현행 VSM(current VSM)이 다음과 같이 도출되었다.

(1) 주 VSM

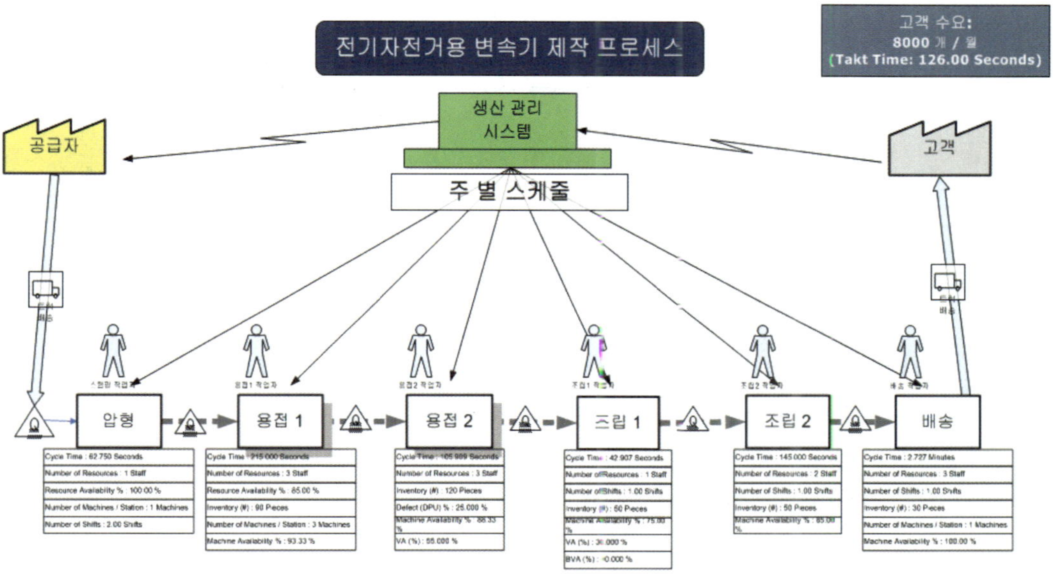

(2) 하위 VSM

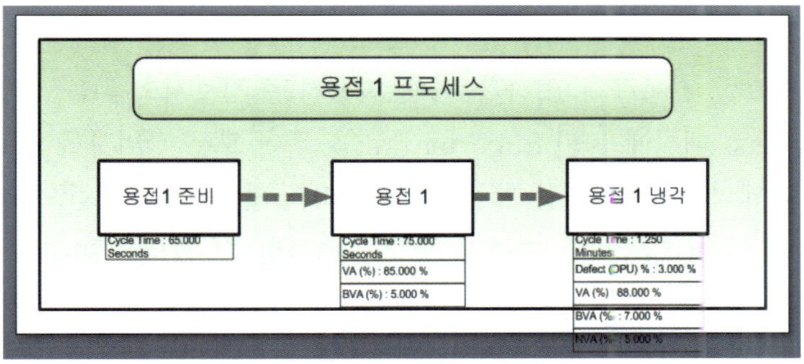

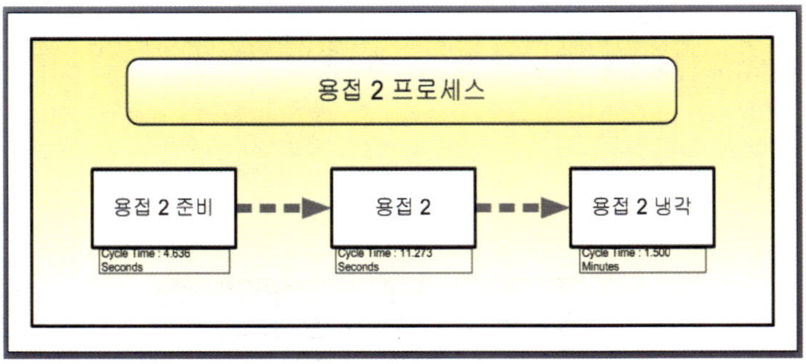

❶ 위 현행 VSM을 기반으로 대찬㈜ 경영진은 기획실과 생산부가 외부 전문가의 도움을 받아 개선 VSM 구축(future VSM)하고 이를 달성할 실현 계획을 수행하도록 지시하였다. 이에 따라 기획실과 생산부은 T/F를 구성하고 외부 전문가 2인의 coaching을 받아 Lean benchmarking과 value analysis 결과를 반영하여 cycle time을 줄이는 동시에, non value added time을 대폭 줄일 수 있는 개선 VSM(future VSM)을 다음과 같이 도출하였다. 핵심은 Kanban과 supermarket pull 시스템을 도입하여 위 목표 달성을 극대화하는 것이다.

4. 미래 린 가치흐름맵(지도)를 작성함(Lean Value Stream Mapping)

❶ 미래 린 가치흐름맵(지도)(future VSM)은 우선 모든 스케줄을 주 단위에서 일 단위로 제공하도록 하고, 아래 그림에서 볼 수 있는 바와 같이 '회사와 공급자 사이' 와 '작업 간' Kanban 시스템(필요할 때마다 각 작업장에 필요한 부품을 pull하기 위해 사용하는 정보시스템)을 도입하고 Queue 대신에 Supermarket을 두어 모든 작업자들이 프로세스 각 단계의 상태에 대한 최신 정보를 알고 일할 수 있도록 함으로써, 생산변동에 즉시 대응하고 여분의 생산을 조정할 수 있도록 하였다. 특히 '회사와 공급자 사이' 의 Kanban 시스템이 원활이 작동하도록 하기 위하여 정보흐름을 전산화하고 긴밀한 협조 체제를 구축하였다.

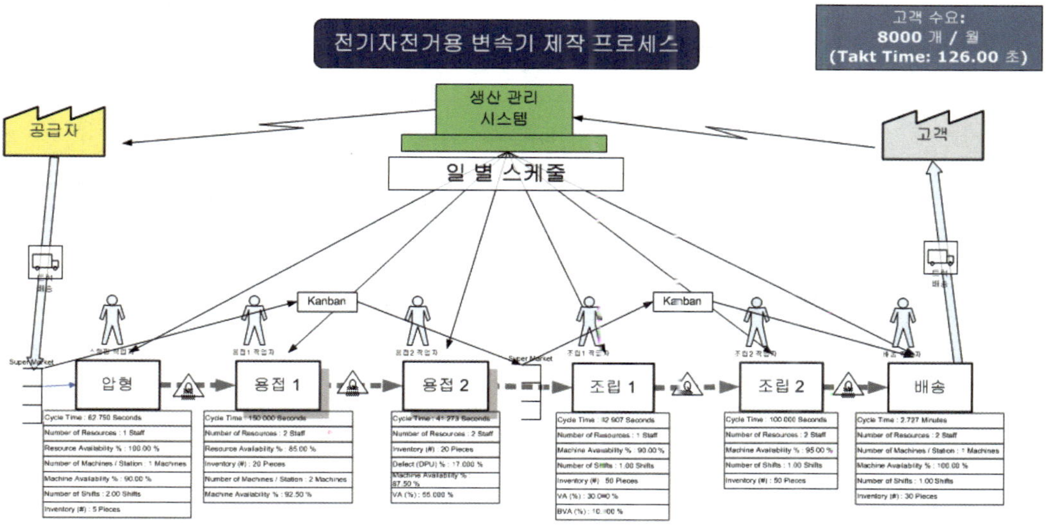

또한 "용접 1"과 "용접 2"의 하위 프로세스에서 준비 단계를 생략함으로써, 프로세스를 단순화하고 관련된 cycle time, resource와 machine 등을 절약할 수 있게 하였다. 이를 통해 cycle time 69.639초, 인원 2명, 기계 2대를 절감하게 되었다.

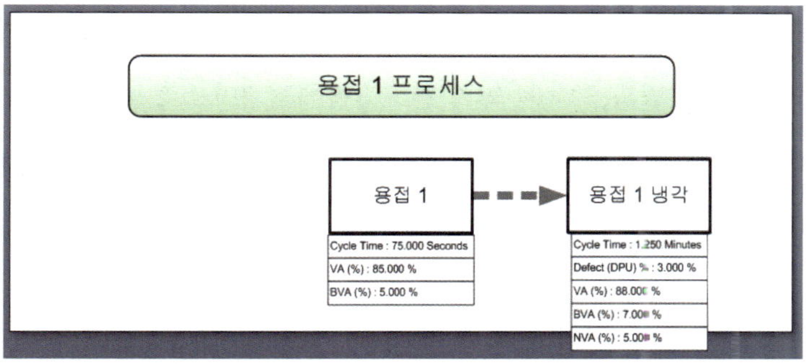

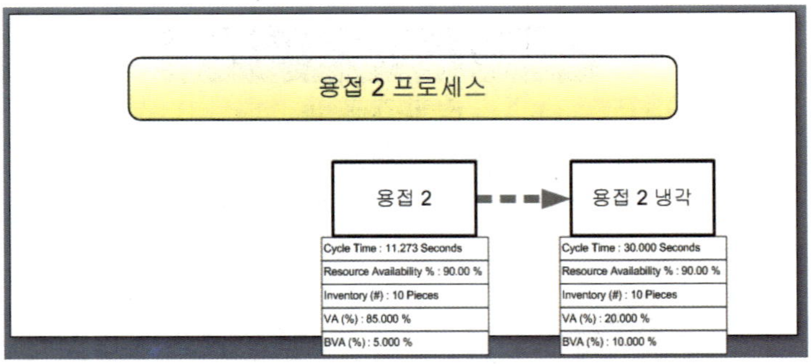

❷ 다음으로 앞의 Lean Benchmarking과 Value Analysis 결과, 나타난 cycle time을 줄이기 위해 NVA가 가장 길었던 "용접 2 냉각" 단계의 기계 교체 등을 통해 cycle time을 30초로 단축하였으며, "조립 2"의 cycle time도 145초에서 100초로 단축하였다.

❸ 한편, Kanban 시스템의 도입과 업무 개선을 통해 "압형" 단계의 재고를 20에서 5로, "용접 1"의 하위 프로세스의 재고를 30에서 10으로, "용접 2"의 하위 프로세스의 재고를 40에서 10으로 각각 줄였다. 또한, "용접 2"의 하위 프로세스인 "용접 2"와 "용접 2 냉각"에서의 자원 활용도(resource availability)를 각각 90%로 높였으며, "조립 1", "조립 2"의 기계 활용도(machine availability)를 각각 90%와 95%로 개선하였다. 각 단계에서의 혁신 결과, "배송"의 인원도 3명에서 2명으로 줄일 수 있었다.

❹ 그 결과 다음 분석 결과에서 볼 수 있듯이, process는 Lean하게 되었으며, NVA를 135.243초에서 78.534초로 대폭 줄였을 뿐만 아니라, Cycle

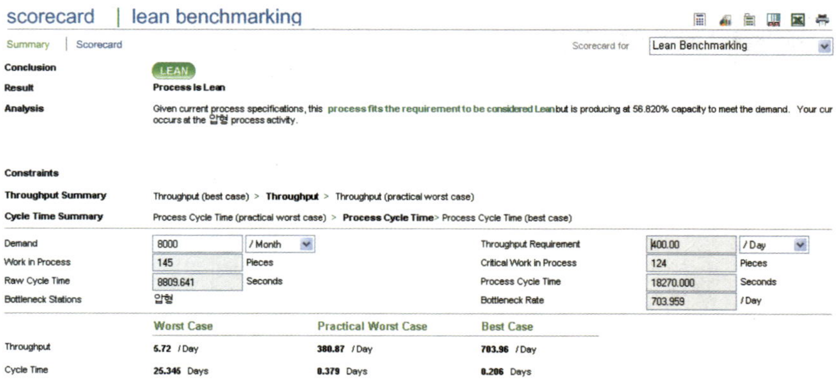

time은 571.57초에서 396.93초로 줄었으며, 인원도 10명에서 8명으로 단축할 수 있는 것으로 나타났다. 경영진은 이를 바탕으로 실행계획을 면밀히 수립, 실행하도록 지시하였다. 이를 통해 매우 커다란 생산성 향상이 기대된다.

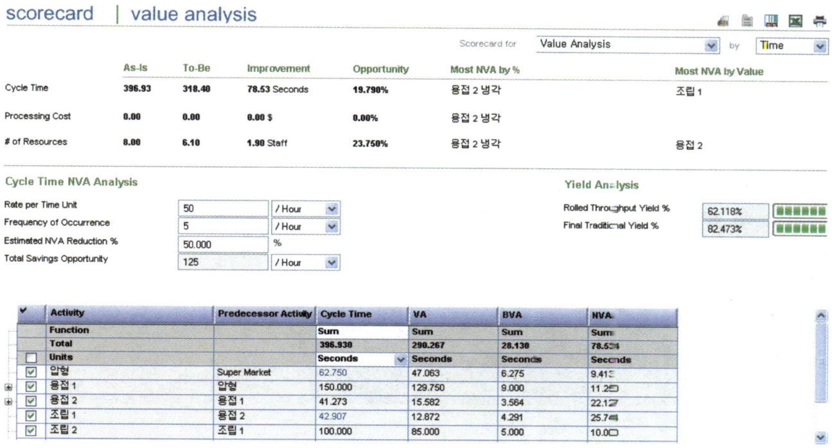

지금까지의 기본적 분석흐름을 바탕으로 다음 장에서부터 시그마플로우 VSM(SigmaFlow VSM) 소프트웨어를 활용하여 린 벤치마킹(Lean Benchmarking)과 가치흐름지도(VSM) 그리기를 구체적으로 살펴 본다.

3 시그마플로우 VSM 활용

시그마플로우 VSM(SigmaFlow VSM) 시작

바탕화면에 있는 시그마플로우 VSM(SigmaFlow VSM) 아이콘을 클릭하거나 [시작]-[모든 프로그램]-[SigmaFlow VSM]을 선택하면 다음 화면이 나타난다.

위 화면에서 3가지 방법 중 하나로 파일을 열 수 있다.

❶ Create a New Map: "Create a New Map" 아래에 있는 방법 중 하나를 클릭하면 기본 다이어그램이 시작된다. 또는 화면의 맨 윗부분에 있는 아이콘 중에서 Drawing을 클릭해도 된다.

❷ Open an Existing File: 기존 파일을 열 때 활용한다. 원하는 예제 파일을 열 수도 있다.

❸ Recent Files: 최근에 활용한 파일이 있으면 나타나는데, 여기서 원하는 파일을 선택하면 된다.

그리기: Drawing VSM

SigmaFlow VSM은 Microsoft Visio를 기반으로 한다. Create a Value Stream Map을 선택하면 기본 템플리트로 아래 화면이 나타난다. 이를 수정하거나 다른 템플리트를 불러와 원하는 가치흐름지도(VSM)를 만들 수 있다.

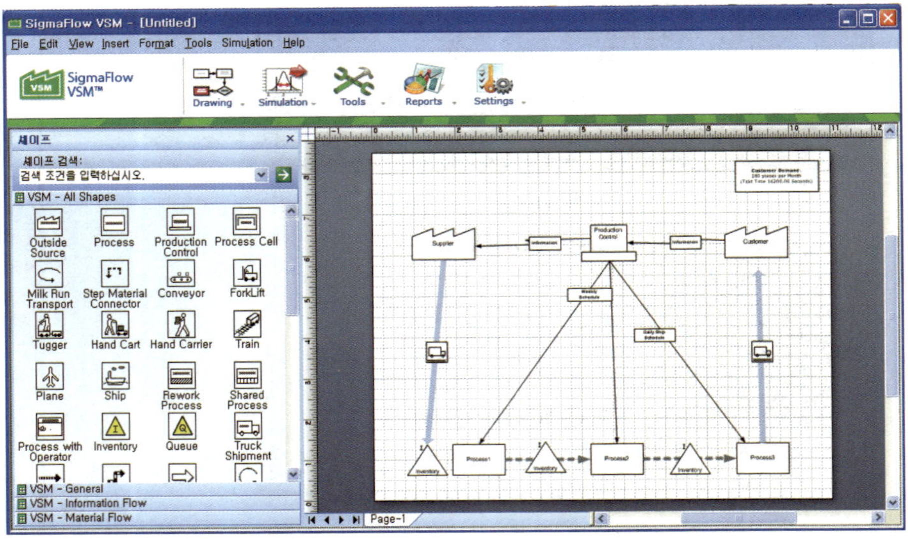

아래와 같이 VSM을 만드는데 활용할 수 있는 여러 가지 도형들(세이프, shape)이 제공된다. 도형들은 4개 범주로 구성된다.

❶ VSM-All Shapes: VSM을 그리기 위한 모든 도형이 포함된다. 필요 시 다른 도형을 추가할 수도 있다.

❷ VSM-General: 일반적인 도형이 모두 포함되어 있다.

❸ VSM-Material Flow: 재료 흐름에 관계된 모든 도형이 포함되어 있다.

❹ VSM-Information Flow: 정보 흐름에 관계된 모든 도형이 포함되어 있다.

사용자 인터페이스

SigmaFlow VSM 소프트웨어는 다음과 같은 사용자 인터페이스를 가지고 있다.

❶ 제목 바 (Title bar)

❷ 메뉴 바와 메뉴 아이템 (Menu bar and menu items)

❸ 헤더 탐색 영역 (Header navigation area)

❹ 어플리케이션 로고 아이콘 (Application logo icon)

❺ 드롭다운 아이템이 있는 헤더 버튼 (Clickable header buttons with drop down items)

❻ 도구 바 (Toolbars)

❼ 드롭다운 선택 옵션이 있는 과제 창 영역 (Task Pane area with drop down selections)

⑧ 그리기 캔버스 (Drawing canvas)

⑨ 도형 창 (Shapes window)

⑩ 도형틀 (Stencils)

⑪ 도형 (Shapes)

메뉴 바와 도구 바

- 메뉴 바와 도구 바는 가장 효과적인 방법으로 정리되어 있어 쉽게 활용할 수 있다. 캔버스에 커서가 있으면 그리기 도구 바는 자동적으로 실행할 수 있는 상태가 된다. 뿐만 아니라 그림을 그릴 때 가장 자주 활용하는 도구들을 쉽게 쓸 수 있게 해 준다.

헤더 탐색 영역

- 도구 바 외에 헤더 탐색 영역을 활용할 수 있다. 헤더 영역은 어플리케이션 로고와 헤더 단추로 구성되어 있다. 어플리케이션 로고 이미지를 클릭하면 프로그램 시작 화면으로 이동한다. 헤더 단추를 클릭하면 연관된 코어 페이지로 이동한다.

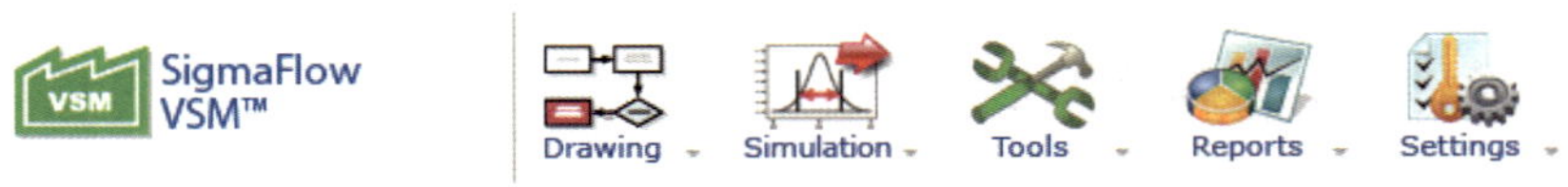

- 헤더 단추에는 드롭다운 화살표가 있다. 코어 페이지로 이동하거나 화살표를 클릭하여 특정 페이지로 직접 이동할 수 있다.

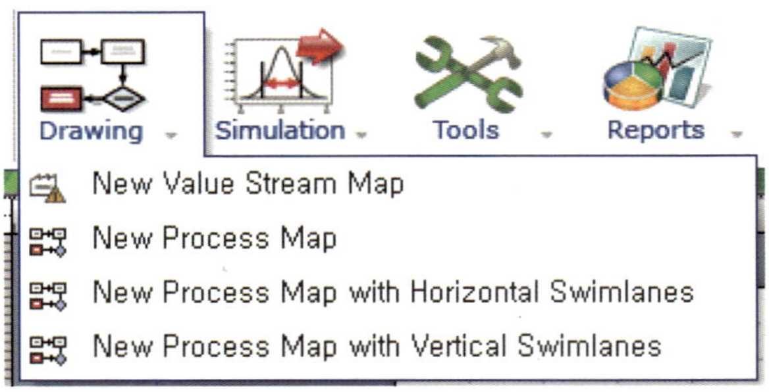

과제 창(Task Pane)

- 과제 창에서는 도형에 관련된 데이터를 보고/추가하고/수정할 수 있다. 도형에 관련된 데이터를 보고자 할 경우에는 원하는 도형을 선택하면 된다. 과제 창이 보이지 않을 경우에는 메뉴에서 [View]-[Task Pane]을 선택하거나 도형을 오른쪽 마우스로 클릭한 다음 "Open Activity Task Pane"을 선택하면 된다.
- 과제 창 헤더에 있는 드롭다운 화살표를 활용하여 여러 가지 다른 과제 속성(Simulation, Activity Description 등)을 볼 수 있다.
- 과제 창은 모든 도형에 대해 나타난다.

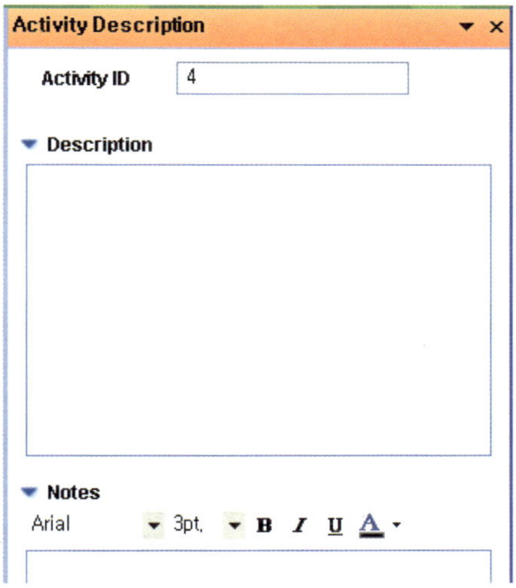

도형 창 (Shapes Pane)

- 도형 창에는 그리기를 위한 여러 가지 형판들이 있으며, 각 형판은 일련의 도형들을 포함하고 있다.

그리기 캔버스 (Drawing Canvas)

● 그리기 캔버스 영역은 그리기를 위한 장소이며 기능은 Visio와 매우 유사하다.

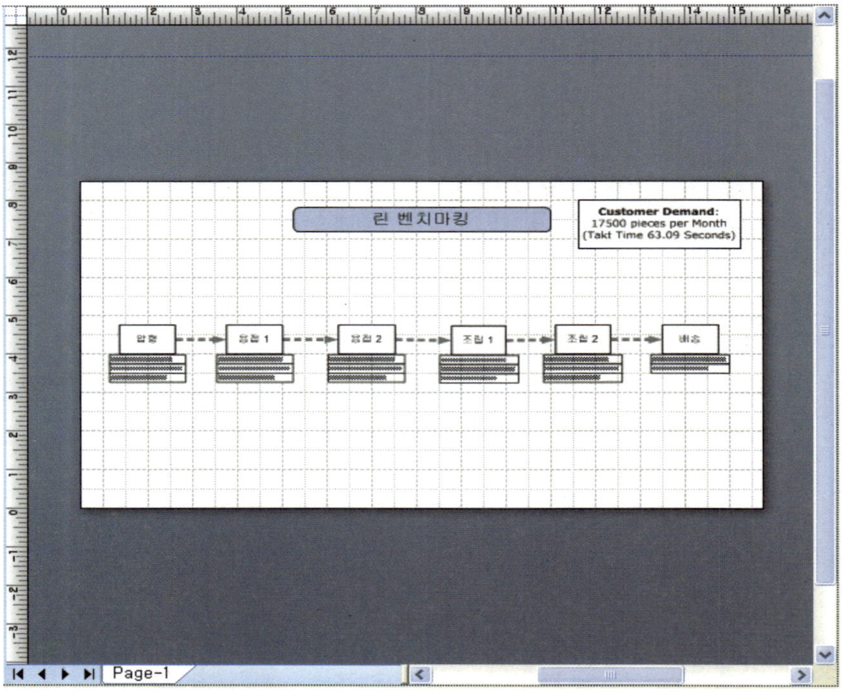

헤더 탐색 영역 코어 페이지

그리기 (Drawing)

● Drawing 헤더 아이콘을 클릭하면 그리기 페이지로 이동한다. 기존 파일이나 새로운 파일을 열면 기본적으로 그리기 페이지가 나타난다.

● Drawing 아이콘 아랫부분 오른쪽에 있는 헤더 화살표를 클릭하여 원하는 drawing 유형을 직접 선택할 수도 있다.

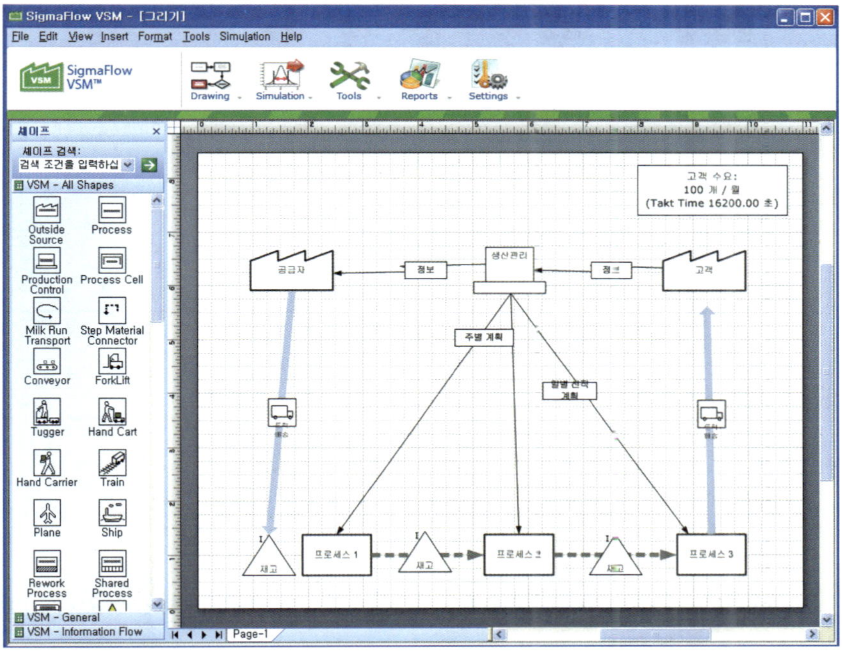

시뮬레이션 (Simulation)

* 이 기능은 시그마플로우 시뮬레이터(SigmaFlow Simulator) 소프트웨어가 있어야만 가능하다.

● Simulation 헤더 아이콘을 클릭하면 시뮬레이션 코어 페이지가 열립니다. 여기서 다음과 같은 기능들을 수행할 수 있다.

- Run Simulation: 기본적으로 주어진 무작위 수들을 가지고 시뮬레이션을 실행한다.

- Change Random Number and Run Simulation: 새로운 무작위 수들을 가지고 새로운 시뮬레이션을 실행하여 변동성의 영향을 파악한다.
- Make Multiple Settings: 각각 다른 무작위 수들을 활용하여 여러 번의 시뮬레이션을 동시에 실행한다.
- Change Clock Settings: 시뮬레이션의 시작과 실행 시간을 정한다.
- Additional Simulation Settings: 달력(calendar), 분포, 레이블 등의 설정을 바꾼다.

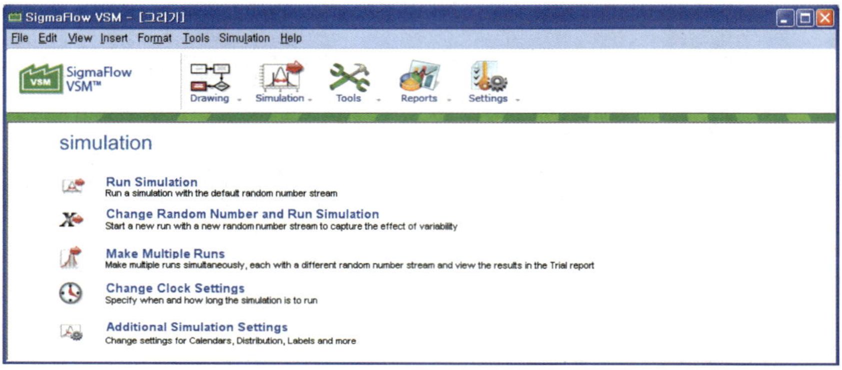

도구 (Tools)

- 코어 페이지에서 2개의 도구를 활용할 수 있다.
  ❶ Takt Time Calculator – 프로세스 수요, 산출량, 가용 시간, EPE(Every Part Every) 등을 설정한다.
  ❷ Data Collection Sheet – 여러 가지 활동들에 대한 cycle time 데이터를 수집한다.

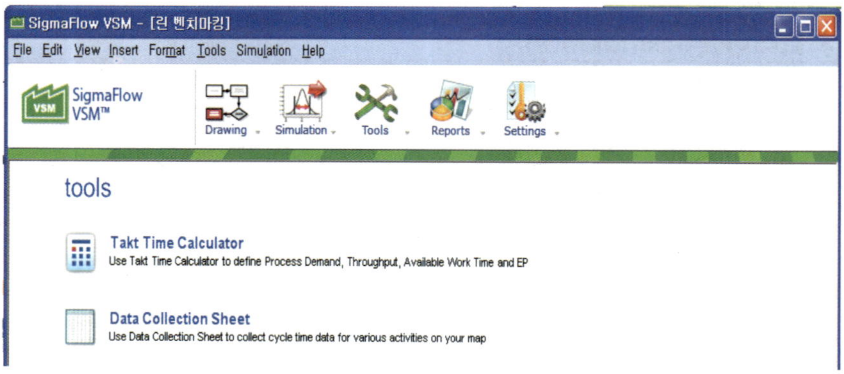

보고서 (Reports)

- Scorecards – 데이터의 전반적인 상황을 파악할 수 있다.
  - Lean Benchmarking: 프로세스가 꼭 필요한 것만 있는지(lean) 필요 없는 것들이 있는지(fat)를 결정한다.
  - Value Stream Mapping: 고객 수요를 기반으로 볼 때 병목현상, 총 재고, 산출량, 사실상의 cycle time 등을 도출한다.
  - Lean Six Sigma: 6 시그마 원칙에 따라 프로세스를 분석한다.
  - Value Analysis: 부가가치가 있는, 부가가치가 없는, 사업 부가가치가 있는 활동들을 도출한다.
  - Custom: 필요에 맞추어 보고서를 작성한다.

- Simulation reports – 시뮬레이션 데이터의 전반적인 상황을 파악할 수 있다.
  - Simulation Results: 시뮬레이션 결과를 한 페이지로 요약해서 보여 준다.
  - Trial Results: 여러 시뮬레이션 결과를 요약해서 보여 준다.
  - Compare Report: 여러 시뮬레이션 결과를 비교하여 보여 준다.
  - Profit and Loss statement: 모델에서 정의된 고정 및 변동 비용을 반영한 수입 명세서에 기초하여 활동기준원가를 보여 준다.
  - Transaction Log Report: 프로세스 지도를 통해 수집된 거래 별 cycle time 데이터를 보여 준다.

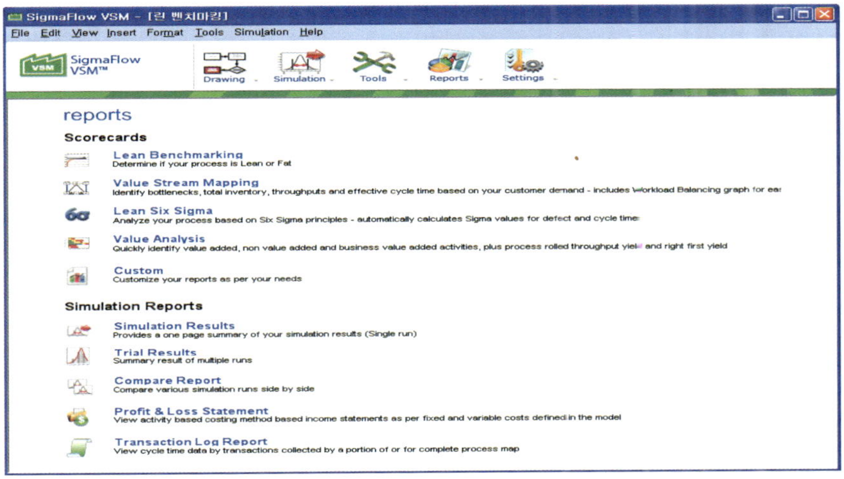

설정 (Settings)

Setting을 활용하여 그리기, 숫자 데이터, 시뮬레이션 등의 대한 속성을 정할 수 있다.

- Drawing Settings – 기본적인 "file settings"와 "preferences" 등을 정한다.
- Numeric Data Settings – 지도에서 숫자 데이터 필드를 정의한다.
- Simulation Settings – "Simulation preferences"와 "Simulation Model settings"를 정한다.

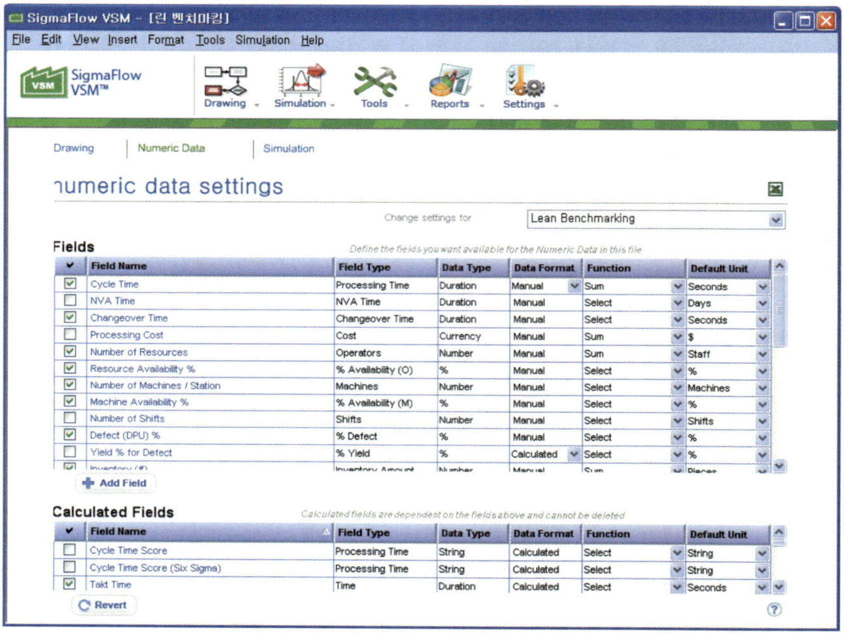

과제 창에서의 작업

과제 창은 도형과 관련된 데이터 속성을 보여주며, 형판에 있는 모든 도형에 대해 활용할 수 있다. 다음과 같은 옵션들이 있다.

❶ Getting Started

❷ Activity Description

❸ Numeric Data

❹ Simulation Data

❺ Simulation Result

❻ Drawing Explorer

시작하기 (Getting Started)

Getting Started 섹션에서는 다음과 같은 중요한 일들을 할 수 있다.

❶ Lean Benchmarking

❷ Value Stream Mapping

❸ Basic Process Mapping

❹ Value Analysis

❺ Business Process Simulation

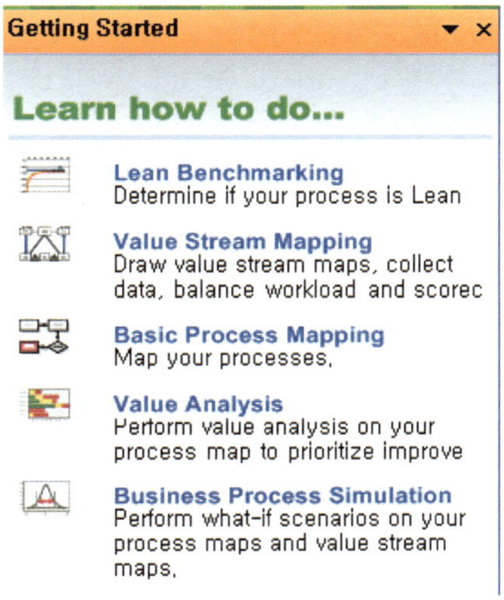

활동 설명 (Activity Description)

원하는 도형에 대해, 활동 ID (Activity ID), 설명과 노트 (Notes) 등을 할 수 있다. 또한 Notes 섹션에 원하는 양식을 적용할 수도 있다.

숫자 데이터 (Numeric Data)

VSM에서 가장 중요한 것 중 하나는 여러 가지 단계에 대한 측정 데이터를 수집하여 보여주는 것이다. 이를 통해 Takt Time Calculator에서 정의된 다른 데이터와 통합하여 현재와 미래의 상태를 분석할 수 있게 해준다. 시그마플로우 VSM(SigmaFlow VSM) 솔루션을 활용하여 개별 도형 수준에서의 데이터를 수집/정의할 수도 있다. 개별 도형 수준에서 데이터를 정의할 경우에는 다음 단계를 수행한다.

❶ 도형을 오른쪽 마우스로 클릭한 다음 "Open Activity Task Pane"을 선택한다. 도형 주변에 초록색 노드를 가진 점선 경계선이 나타나는지 확인한다.

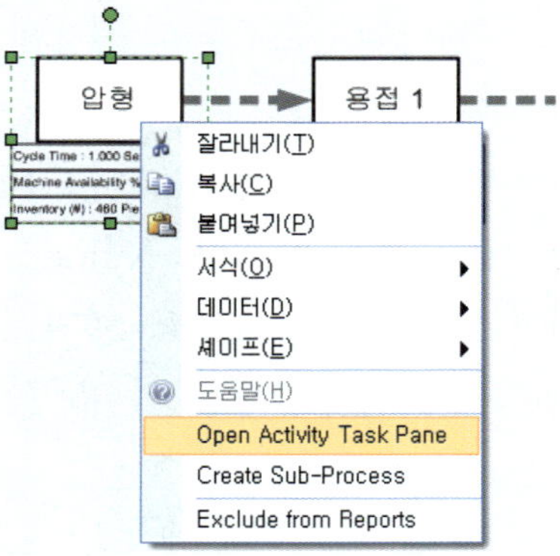

❷ 오른쪽에 활동 과제 창이 나타난다. 과제 창의 드롭다운 메뉴에서 "Numeric Data"를 선택하면 숫자 데이터를 입력하거나 입력된 데이터를 볼 수 있는 화면이 나타난다.

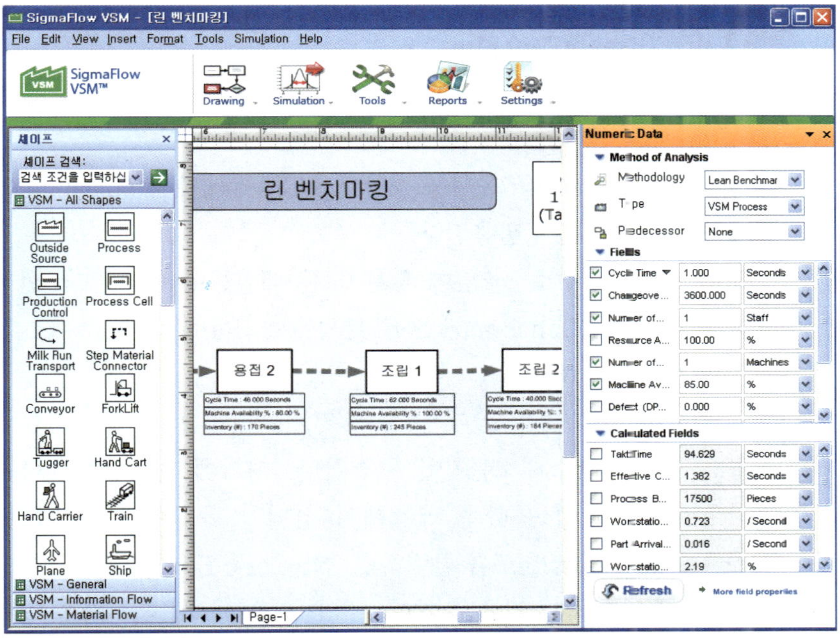

❸ 왼쪽 편에 있는 체크상자에 체크하면 Value Stream Map에 해당 데이터가 나타난다. 기본적으로 값을 입력할 때마다 체크상자가 체크된다.

❹ 오른쪽 아래에 있는 "More field properties"를 클릭하면 Numeric Data Settings로 직접 갈 수 있다.

❺ 헤더 탐색 영역에 있는 Settings 아이콘을 활용하여 Numeric Data 과제 창에 있는 field리스트를 원하는 대로 바꿀 수 있다. Numeric data 과제 창은 3개의 섹션으로 구성되어 있다. (①) Method of Analysis, (②) Fields, (③) Calculated Fields.

① Method of Analysis

- Methodology: 선택한 옵션에 따라 "Numeric Data Settings"에서 "Default On"이라고 설정된 fields만이 "Fields"와 "Calculated Fields"에 나타난다. 드롭다운 메뉴에는 다음과 같은 옵션이 있다.
  - Lean Benchmarking
  - Value Analysis
  - Value Stream Mapping
  - Lean Six Sigma
  - Custom
- Type: 대상(object)의 유형을 정한다. VSM에서 대상(object)의 도형을 정하는데 가장 많이 활용된다.
- Predecessor: 경로 상 앞에 있는 모든 대상들이 나타난다. 선행하는 대상은 "Lean Benchmarking" 분석에서 "Part Arrival Rate"를 계산하기 위해 필요하다.

② Fields: 이 섹션은 대소문자를 구별한다. 여기에 나타나는 내용은 위 "Methodology" 드롭다운 메뉴에서 선택한 옵션에 따라 달라진다. "More field properties"를 클릭하면 "Numeric Data Settings"에 있는 fields 중에서 원하는 것을 추가할 수 있다. Fields에 데이터를 입력하면 field 명 옆에 있는 체크상자가 체크되며, "Refresh" 단추를 클릭하면 프로세스 지도에 나타난다.

- "Cycle Time": SigmaFlow VSM에서는 cycle time을 직접 입력하거나 계산된 값이 나타나게 할 수 있다. "Use Manual Value"를 선택하

면 cycle time 데이터 상자에 값을 직접 입력할 수 있으며, "Use Calculated Value"를 선택하면 이 field는 수정할 수 없으며 "Cycle Time" 이름이 하이퍼링크로 바뀐다. 이 링크를 클릭하면 Data Collection Sheet가 열리며 여기서 구체적인 cycle time에 관한 데이터를 입력할 수 있다. Data Collection Sheet는 평균값을 자동으로 계산하여 과제 창에 있는 "Fields" 영역에 전송한다.

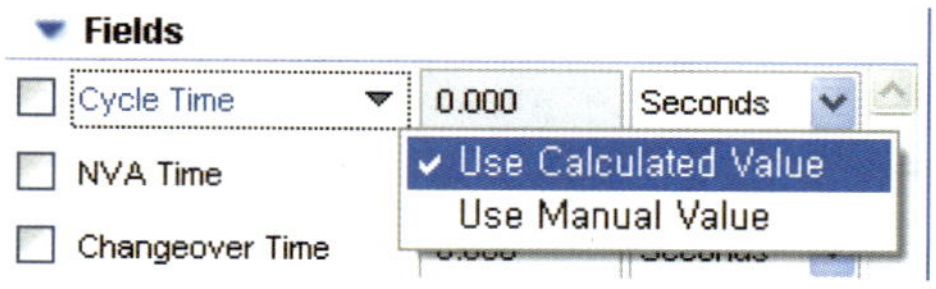

- Calculated Fields: 이 섹션은 계산된 fields들이 나타나므로 수정할 수 없다. "Takt Time Calculator"와 "Numeric Data Settings"에서 정의된 데이터에 따라 계산된 값들이다. 계산에 대해서는 "Numeric Data Settings" 섹션에 자세히 설명되어 있다.

시뮬레이션 데이터 (Simulation Data)

"Simulation Data" 과제 창을 활용하여 여러 가지 대상에 대해 유형에 따라 시뮬레이션 데이터를 정의할 수 있다. SigmaFlow VSM은 다음과 같은 대상 유형을 지원한다: (①) Work Start, (②) Storage, (③) Work Center, (④) Work Center Storage, (⑤) Work Finish, (⑥) Resource, (⑦) Pool Resource. 각각의 대상에 대해 Simulation 섹션에서 보다 자세히 살펴본다.

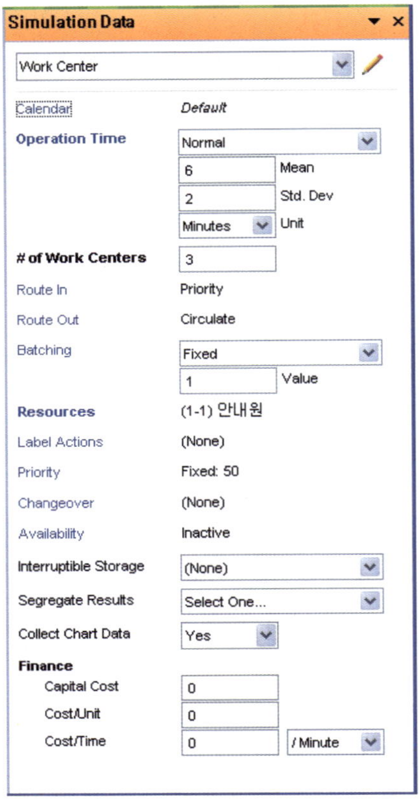

시뮬레이션 결과 (Simulation Results)

"Simulation Results" 과제 창은 여러 대상에 대한 시뮬레이션 결과를 보여준다. Simulation 섹션에서 보다 자세히 설명한다.

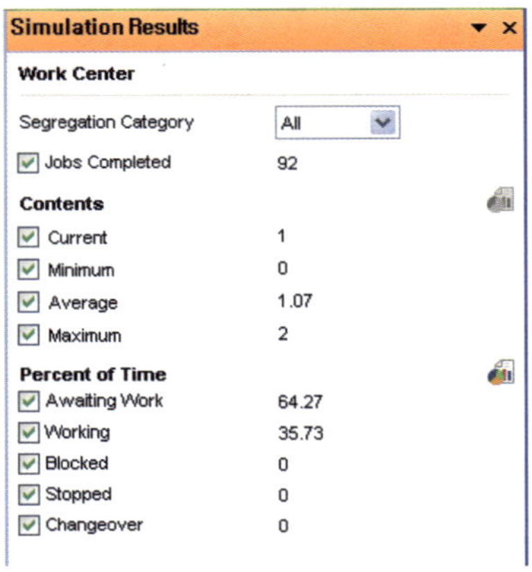

그림 탐색기 (Drawing Explorer)

"Drawing Explorer"는 지도에 있는 모든 대상을 나무 구조로 나타내어 탐색할 수 있도록 해준다. 프로세스 맵(지도)의 여러 탭에 있는 도형들을 빠르게 찾는데 활용할 수 있다.

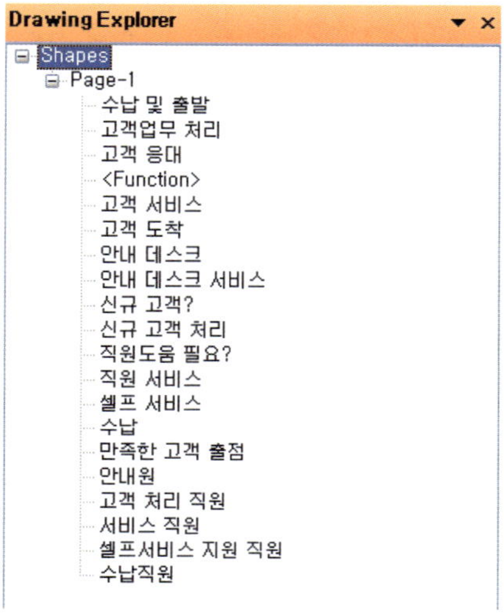

메뉴 활용 (Working with Menus)

파일 메뉴 (File Menu)

- New: 새로운 Value Stream Map, Process Map, Process Map with Horizontal Swimlane, Process Map with Vertical Swimlane 등을 만든다.
- Open…: 기존의 파일을 연다. 3가지 유형의 파일을 열 수 있다. 확장자가 .vsm인 VSM 파일, 확장자가 .vsd인 Visio 파일, 확장자가 .vst인 Visio 템플리트 파일.
- Open Example Library: SigmaFlow Example Library Folder에서 기존의 예제 파일을 연다.
- Close: 파일을 닫는다.

- Save: 파일을 저장한다.
- Save As…: 다른 이름이나 유형으로 파일을 저장한다.
- Save As Web Page: 파일을 웹 페이지로 저장한다.
- Shapes: 도형들이 있는 도형틀을 연다.
- Page Setup…: 페이지 속성을 설정한다.
- Print Preview: 인쇄 모양을 미리 본다.
- Print: 파일을 인쇄한다.
- Recent Files: 최근에 열어 본 파일들을 보여준다.
- Exit: 소프트웨어를 닫는다.

편집 메뉴 (Edit Menu)

- Undo: 최근의 작업을 원상태로 되돌린다.
- Redo: 최근에 취소한 작업을 다시 실행한다.
- Cut: 선택한 도형을 지운다.
- Copy: 선택한 도형을 복사한다.
- Paste: 복사한 도형을 붙여 넣는다.
- Select All: 모든 활동과 도형을 선택한다.
- Delete: 모든 그리기와 관련된 활동들(도형, 화살표 등)을 삭제한다.
- Replace: 도형에 있는 특정 텍스트를 찾아서 원하는 내용으로 바꾼다.

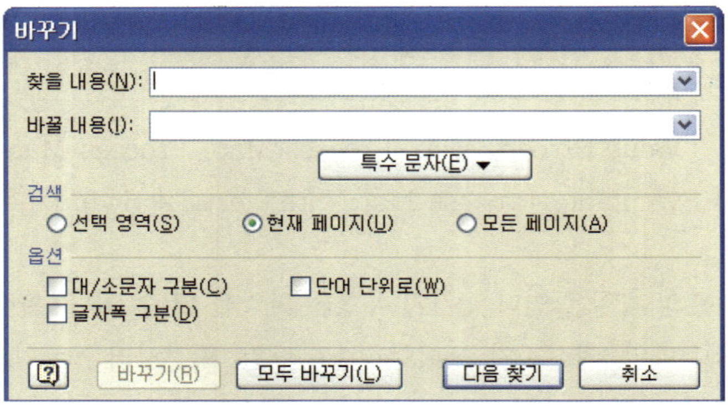

- Delete Pages: 그리기 페이지를 삭제한다.
- Find: 도형에서 원하는 텍스트를 찾는다.

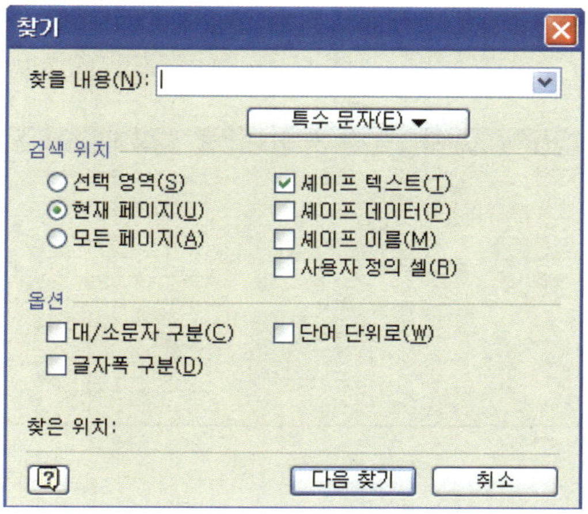

- Check Spelling: 철자의 오류를 찾아 수정할 수 있도록 한다.

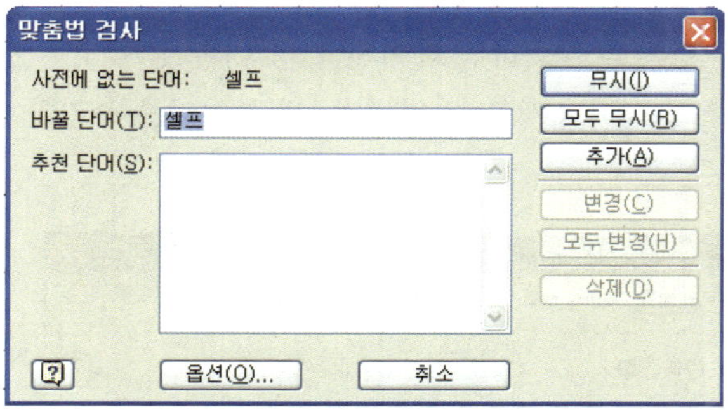

보기 메뉴 (View Menu)

- Shapes Window: 도형/도형틀 창을 보이거나 숨긴다.
- Pan & Zoom Window: 그림 영역을 확대하여 보여 준다.
- Task Pane: Shapes Window 옵션을 활용하여 Task Pane(과제 창)을 보이거나 숨긴다.
- Toolbars: toolbar를 보이거나 숨길 수 있는 목록을 보여 준다.
- Rulers: 축척을 나타내는 수평 및 수직 자. Rulers & Grid 대화 상자에서 설정할 수 있다.
- Show Grid: 그림의 수평 및 수직 그리드 선을 보이거나 숨길 수 있다.
- Snap to Grid: 스냅 속성을 켜거나 끈다.

- Page Breaks: 그림 페이지를 나눈다.
- Header & Footer: 인쇄 미리보기나 인쇄물에 나타나는 머리글과 바닥글.

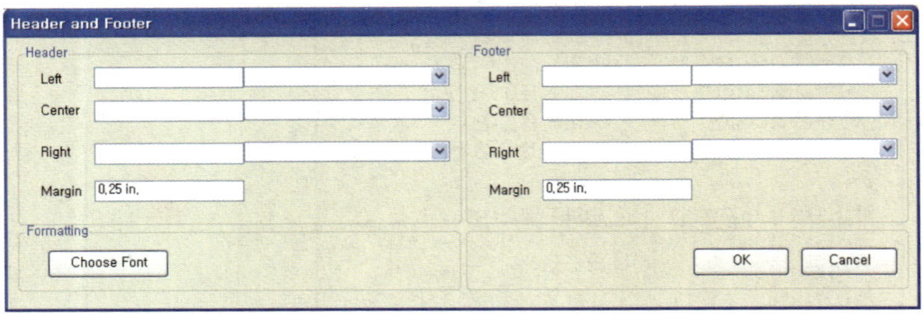

- Zoom: 그림을 확대한다.

삽입 메뉴 (Insert Menu)

- New page: New Page를 클릭하면 페이지 설정 대화 상자가 열린다. 기본적으로 페이지 속성 탭이 선택되어 있는데, 새 페이지를 추가하거나 다른 속성을 설정할 수 있다.

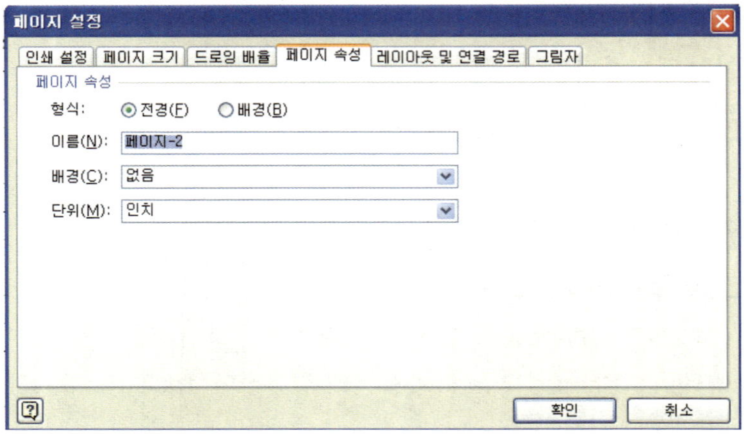

- 형식: 전경 페이지에 있는 도형들은 배경 페이지에 있는 도형들 위에 나타나며 배경 페이지를 수정할 때에 전경 페이지는 보이지 않는다.
- 이름: 31개 이내의 문자를 입력해야 한다.
- 배경: 배경화면의 이름을 열거한다. 이 배경 화면은 현재의 페이지에 적용된다.

측정 단위: 실제 상황에서의 크기, 인쇄된 페이지의 크기 등.

- Comments: 현재 작업하고 있는 그림 페이지에 주석을 추가한다.
- Hyperlinks: 도형과 그림 페이지, 다른 그림 페이지, 다른 파일 등과 연결시킨다.

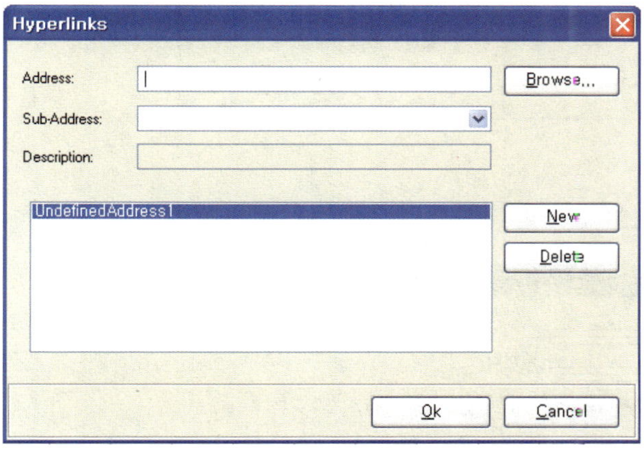

- Pictures: 원하는 사진을 추가한다.
- Object: 개체 삽입 (Insert Object) 대화 상자를 통해 원하는 개체를 추가한다.

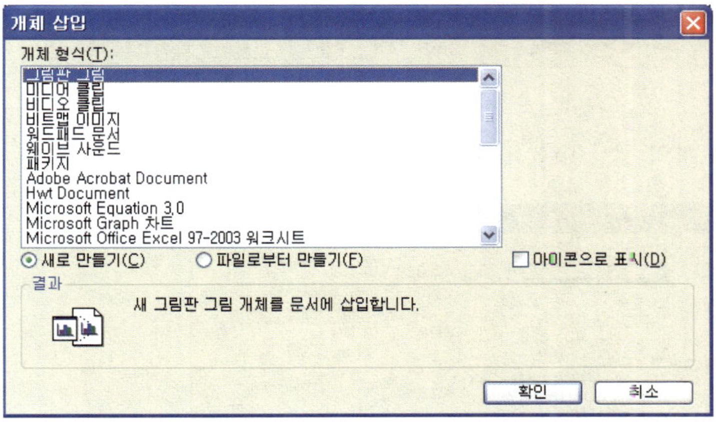

서식 메뉴 (Format Menu)

- Text: 텍스트의 서식을 설정한다.

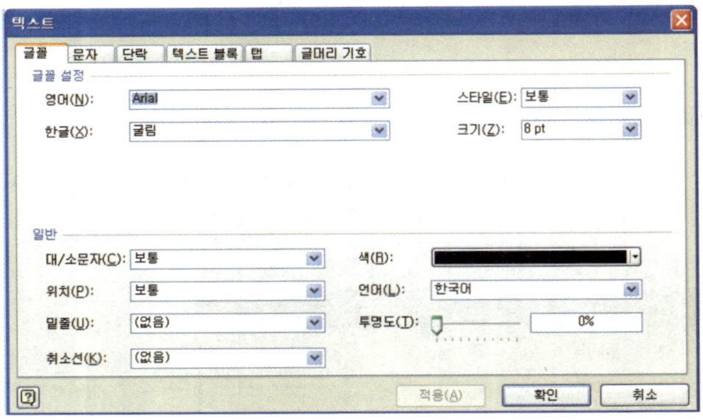

● Line: 선의 서식을 설정한다.

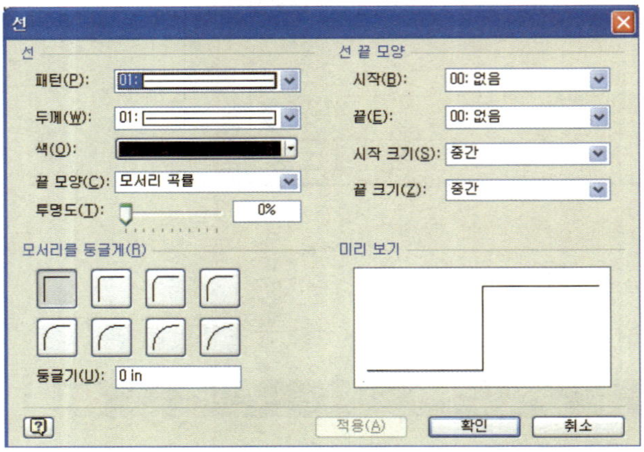

● Fill: 도형의 색상이나 패턴을 설정한다.

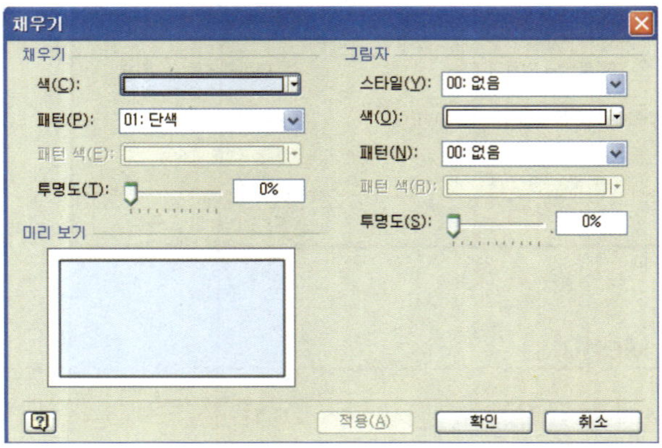

- Shadow: 도형에 그림자 효과를 적용한다.

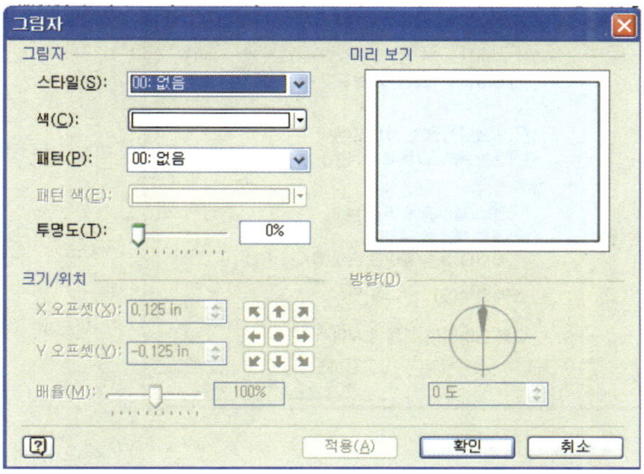

- Corner Rounding: 도형의 모서리 모양을 정한다.

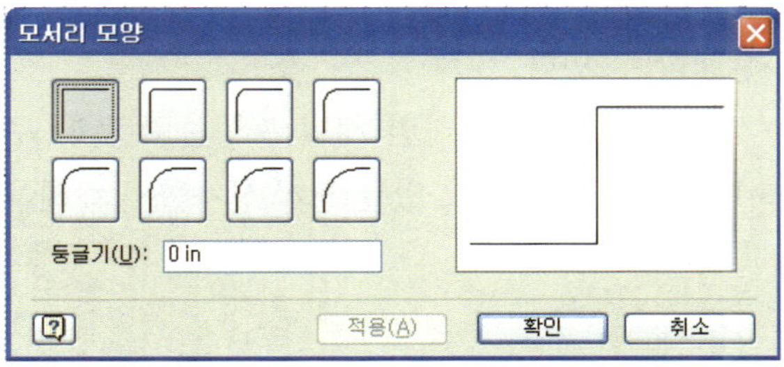

- Protection: 도형을 속성을 함부로 고치지 못하도록 보호한다.

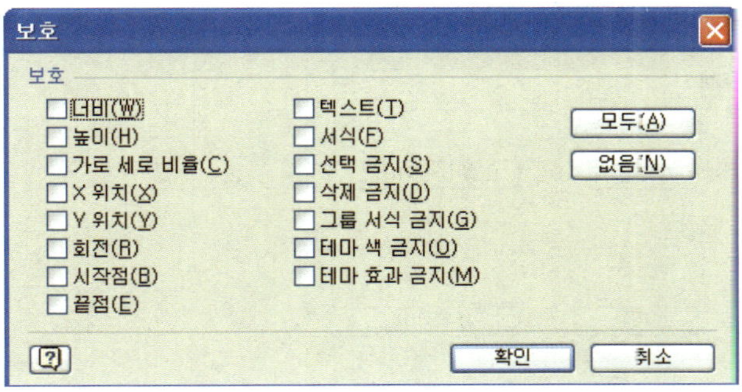

- Behavior: 도형이 특정 행위에 반응하는 방법을 정한다.

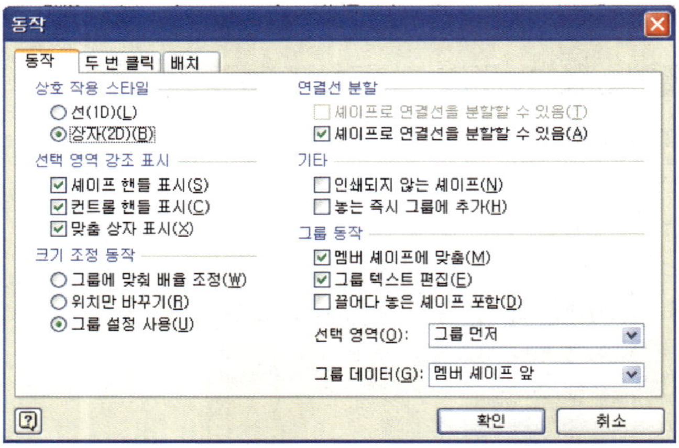

● 선택영역 (Selection): 그룹을 선택할 때 발생하는 상황을 지정한다.

- 그룹만 (group only): 그룹만 선택되고 개별 도형은 선택할 수 없다.
- 그룹 먼저 (group first): 그룹을 클릭하면 먼저 그룹이 선택되고, 재차 클릭하면 개별 도형을 선택할 수 있다.
- 멤버 먼저 (member first): 그룹을 클릭하면 개별 도형을 선택할 수 있다. 그룹 자체를 선택하려면 그룹을 둘러싸고 있는 경계 상자를 클릭해야 한다.

● Style: 도형에 다른 스타일을 적용한다.

● Define Styles: 스타일을 만들고, 수정하고, 이름을 바꾸고, 삭제한다 (style: 템플리트나 그리기 파일로 저장된 일련의 속성들의 모음).

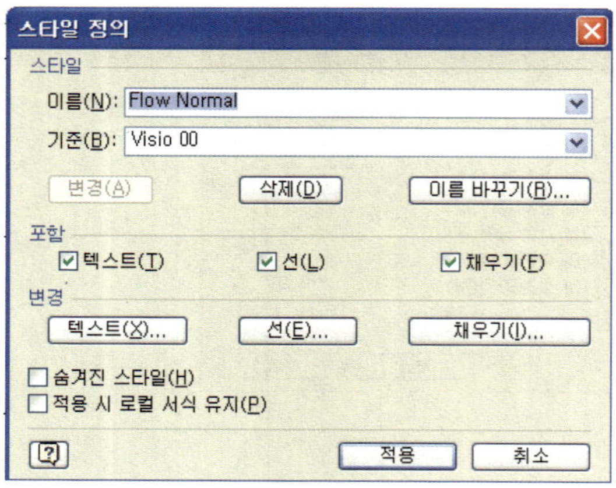

- 숨겨진 스타일 (Hidden Style): 선택한 스타일을 숨긴다. 숨겨진 스타일은 스타일 대화 상자에 나타나지 않으며 스타일 정의 (Define Sytles) 대화 상자와 Drawing Explorer 창에서만 나타난다.
- 적용 시 로컬 서식 유지 (Preserve local formatting on apply): 선택한 도형의 스타일을 유지한다.

● Align Shape: 선택 도형을 정렬한다.

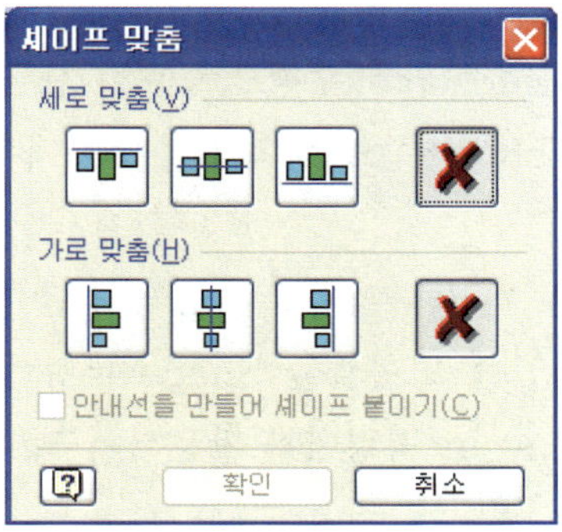

- 세로 맞춤 (Vertical Alignment): 도형들을 수평선을 기준으로 수직으로 정렬하는 옵션을 제공한다. 빨간색 X 단추를 클릭하면 선택한 옵션이 취소된다.
- 가로 맞춤 (Horizontal Alignment): 도형들을 수직선을 기준으로 수평으로 정렬하는 옵션을 제공한다. 빨간색 X 단추를 클릭하면 선택한 옵션이 취소된다.
- 안내선을 만들어 셰이프 붙이기(Created guide and glue shapes to): 안내선을 만들어 선택한 도형들을 안내선에 붙임으로써 정렬 상태를 유지한다. 안내선을 옮기면 도형들도 같이 움직인다.

● Grouping: 도형들을 그룹으로 묶어 한꺼번에 움직일 수 있으며 그룹을 풀면 도형들을 개별적으로 움직일 수 있다.

- Create Group: 포인터 도구를 선택한 다음, 선택 넷(선택한 도형들을 모두 포함하는 영역을 지정하기 위해 포인터 도구를 드래그 하여 한꺼번에 여러 개의 도형을 선택하는 방법)을 드래그한다.
- UnGroup: 포인터 도구를 선택한 다음, 선택 넷(선택한 도형들을 모두 포

함하는 영역을 지정하기 위해 포인터 도구를 드래그 하여 한꺼번에 여러 개의 도형을 선택하는 방법)을 드래그하고 Ungroup을 클릭한다.

- Add to Group: 도형과 도형이 포함될 그룹을 같이 선택한 후, Add to Group을 클릭하면 도형이 그룹에 포함된다.
- Remove from Group: 그룹을 선택하고 그룹에서 제거할 도형을 선택한 다음, Remove from Group을 클릭한다.

- Rotate or Flip: 포인터 도구를 선택한 다음, 원하는 선택 넷을 드래그함. Flip Vertical(수직으로 뒤집기), Flip Horizontal(수평으로 뒤집기), Rotate Left(왼쪽으로 회전하기), Rotate Right(오른쪽으로 회전하기) 중에서 원하는 명령을 선택한다.
- Layout Shapes: 플로우 차트와 네트워크 다이어그램 등과 같은 연결된 그림들에 대해서는 그림 페이지에 있는 도형들을 Shape 메뉴에 있는 Re-layout Shapes와 Configure Layout 명령어를 활용하여 제 위치로 빠르게 이동할 수 있다.

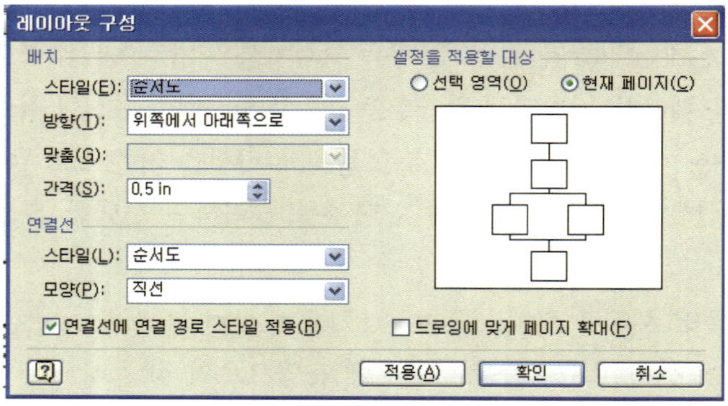

- 배치(Placement):
  - 스타일(Style): 도형들의 레이아웃을 설정함. 역 화살표 메뉴를 클릭하여 원하는 옵션을 선택한다.
  - 방향(Direction): 도형에 적용할 방향을 설정한다.
  - 맞춤(Alignment): 도형들이 정렬되는 방법을 설정한다. 계층구조(Hierarchy) 스타일이 선택되어 있는 경우에만 활용할 수 있다.

- 간격(Spacing): 도형 간의 간격을 설정한다.

- 연결선(Connectors):
  - 스타일(Style): 도형들을 연결하는 그리기 경로, 루트 등의 유형을 설정한다.
  - 모양(Appearance): 연결선을 직선 또는 곡선이 되도록 한다.
  - 연결선에 연결 경로 스타일 적용(Apply routing style to connectors): 선택한 연결선 스타일과 모양을 현재 페이지에 있는 모든 연결선에 적용하거나 선택한 연결선에만 적용한다.
  - 설정을 적용할 대상(Apply settings to): 그리기 레이아웃을 선택한 도형에만 적용하거나 현재 페이지에 있는 모든 도형에 적용한다.
  - 드로잉에 맞게 페이지 확대(Enlarge page to fit drawing): 도형들이 자동적으로 레이아웃 되도록 되어 있을 때 그리기를 수용할 수 있도록 그리기 페이지가 확대된다.

도구 메뉴 (Tools Menu)

- Takt Time Calculator: 가용 시간(Available Work Time), 고객 수요(Demand), EPE(Every Part Every) 등을 설정한다. Takt Time과 처리량(Throughput) 정보를 제공한다.

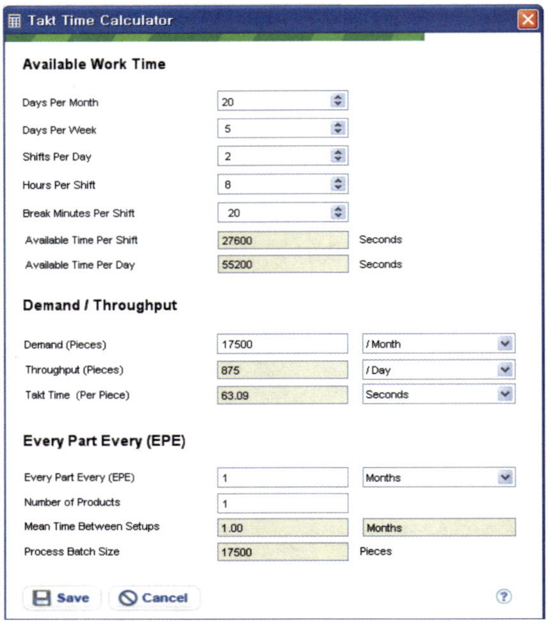

● Data Collection Sheet: 필요 시 개별적 활동에 대한 cycle time 데이터를 수집한다.

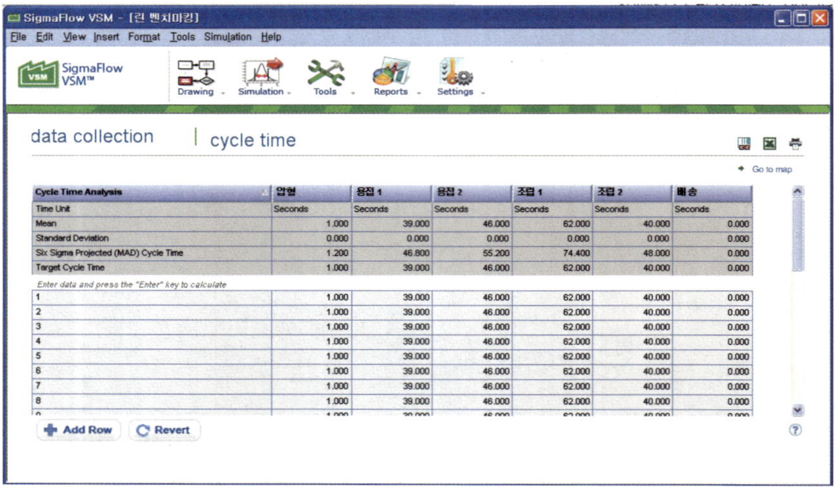

시뮬레이션 메뉴 (Simulation Menu)

시뮬레이션 메뉴는 시그마플로우 시뮬레이터(SigmaFlow Simulator) 소프트웨어가 있는 경우에만 활용 가능하다. 시그마플로우 시뮬레이터(Sigma Flow Simulator) 소프트웨어는 SigmaFlow VSM에 대한 add-on 모듈이다.

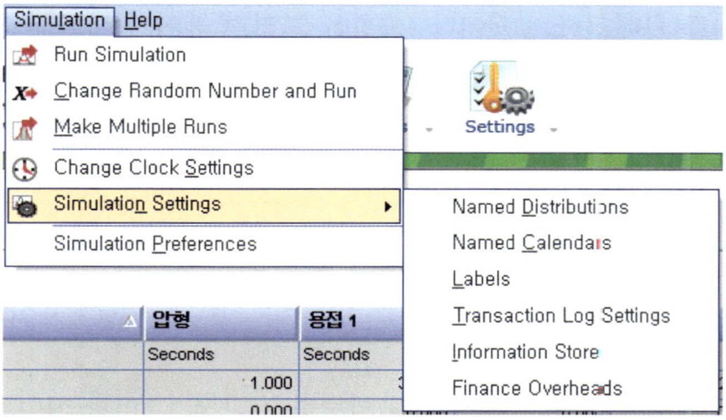

- Run Simulation: 시뮬레이션을 시작한다.
- Change Random Number and Run: 새로운 무작위 수를 가지고 새로운 시뮬레이션을 실행함으로써 변동성의 영향을 파악한다.
- Make Multiple Runs: 각각 다른 무작위 수를 가진 여러 개의 시뮬레이션을 동시에 실행한다. Trial Results 보고서에서 결과를 볼 수 있다.
- Change Clock Settings: 시간 단위, 시작 시간, 준비기간, 시뮬레이션 실행 시간 등과 같은 시계 속성을 설정한다.
- Simulation Settings: 분포, 달력(calendar), 레이블 등 시뮬레이션 대상을 정의·창출하는 옵션을 제공한다.
- Simulation Preferences: 현재의 모델 행태를 설정한다.

도형 활용 (Working with Shapes)

시그마플로우 VSM(SigmaFlow VSM) 도형은 문맥에 닺추어 원하는 방식으로 처리되도록 디자인되어 있다.

도형 추가하기 (Adding Shapes to Drawing)

그림을 그리는 가장 쉬운 방법은 셰이프 창에 있는 도형들에서 원하는 도형을 그리기 페이지로 드래그하는 것이다. 도형을 그리기 페이지로 드래그하면, 도형과 관련된 모든 데이터도 같이 옮겨진다.

도형 선택하기 (Selecting a Shape)

도형에 대해 어떤 작업을 하기 위해서는 우선 그리기 페이지에서 도형을 선택한다. 그런 다음, 서식 적용, 이동, 정렬, 텍스트 추가, 데이터 속성 추가 등 원하는 작업을 수행한다.

❶ Standard 도구바에서 포인터 도구를 클릭하고 나서, 그리기 페이지에서 원하는 도형 위에 포인터를 올려 놓는다.

❷ 포인터가 4개의 머리를 가진 화살표로 바뀌면 도형을 클릭한다.

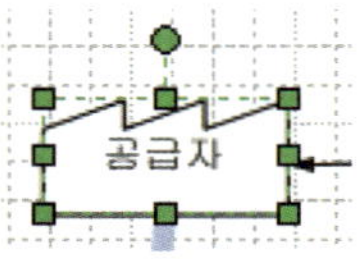

표시 영역과 함께 도형 선택하기 (Selecting a Shape with Display Fields)

❶ Standard 도구바에서 포인터 도구를 클릭하고 나서, 그리기 페이지에서 원하는 도형 위에 포인터를 올려 놓는다.

❷ 포인터가 4개의 머리를 가진 화살표로 바뀌면 도형을 클릭한다.

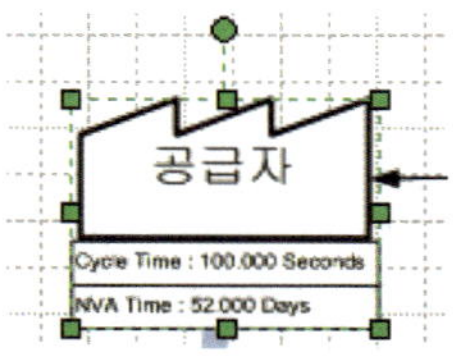

활동 과제 창 열기 (Opening Activity Task pane)

그리기에 있는 모든 도형에 대해 Task pane을 활용할 수 있다. Activity task pane은 도형을 오른쪽 마우스로 클릭한 후, “Open Activity Task

Pane"을 선택하면 나타난다.

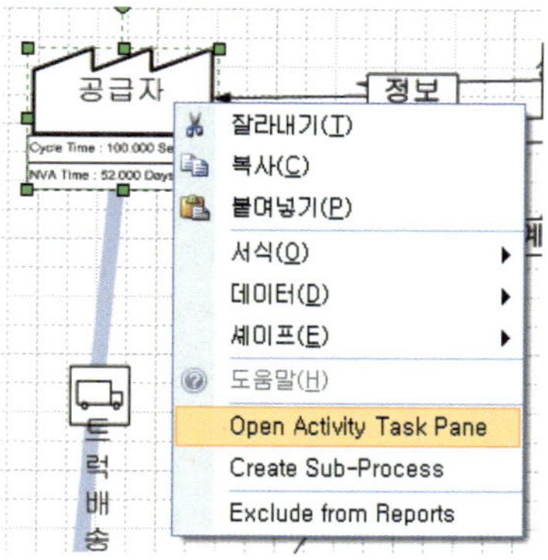

하위 프로세스 생성하기 (Creating a Sub?Process)

그리기에 있는 모든 도형에 대해 하위 프로세스를 생성할 수 있다. 하위 프로세스를 생성하면 부모(父母) 도형과 같은 이름을 가진 새로운 페이지가 생성된다. 몇몇 필드(예, cycle time)는 하위 프로세스로 전환된 후에는 수정할 수 없다. 모든 데이터는 하위 프로세스 도형에 따라 계산된다(rolled up). 어떤 활동 도형을 하위 프로세스로 전환하려면 도형을 오른쪽 마우스로 클릭하여 "Create Sub-Process"를 선택한다.

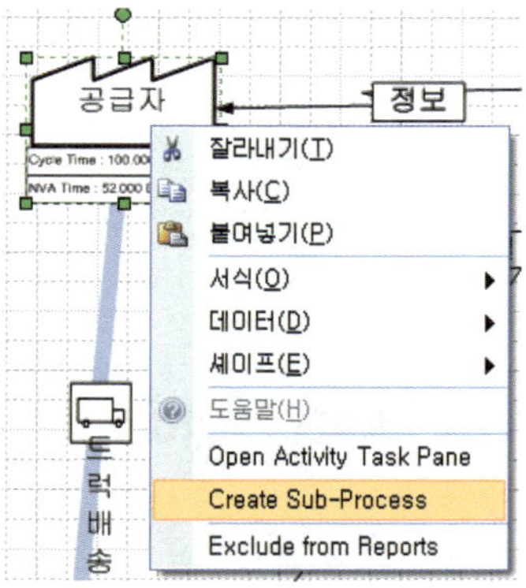

보고서에서 도형 제외하기 (Excluding Shapes from Reports)

기본적으로 그리기 화면에 있는 모든 도형은 보고서에 포함되는데, 도형을 오른쪽 클릭하면 나타나는 메뉴에서 "Exclude from Reports"를 선택하면 보고서에 도형이 나타나지 않게 된다.

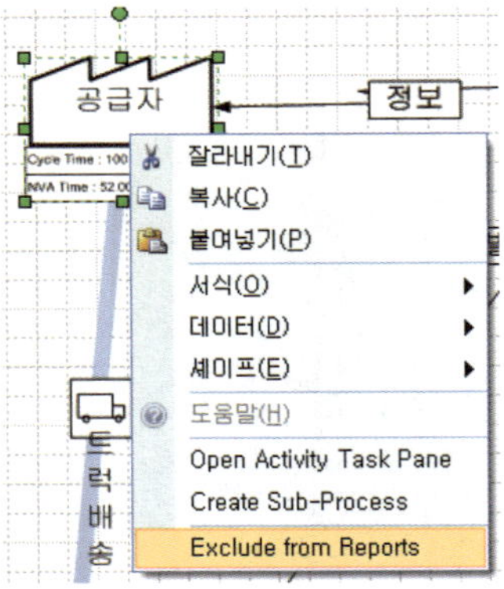

보고서에 도형 포함하기 (Including Shape in Reports)

보고서에서 제외한 도형을 오른쪽 클릭한 후, "Include in Reports"를 선택한다.

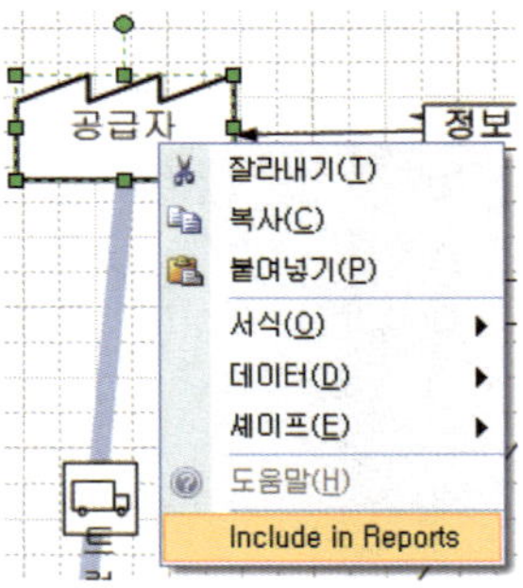

설정: 숫자 데이터 설정 (Numeric Data Settings)

시그마플로우 VSM(SigmaFlow VSM) 솔루션은 원하는 필드를 정의하여 VSM을 조직의 필요에 맞추어 조정할 수 있게 해준다. 또한 "Lean Bench marking", "Value Stream Mapping", "Lean Six Sigma", "Value Analysis", "Custom" 등 여러 가지 다른 속성 목록을 보여준다. 이들 필드는 단 한번만 정의하면 전체적으로 적용된다. 일단 정의되면, 이들 필드는 지도의 모든 페이지에 있는 모든 도형에서 활용할 수 있다. Numeric Data Setting은 다음과 같은 방법으로 실행할 수 있다.

❶ 헤더 아이콘: “Settings” 헤더 아이콘을 클릭하면 나타나는 그리기 설정 코어 페이지에서 “Numeric Data” 링크를 클릭한다.

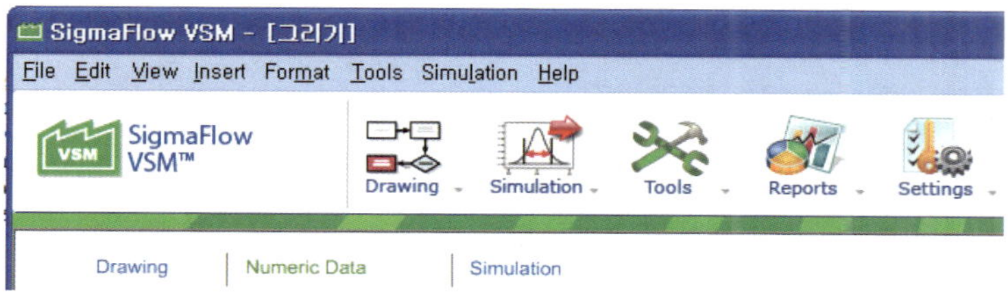

❷ 헤더 아이콘 (드롭다운 메뉴): “Settings” 헤더 아이콘 아래쪽에 있는 역삼각형 아이콘을 누르면 나타나는 드롭다운 메뉴를 클릭하고 “Numeric Data”를 클릭한다.

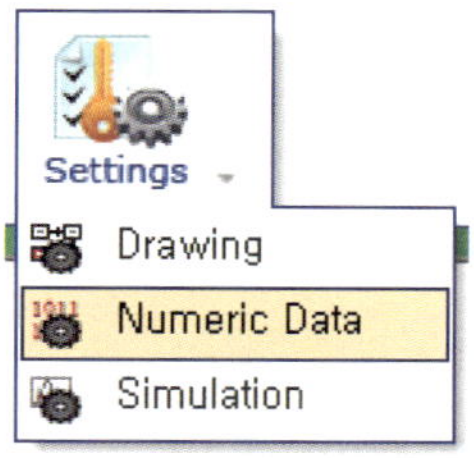

다음과 같은 Numeric Data Settings화면이 나타난다.

Numeric Data Settings의 대표적 특징은 다음과 같다.

❶ “Revert” 버튼: Numeric Data Settings 양식에 관한 모든 변경 사항을 되돌린다.

❷ “Change settings for” 드롭다운 옵션(방법론)은 Lena Benchmarking, Value Stream Mapping, Lean Six Sigma, Value Analysis, Custom을 포함한다. 드롭다운 메뉴에서 선택한 옵션에 따라 체크박스 값만 변경할 수 있다(체크/언체크). 어떤 솔루션에 대해 이 박스를 포함하거나 제외할 수 있다.

❸ Numeric Data Settings은 다음 열을 포함하고 있다.

열 이름	내용
✔	체크박스 ❶ 체크된 필드는 선택한 솔루션 (예, Lean Six Sigma)에 대한 기본 필드가 됨 ❷ 필드는 Task Pane과 Reports에 나타남
Field Name	표시/분석 목적으로 지도에 있는 여러 가지 도형에 사용되는 린 필드의 이름
Field Type	필드 유형을 정의하기 위한 드롭다운 옵션: Processing time, NVA time, Changeover Time, Inventory Amount, etc.
Data Type	Number, %, String, Data 등 데이터 유형
Data Format	필드가 계산된 값인지 직접 입력 값인지를 보여주는 옵션
Function	통합 규칙을 정의하는 드롭다운 옵션: Sum, Average, Min, Max 등
Default Unit	단위를 설정하는 드롭다운 옵션: Hours, Minutes, Seconds 등

- **필드 편집 (Editing a Field)**: Default unit, function 등 여러 가지 필드 속성을 편집할 수 있다. Field Name을 클릭하거나 Field Name을 오른쪽 클릭한 후 “Edit Field” 메뉴 옵션을 선택하면 된다.

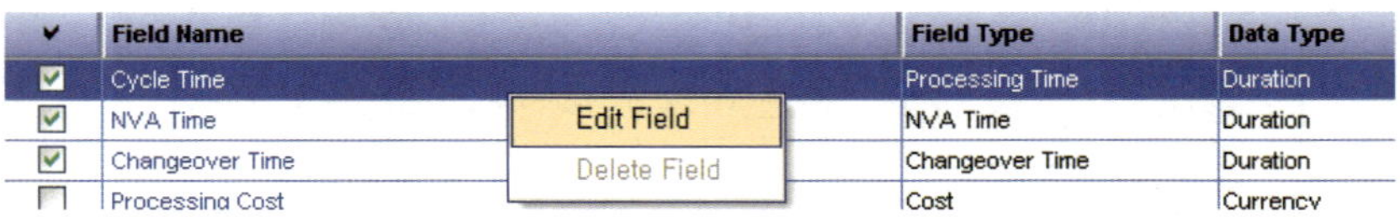

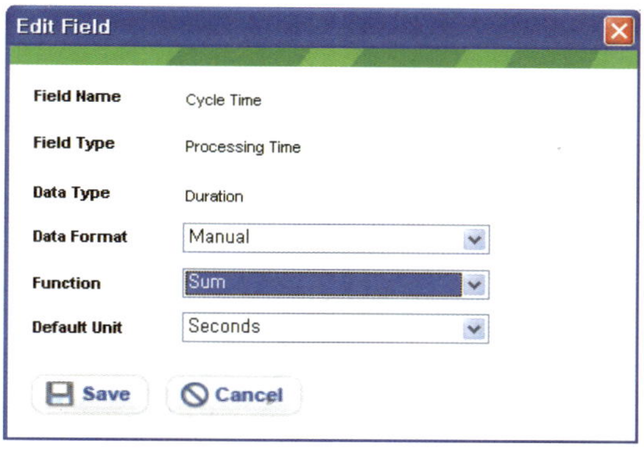

- 필드 추가 (Adding a Field): 위쪽 테이블의 아래 부분에 있는 "Add Field" 단추를 클릭하고, Field Name 등 필요한 정보를 입력하고 "Save"를 눌러 저장한다. 새롭게 추가된 필드는 Field list에 나타나게 되며, 모든 솔루션 방법론에서 활용 가능하지만 추가할 때 선택한 방법론에 대해서만 체크박스가 체크된다.

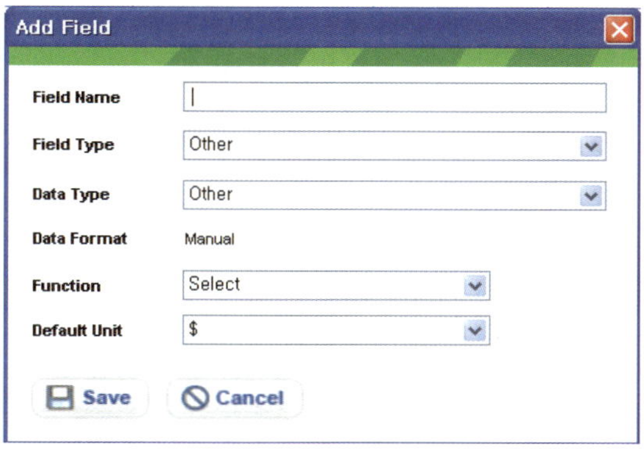

- 필드 삭제 (Deleting a Field): 지울 수 있는 필드는 필드 이름 오른쪽에 "Trash" 아이콘이 나타나 있는데, 필드 이름을 오른쪽 클릭한 후, "Delete Field"를 클릭하면 삭제된다. "Trash" 아이콘이 없는 필드는 삭제할 수 없는 필드이다.

❹ Definitions Fields: 다음 내용은 Numeric Data Settings에 있는 모든 필드의 목록이다.

필드 이름	내용
Cycle Time	제품 하나가 프로세스 단계를 거치는데 소요되는 시간 Total Cycle Time 또는 Processing Time이라고 하기도 함. 이 값은 직접 입력하거나 계산된 값이 될 수 있음. 계산된 값이 활용되는 경우에는 "Data Collection Sheet"에 원 데이터를 입력해야 함.
NVA Time	고객이 지불하고자 하지 않는 프로세스 단계에 소요되는 시간
Changeover Time	생산할 제품의 유형을 변경하는데 소요되는 시간
Number of Resources	어떤 단계에 있는 작업자의 수
Resource Availability %	작업자를 어떤 단계에 활용할 수 있는 시간의 비율
Number of Shifts	어떤 단계의 교대 작업조의 수
Inventory Time	특정 양의 재고를 처리하는데 소요되는 시간
Inventory (#)	어떤 프로세스 단계에서 또는 단계 간 재고 수량
Transport Time	공급 자원에서의 배치 생산에서부터 소비 자원으로의 도착까지의 시간
Transport Frequency	수송 빈도
Defect (DPU) %	어떤 단계에서의 결함 비율
Yield % for Defect	어떤 단계에서의 수율 비율. 직접 입력하거나 계산된 값이 될 수 있음. 계산된 값은 (100% – Defect %)임.
Rework %	어떤 단계에서의 재작업 비율
Scrap %	어떤 단계에서의 폐기 비율
Target Cycle Time	직접 입력하거나 계산된 값이 될 수 있음. 계산된 값은 통계적으로 계산되며 Data Collection Sheet의 Six Sigma Projected Cycle Time과 같음.
Number of Machines / Station	어떤 작업장에 있는 기계의 총 수. Lean Benchmarking에 활용됨.
Machine Availability %	기계의 가용 비율
Move Batch Size	이동 배치에 있는 아이템의 수

❺ Definition Calculated Fields: 다음 내용은 Numeric Data Settings에 있는 모든 계산된 필드의 목록이다.

필드 이름	내용
DPMO (PPM Defect)	백만 개 당 결함 = Average Defect (DPU) % x 1,000,000
Defect Sigma (No Shift)	= NORMSINV(1- Average Defect (DPU) %/100)
Defect Sigma (1.5 Shift)	= Sigma Value for Defect (No Shift) + 1.5
Yield % to Takt Time	Average Cycle Time이 직접 입력 값인 경우, Yield % to Takt Time = 100%.
	Average Cycle Time이 계산된 값인 경우, Data Collection Sheet에서 산출된 값.
Cycle Time (Six Sigma Projected MAD)	(a) Average Cycle Time이 직접 입력 값인 경우, Cycle Time (Six Sigma Projected MAD) = Average Cycle Time + 0.2 x Average Cycle Time). (b) Average Cycle Time이 계산된 값인 경우, Data Collection Sheet에서 산출된 값. Cycle Time (Six Sigma Projected MAD) = Mean Cycle Time(N) +(1.96*(Standard Deviation(N)/SQRT(N)))
Effective Cycle Time (Six Sigma Projected MAD)	결함, 작업자, 기계 등을 고려한 6 시그마 예상MAD(Mean Average Deviation) Cycle Time. = (Cycle Time (Six Sigma Projected MAD) / ((1 ? Average Defect (DPU) %) x (Total Number of Operators x Average Operator Availability %) x (Number of Machines x Average Machine Availability %)) + (Changeover Time / Process Batch Size)
Cycle Time Score (Six Sigma)	좋음/나쁨 점수. (Effective Cycle Time (Six Sigma Projected MAD) ≤ Takt Time이면, "Good". 아니면 "Constraint".
Cycle Time Sigma (No Shift)	= NORMSINV(Yield % to Takt Time/100)
Cycle Time Sigma (1.5 Shift)	= Cycle Time의 Sigma Value (No Shift) + 1.5
Effective Cycle Time	["Average Cycle Time"과 "Total NVA Time") 중 큰 수/((1?Average Defect (DPU) %) x (Total Number of Operators x Average Operator Availability%) x (Total Number of Machines x Average Machine Availability %))] + [Changeover Time/Process Batch Size]
Takt Time	Takt Time calculator에서 정의된 데이터에 기초하여 계산됨. 개별 도형에 대한 교대 작업조의 수에 따라 변함.
Cycle Time Score	좋음/나쁨 점수. (Effective Cycle Time ≤ Takt Time이면 "Good". 아니면 "Constraint".)
Available Time / Shift	Takt Time calculator에서 정의된 데이터에 기초하여 계산됨. 개별 도형에 대한 교대 작업조의 수에 따라 변함.
Available Time / Day	Takt Time calculator에서 정의된 데이터에 기초하여 계산됨. 개별 도형에 대한 교대 작업조의 수에 따라 변함.

Total Inventory (#)	모든 필드의 합계 (top section of Data Property form for which Field Type = Inventory #)
Total Inventory Time	모든 필드의 합계 (top section of Data Property form for which Field Type = Inventory Time)
Lead Time (Process Boxes)	프로세스 도형의 리드 타임. Total NVA Time ≥ Total Processing Time이면 Total NVA Time, 아니면 Total Processing Time
Lead Time (Inventory Boxes)	재고 도형의 리드 타임. "Total Inventory Time" 또는 [Total Inventory # * Takt Time in Seconds / Available Seconds Per Day] 중 큰 수
Value Add Time	대상에 대한 부가가치 시간. Total NVA Time ≥ Total Processing Time이면 0, 아니면 (Total Processing Time − Total NVA Time))
Right First Yield %	= (1 − Average Scrap % − Average Rework %) * 100
Traditional Yield %	= (1 − Average Scrap%/100) * 100
Process Batch Size	Takt Time Calculator로부터 도출
Workstation Capacity	= 작업장 당 기계수(Total Number of Machines per Station) / Effective Cycle Time
Part Arrival Rate	선행 단계가 없으면, 'Takt Time Calculator에서 산출된 Throughput (Per Second)'. 선행 단계가 있으면, '선행 단계의 Part Arrival Rate x 선행단계의 Yield
Workstation Utilization %	= 기계에 대한 Part Arrival Rate x Effective Cycle Time
Wait in Batch Time	= (Move Batch Size −1) x Effective Cycle Time
Raw Cycle Time	= Effective Cycle Time + Wait in Batch Time

❻ "Workload Balancing Graphs"의 여러 가지 요소를 계산하기 위해 계산된 필드로 다음과 같은 필드를 추가로 활용할 수 있다.

필드 이름	내용
Base Cycle Time (VSM Graph)	Average Cycle Time > NVA Time이면 = (Average Cycle Time / (Number of Resources * Number of Machines per Station)) 아니면 = (NVA Time / (Number of Resources * Number of Machines per Station))
Changeover Loss (VSM Graph)	= Changeover Time/ Process Batch Size
Quality Loss (VSM Graph)	= (((Defect (DPU) % / 100) / IF(((Defect (DPU) % / 100) + (1 − (Operator Availability % / 100)) + (1 − (Machine Availability % / 100))) = 0, 1 , ((Defect (DPU) % / 100) + (1 − (Operator Availability % / 100)) + (1 − (Machine Availability % / 100))))) * (Effective Cycle Time − (Changeover Time/ Process Batch Size) − Base Cycle Time (VSM Graph)))
Operator Efficiency Loss (VSM Graph)	= (((1 − (Operator Availability % / 100)) / IF((Defect (DPU) % / 100) + (1 − (Operator Availability % / 100)) + (1 − (Machine Availability % / 100))) = 0, 1 , ((Defect (DPU) % / 100) + (1 − (Operator Availability % / 100)) + (1 − (Machine Availability % / 100))))) * (Effective Cycle Time − (Changeover Time/ Process Batch Size) − Base Cycle Time (VSM Graph)))
Machine Efficiency Loss (VSM Graph)	= (((1 − (Machine Availability % / 100)) / IF((Defect (DPU) % / 100) + (1 − (Operator Availability % / 100)) + (1 − (Machine Availability % / 100))) = 0, 1 , ((Defect (DPU) % / 100) + (1 − (Operator Availability % / 100)) + (1 − (Machine Availability % / 100))))) * (Effective Cycle Time − (Changeover Time/ Process Batch Size) − Base Cycle Time (VSM Graph)))
Base Cycle Time (LSS* Graph)	= Cycle Time (Six Sigma Projected MAD) / ((Number of Resources) * (Number of Machines / Station))
Changeover Loss (LSS Graph)	= Changeover Time/ Process Batch Size
Quality Loss (LSS Graph)	= (((Defect (DPU) % / 100) / ((Defect (DPU) % / 100) + (1 − (Operator Availability % / 100)) + (1 − (Machine Availability % / 100)))) * (Effective Six Sigma Projected MAD) Cycle Time − (Changeover Time/ Process Batch Size) − Base Cycle Time (LSS Graph)))
Operator Efficiency Loss (LSS Graph)	= (((1 − (Operator Availability % / 100)) / ((Defect (DPU) % / 100) + (1 − (Operator Availability % / 100)) + (1 − (Machine Availability % / 100)))) * (Effective Six Sigma Projected (MAD) Cycle Time − (Changeover Time/ Process Batch Size) − Base Cycle Time (LSS Graph)))
Machine Efficiency Loss (LSS Graph)	= (((1 − (Machine Availability % / 100)) / ((Defect (DPU) % / 100) + (1 − (Operator Availability % / 100)) − (1 −(Machine Availability % / 100)))) * (Effective Six Sigma Projected (MAD) Cycle Time − (Changeover Time/ Process Batch Size) − Base Cycle Time (LSS Graph)))

*LSS = Lean Six Sigma

Takt Time 계산기 활용 (Working with Takt Time Calculator)

가용 시간, 수요, EPE 등 기본적인 VSM 정보를 Takt Time Calculator에서 설정할 수 있다. Takt Time Calculator는 다음과 같은 방법으로 실행할 수 있다:

❶ 헤더 아이콘: "Tools" 헤더 아이콘을 클릭하면 나타나는 페이지에서 "Takt Time Calculator"를 클릭한다.

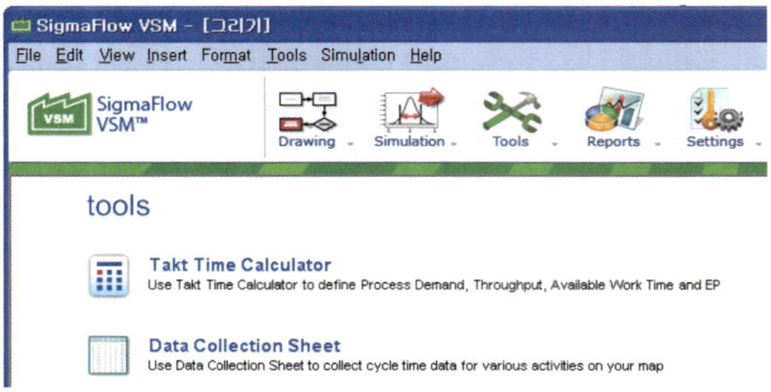

❷ 헤더 아이콘 (드롭다운 메뉴): [Tools] 헤더 아이콘 드롭다운 메뉴를 클릭하고 [Takt Time Calculator] 를 클릭한다.

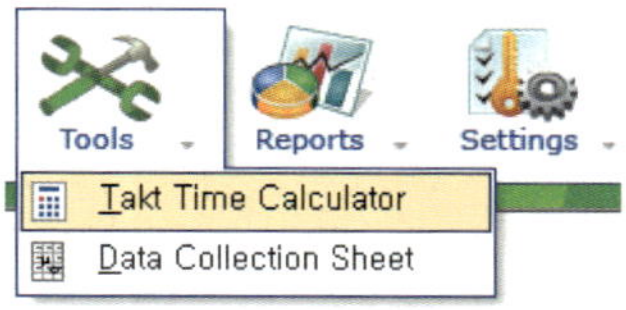

❸ 도구바 메뉴: Tools 메뉴에서 Takt Time Calculator를 선택함 [Tools]-[Takt Time Calculator].

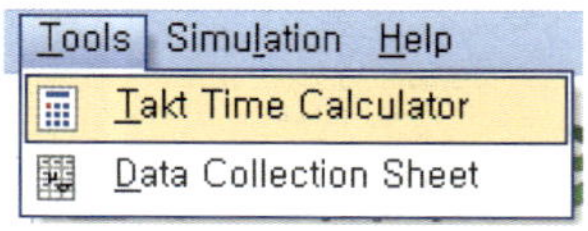

❹ 스코어카드 (Scorecards): Reports 헤더 아이콘을 클릭하고 나타나는 화

면에서 Scorecards 밑에 있는 옵션 중 하나를 선택하고(예, Value Stream Mapping), Takt Time Calculator 아이콘을 클릭한다.

그러면 다음과 같은 Takt Time Calculator 창이 나타난다.

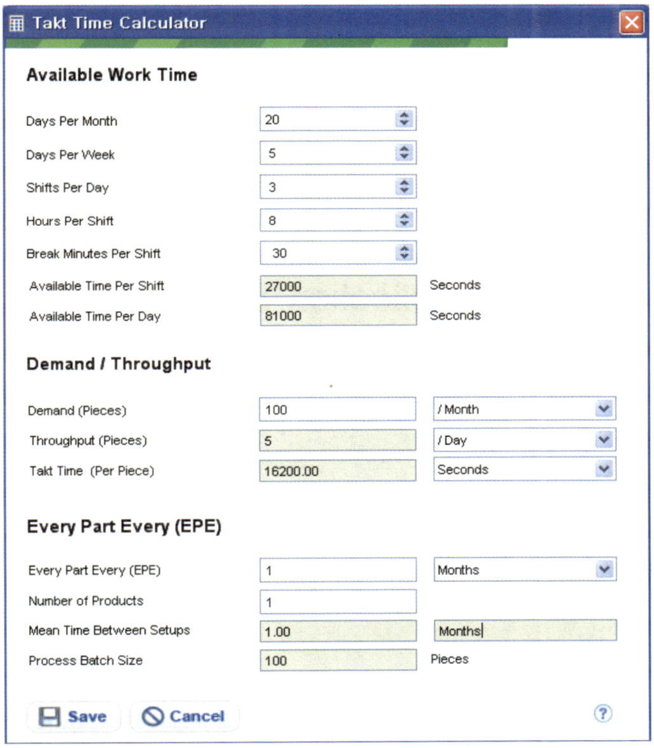

- 가용작업시간 (Available Work Time): 기본 작업 시간 인수에 대한 정보이다. 교대 작업조(shift) 당 가용시간과 일 당 가용시간은 다음과 같이 계산된다.

Available Time Per Shift (가용시간/교대 작업조)	(Hours/Shift x Minutes/Hour x Seconds/Minute) ? (Break Minutes/shift x Seconds/Minute)
가용시간/일 (Available Time Per Day)	Shifts/Day x [(Hours/Shift x Minutes/Hour x Seconds/Minute) ? (Break Minutes/Shift x Seconds/Minute)]

- 수요/처리량 (Demand/Throughput): 일정 시간 당 수요에 대한 정보이며 Takt time을 자동적으로 계산한다. Takt time은 고객의 수요를 충족시키기 위해 프로세스에서 얼마나 자주 제품을 생산해야 하는가를 나타낸다.

Takt Time	기간 당 가용작업시간 / 기간 당 고객 수요

- Every Part Every (EPE)[1]:

Mean Time between Setups	EPE/제품의 수
Process Batch Size	Mean Time between Setups * 처리량(Throughput)

데이터 수집 시트 활용 (Working with Data Collection Sheet)

Data Collection Sheet는 선택한 프로세스 단계에 대한 cycle time 데이터를 수집할 때 활용한다.

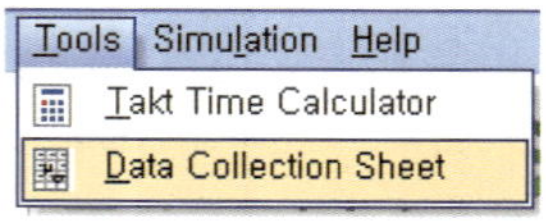

1) EPE(Every Part Every)는 시간 단위(hours, days, weeks, months, etc.)로 측정된다. "Every Part Every X"는 고객이 요구하는 것은 무엇이든 생산해내는 융통성의 정도를 나타낸다. 예를 들어, EPE day는 모든 제품에 대한 changeover가 매일 수행되어 제품이 고객에게 공급될 수 있다는 것을 의미한다.

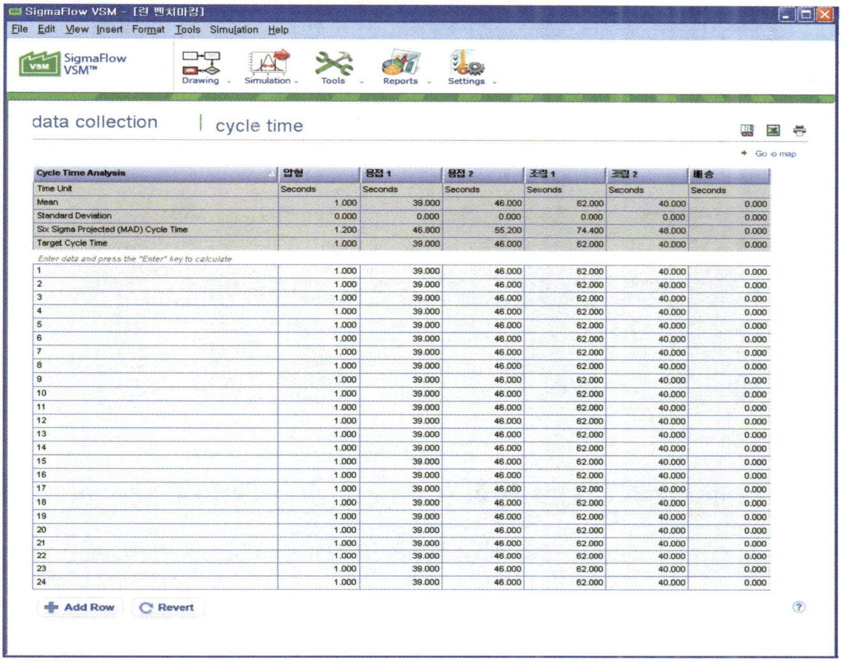

Cycle Time Analysis	압형	용접 1	용접 2	조립 1	조립 2	배송
Time Unit	Seconds	Seconds	Seconds	Seconds	Seconds	Seconds
Mean	1.000	39.000	46.000	62.000	40.000	0.000
Standard Deviation	0.000	0.000	0.000	0.000	0.000	0.000
Six Sigma Projected (MAD) Cycle Time	1.200	46.800	55.200	74.400	48.000	0.000
Target Cycle Time	1.000	39.000	46.000	62.000	40.000	0.000
1	1.000	39.000	46.000	62.000	40.000	0.000
2	1.000	39.000	46.000	62.000	40.000	0.000
3	1.000	39.000	46.000	62.000	40.000	0.000
4	1.000	39.000	46.000	62.000	40.000	0.000
5	1.000	39.000	46.000	62.000	40.000	0.000
6	1.000	39.000	46.000	62.000	40.000	0.000
7	1.000	39.000	46.000	62.000	40.000	0.000
8	1.000	39.000	46.000	62.000	40.000	0.000
9	1.000	39.000	46.000	62.000	40.000	0.000
10	1.000	39.000	46.000	62.000	40.000	0.000
11	1.000	39.000	46.000	62.000	40.000	0.000
12	1.000	39.000	46.000	62.000	40.000	0.000
13	1.000	39.000	46.000	62.000	40.000	0.000
14	1.000	39.000	46.000	62.000	40.000	0.000
15	1.000	39.000	46.000	62.000	40.000	0.000
16	1.000	39.000	46.000	62.000	40.000	0.000
17	1.000	39.000	46.000	62.000	40.000	0.000
18	1.000	39.000	46.000	62.000	40.000	0.000
19	1.000	39.000	46.000	62.000	40.000	0.000
20	1.000	39.000	46.000	62.000	40.000	0.000
21	1.000	39.000	46.000	62.000	40.000	0.000
22	1.000	39.000	46.000	62.000	40.000	0.000
23	1.000	39.000	46.000	62.000	40.000	0.000
24	1.000	39.000	46.000	62.000	40.000	0.000

❶ SigmaFlow는 Mean (평균), Standard Deviation (표준편차), Six Sigma Projected Mean Average Deviation Cycle Time을 자동적으로 계산한다. 그런 다음 Mean Cycle Time은 Data Property로 보내진다.

❷ 기본적으로, "Data Collection Sheet"는 Task Pane에서 "Cycle Time: dropdown"이 "Use Calculated Value"로 설정되어 있는 활동에 대해서만을 보여준다. Data Collection Sheet에서 "Show/Hide Column" 아이콘 을 클릭하여 보다 많은 활동들이 나타나게 할 수 있다. 이 활동들은 "Data Collection Sheet"에서 편집할 수 없는 것으로 나타난다.

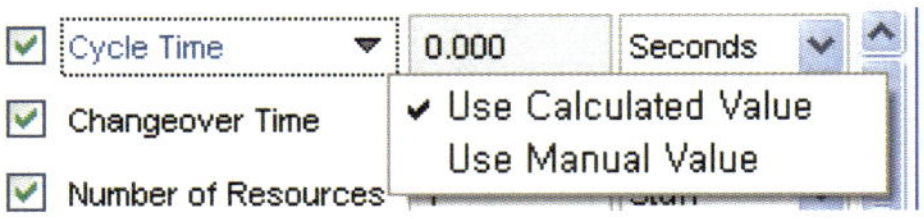

❸ Data Collection Sheet에서는 또한 열을 "고정(Freezing)"할 수 있으며, 열을 보이거나 감출 수 있고, 데이터를 직접 입력하거나 계산된 값이 나타나도록 할 수도 있다.

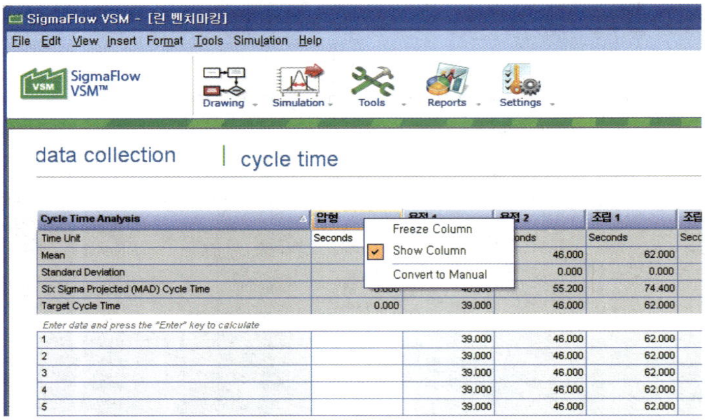

Data Collection Sheet 편집 (Customizing Data Collection Sheet)

"Show/Hide Column" 아이콘 을 클릭하면 다음과 같은 편집 화면이 나타난다. 여기서 Data Collection Sheet에 나타내고자 하는 열을 추가, 삭제, 정렬할 수 있다. 열 이름을 두 번 클릭하거나 Ctrl 키를 활용하여 여러 열을 선택하여 열을 추가하거나 삭제할 수 있다. 열을 추가하거나 삭제한 다음에는 Save 단추를 눌러 저장한다.

또한 Selected Columns 목록에서 열 이름을 선택한 다음 Up이나 Down 단추를 눌러 열이 나타나는 순서를 설정할 수 있다.

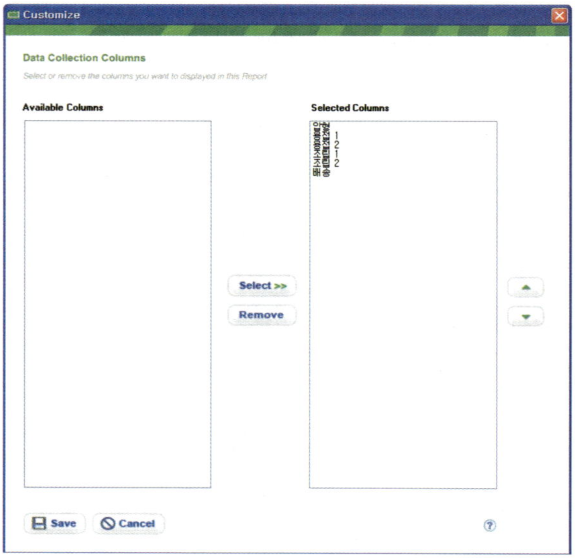

스코어카드 (Scorecards)

모든 단계의 모든 데이터가 입력되면 scorecards를 통하 이를 분석할 수 있다. Scorecards 드롭다운 메뉴에서 원하는 옵션을 선택하면 모든 scorecards를 활용할 수 있다. Scorecards는 다음 방법으로 실행할 수 있다:

❶ 헤더 아이콘: "Reports" 헤더 아이콘을 클릭하면 나타나는 페이지에서 원하는 scorecards report (Lean Benchmarking, Lean Six Sigma 등)을 클릭한다.

참고: "Simulation Reports" 섹션은 simulation 기능이 있는 라이센스를 구매한 경우에만 나타난다.

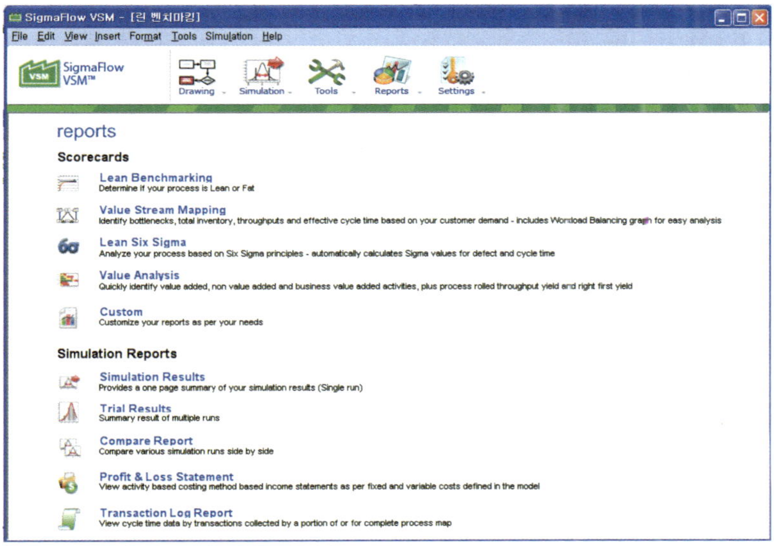

❷ 헤더 아이콘 (드롭다운 메뉴): Reports 헤더 드롭다운 메뉴를 클릭하고 원하는 report를 선택한다.

모든 scorecards에 공통인 버튼의 목록은 다음과 같다.

❶ Takt Time Calculator: Takt Time Calculator를 직접 실행한다. Takt Time Calculator를 통해 어떤 값을 변경하고 저장하면 scorecards의 값도 자동적으로 갱신된다.

❷ Graph: Workload Balancing Graphs, Value Analysis Graphs, Lean Benchmarking Graphs 등의 여러 가지 scorecard 그래프를 볼 수 있다.

❸ Calculation Method: scorecard 계산 방법을 설정한다.

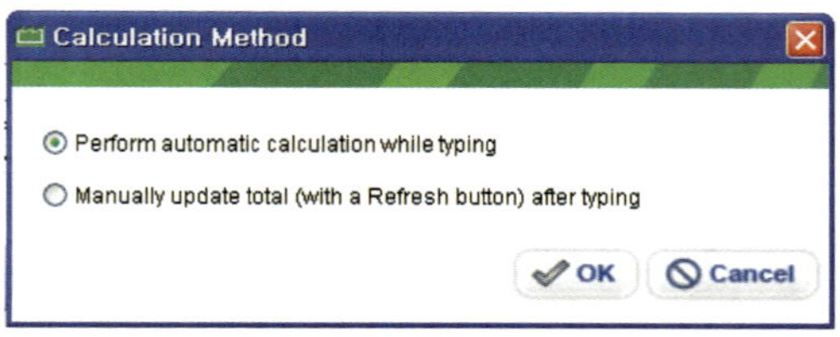

"Perform automatic calculation while typing"을 선택하면 값을 입력할 때마다 결과를 경신한다. "Manually update total after typing"을 선택하면 "Refresh" 단추를 눌러야만 결과가 경신된다.

❹ Customize: 원하는 scorecard 행이나 열을 보이거나 숨기며 열을 원하는 순서로 정렬한다.

❺ Export to Excel: 데이터를 Excel로 보낸다. 보여지고 있는 모든 열을 Excel로 보낼 수 있다.

❻ Print Preview: scorecard 결과를 미리보고 인쇄할 수 있다.

Scorecards 편집 (Customizing Scorecards)

Scorecard에 있는 customize 단추를 클릭하면 다음과 같은 화면이 나타난다. 여기서 "Column"과 "Row"를 편집할 수 있다.

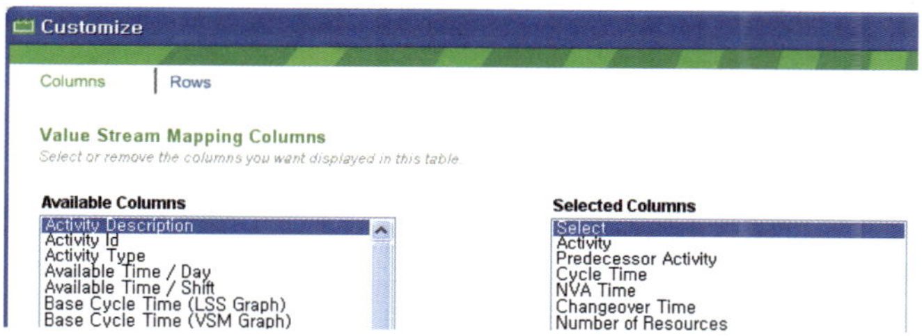

● Columns

보고서에 나타날 열을 추가, 삭제 및 정렬할 수 있다. 목록 박스가 2개 있는데 (가용 열과 선정 열), 이는 선택한 보고서 각각에 대해 가용 및 선정 열을 보여준다. 열 이름을 두 번 클릭하거나 열 이름을 Ctrl+클릭하여 여러 개의 열을 선택하고 "Select"나 "Remove" 단추를 클릭하여 열을 추가하거나 삭제할 수 있다. 실제적으로 "Activity" 열을 제외하고는 모든 열을 보고서에서 제거할 수 있다. 열을 추가하거나 삭제한 다음에는 "Save"를 클릭하여 저장한다.

또한 "Selected Columns" 목록에 있는 열 이름을 선택하고 Up과 Dcwn 단추를 클릭하면 보고서에 나타날 열의 순서를 바꿀 수 있다. Save 단추를 눌러 저장한다.

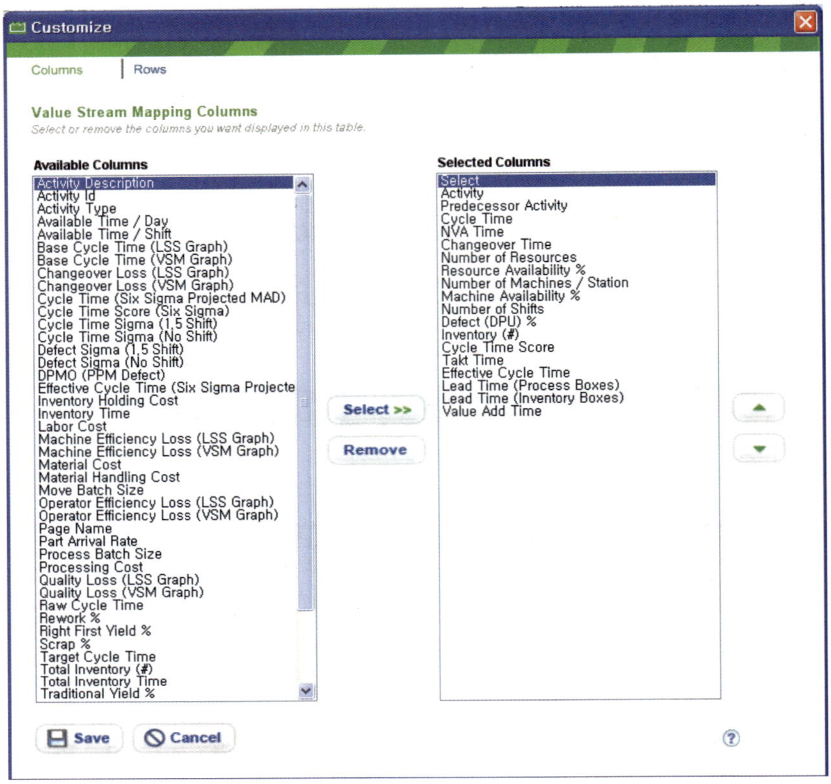

- Rows:

특정 보고서에 있는 행을 선택하거나 삭제할 수 있다. 드롭다운 메뉴에는 그리기 페이지의 목록이 나타나며, Available Rows와 Selected Rows를 이용하여 행을 추가 또는 삭제할 수 있다. 또한 Up과 Down 화살표를 활용하여 순서를 조정할 수 있다.

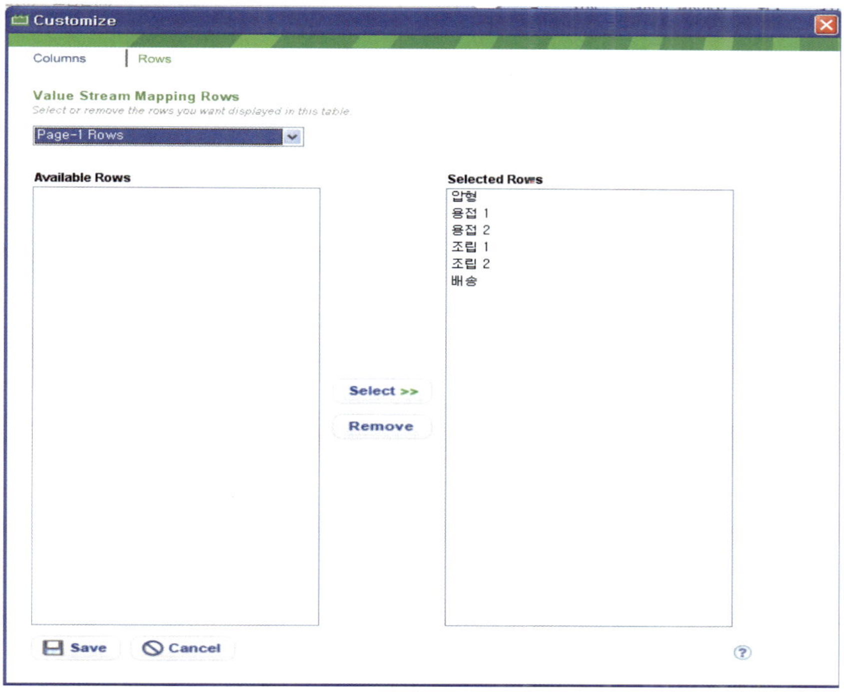

Scorecard: Lean Benchmarking

Lean Benchmarking은 구체적인 VSM 분석을 실행하기 전에 프로세스를 벤치마킹 하기 위해 활용한다. 다음 방법으로 Lean Benchmarking scorecard를 실행한다.

❶ Reports 코어 페이지: Lean Benchmarking 링크를 클릭한다.
❷ Reports 드롭다운: Lean Benchmarking 메뉴를 선택한다.

Lean Benchmarking scorecard는 "Summary"와 "Scorecard"라는 2개의 링크를 가지고 있다. Summary는 중요한 Lean Benchmarking 요약 정보를 제공한다. "Scorecard" 링크는 관련 데이터 목록을 보여준다.

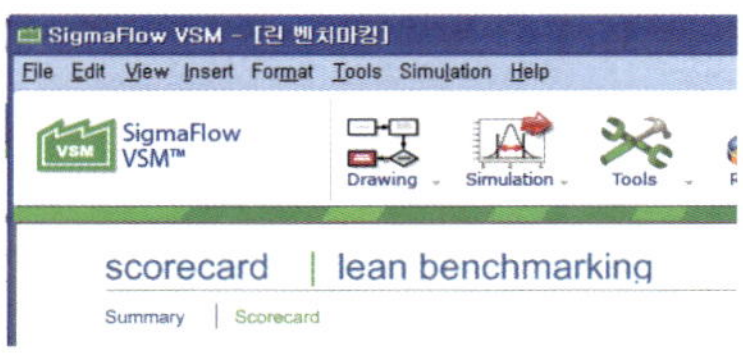

프로세스를 벤치마킹 하는 과정은 4개의 주요 인수를 명확히 하는 것을 포함한다. 이를 통해 프로세스가 "lean"한지 "fat"한지를 결정할 수 있다. 기본 프로세스 매개변수는 다음과 같다.

❶ Throughput (TH): 단위 시간 당 생산 프로세스(기계, 작업장, 라인, 공장)의 평균 산출량. 이 정보는 Takt Time Calculator에서 수집된다.

❷ Work in process (WIP): 경로의 시작과 끝 지점 사이의 재고로 있는 프로세스 상의 총 작업. 기본 프로세스 단계를 활용하여 간단한 프로세스가 정의되고, 각 단계에서의 재고가 각 도형의 Data Property를 통해 수집된다.

❸ Bottleneck rate (BNR): 어떤 라인의 병목 비율로, 가장 활용도가 높은 작업장의 비율로 정의된다. 입력된 매개변수의 값에 따라 병목 비율이 자동적으로 계산된다.

❹ Raw process time (RPT): 원 프로세스 시간으로, 어떤 라인에서의 작업장들의 평균 유효 프로세스 시간(mean effective process times)의 합이다. Lean Benchmarking 보고서에서 자동으로 계산된다.

❺ 기타 critical WIP가 계산되는데, 이는 BNR*RPT이다. Critical WIP은 최선의 경우에 처리량을 극대화하기 위해 필요한 WIP의 최소량이다.

Lean Benchmarking Summary

Lean Benchmarking Summary 창은 프로세스에 대한 자세한 벤치마킹 정보를 제공한다. SigmaFlow VSM은 정의된 데이터에 따라 프로세스가 "Lean" 한지 "Fat"한지, 아니면 데이터에 오류가 있는지를 자동으로 밝혀낸다.

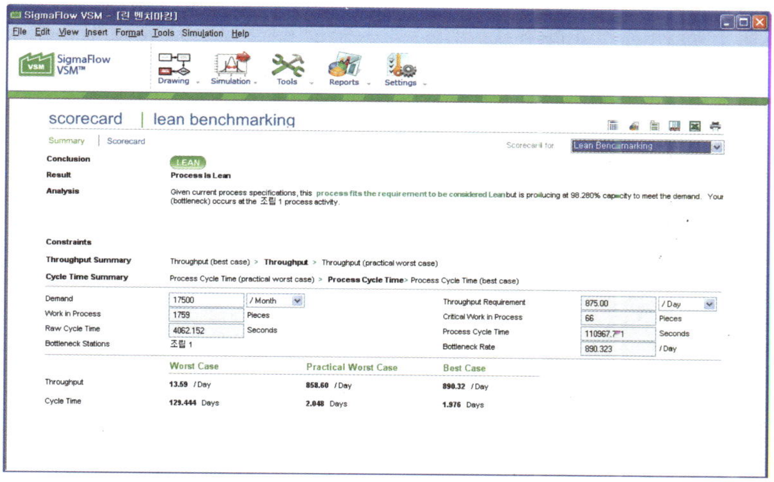

Lean Benchmarking의 Conclusions, Results, Analysis, Constraints, Throughput Summary, Cycle Time summary 등이 정의된다. 다음은 계산 방법이다.

필드	내용/산식
Conclusion	Throughput 〉 Throughput (best case) ==〉 IMPOSSIBLE
	Throughput = Throughput (best case) ==〉 BEST CASE
	Throughput 〉 Throughput (practical worst case) ==〉 LEAN
	Throughput = Throughput (practical worst case) ==〉 MARGINAL
	Throughput 〉 Throughput (worst case) ==〉 FAT
	Throughput = Throughput (worst case) ==〉 WORST CASE
	Throughput 〈 Throughput (worst case) ==〉 IMPOSSIBLE
Result	Bottleneck Rate=0이면 Missing Cycle Time, 아니면 Machine Data
	Throughput 〉 Throughput (best case) ==〉 Demand Exceeds Process Capability
	Throughput = Throughput (best case) ==〉 Demand Equals Process Capability
	Throughput 〉 Throughput (practical worst case) ==〉 Process Is Lean
	Throughput = Throughput (practical worst case ==〉 Process Is Marginally Lean

Result	Throughput 〉 Throughput (worst case) ==〉 Process Is Fat
	Throughput = Throughput (worst case) ==〉 Process Is Excessively Fat
	Throughput 〈 Throughput (worst case) ==〉 Process Is Excessively Fat
Analysis	결과와 결론에 대한 자세한 분석 정보를 보여줌
Constraints	"Cycle time Score"에서 "Constraint" 인 모든 활동의 목록
Throughput Summary	"Conclusions" (Lean, Fat etc.)에 대한 이유를 보여줌
Cycle Time Summary	"Conclusions" (Lean, Fat etc.)에 대한 이유를 보여줌

다음은 Lean Benchmarking Summary에서 활용되는 계산된 필드들이다.

필드	내용/산식
Demand	Takt Time Calculator에서 추출됨
Throughput Requirement	Takt Time Calculator에서 추출됨
Work in Process	모든 프로세스 단계에서의 모든 "Inventory #"의 합
Critical Work in Process	= Bottleneck Rate x Raw Process Time
Raw Cycle Time	모든 프로세스 단계에 대한 모든 "Raw Cycle Time"의 합 (from Lean Benchmarking 〉 Scorecard)
Process Cycle Time	= Work in Process / Throughput
Bottleneck Stations	WorkStation Utilization의 값이 가장 높은 활동
Bottleneck Rate	WorkStation Utilization이 가장 높은 기계에 대한 "Workstation Capacity" 값을 선택 (Lean Benchmarking 〉 Scorecard)

Best Case, Practical Worst Case, Worst Case의 계산 방법은 다음과 같다.

필드	내용/산식
Throughput (Best Case)	Work in Process / Raw Process Time (Work in Process 〈= Critical WIP인 경우)
	= Bottleneck Rate (Work in Process 〉 Critical WIP인 경우)
Throughput (Practical Worst Case)	= Work in Process x Bottleneck Rate / (Critical WIP + Work in Process −1)
Throughput (Worst Case)	= 1 / Raw Process Time
Cycle Time (Best Case)	=Raw Process Time (Work in Process 〈= Critical WIP인 경우)
	= Work in Process / Bottleneck Rate (Work in Process 〉 Critical WIP)
Cycle Time (Practical Worst Case)	= Raw Process Time + (Work in Process −1)/Bottleneck Rate
Cycle Time (Worst Case)	= Work in Process x Raw Process Time

Lean Benchmarking Scorecard

Lean Benchmarking Scorecard 표는 Summary 페이지에 나타난 결론을 뒷받침하는 필요한 자세한 정보를 제공한다.

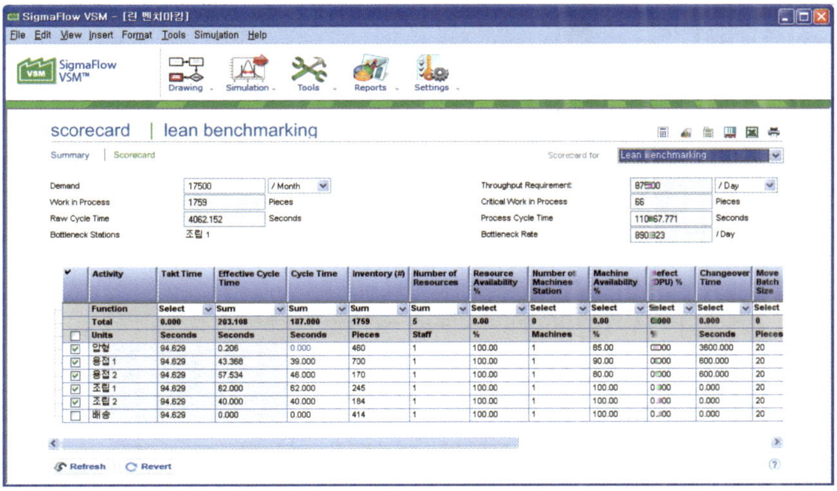

Scorecard에서 다음과 같은 일을 할 수 있다.

❶ Total 행에서 "Function" 로직을 활용하여 해당 열에 대한 통합 로직 규

칙을 적용한다. 통합 로직은 합계, 곱하기, 중앙값, 중위수, 평균, 최소값, 최대값 등을 포함한다.

❷ Function 로직 계산에 포함할 행의 체크박스를 체크 또는 체크 해제한다.

❸ "Refresh" 단추를 눌러 결과를 경신한다.

❹ "Revert" 단추를 눌러 바꾼 것을 되돌린다.

Lean Benchmarking Graphs

그래프 아이콘을 클릭하면 Throughput과 Cycle Time 차트가 나타나며, 다음과 같은 추가적인 작업을 할 수 있다.

- "Copy Chart" 단추를 눌러 차트를 Word나 Excel과 같은 다른 프로그램으로 복사한다.
- "Copy Data" 단추를 눌러 차트 데이터를 Word나 Excel과 같은 다른 프로그램으로 복사한다.
- "Print Chart" 단추를 눌러 차트를 직접 인쇄한다.
- "Show Data Table" 링크: 차트 데이터를 볼 수 있다.
- Min/Max: 그래프 축의 최소/최대 값을 바꾸어 그래프 축의 값을 바꿀 수 있다.

❶ Throughput Chart

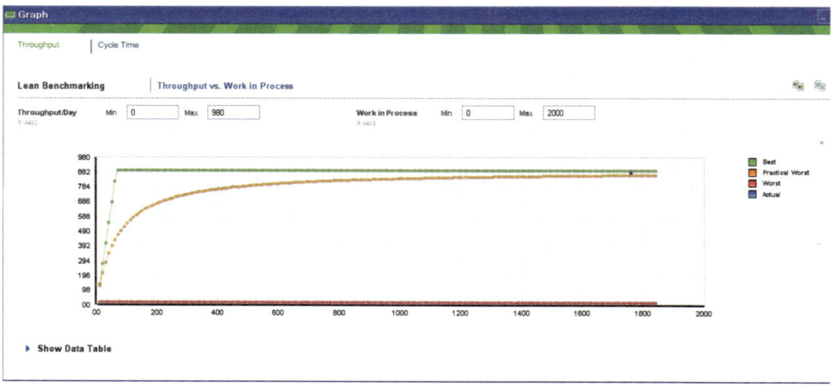

다음은 Throughput Chart에 있는 계산된 필드들이다.

필드	내용/산식
Process	10 씩 일정한 간격으로 늘어나는 X 축의 값
Best Throughput	= Work in Process value / Raw Process Time (Work in Process value <= Critical Work In Process인 경우) = Bottle Neck Rate (기타의 경우)
Practical Worst Throughput	= (Work in Process value * Bottleneck Rate) / (Critical Work In Process + (Work in Process value – 1))
Worst Throughput	= (1 / Raw Process Time)
Actual Throughput	= Demand Throughput

❷ Cycle Time Chart

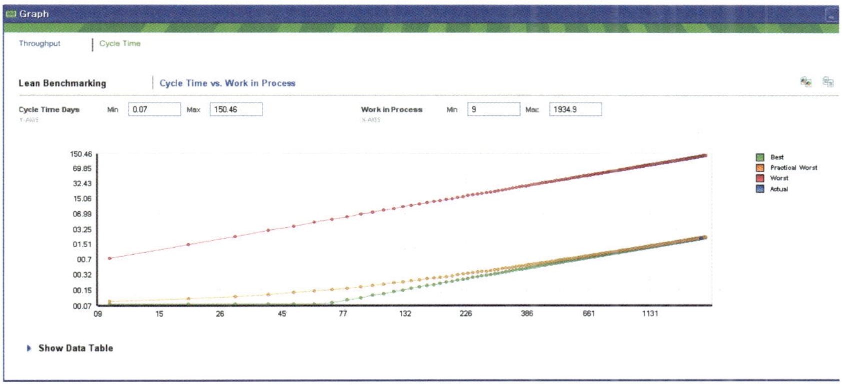

다음은 Cycle Time Chart에 있는 계산된 필드들이다.

필드	내용/산식
Work in Process	10 씩 일정한 간격으로 늘어나는 X 축의 값
Best Cycle Time	= Raw Process Time (Work in Process value <= Critical Work In Process인 경우) = Work in Process value / Bottle Neck Rate (기타의 경우)
Practical Worst Cycle Time	=(Raw Process Time + (Work in Process value – 1) / Bottle Neck Rate)
Worst Cycle Time	=(Work in Process value * Raw Process Time)
Actual Cycle Time	=Process Cycle Time

Lean Benchmarking 관련 참고 사항

"Task Pane" 또는 "Reports"에서 "Lean Benchmarking" 옵션을 선택하면 다음과 같은 메시지가 나타날 때가 있다. 이는 benchmarking 분석은 재작업과 같은 반복적 순환이 없는 간단한 VSM에서만 수행할 수 있기 때문이다. 프로세스 지도에서 반복적 순환구조를 만들어 내는 링크(화살표)를 없애면 이런 문제점이 해소된다. 또는 여러 활동으로부터 투입요소 링크를 가진 활동을 선정하여 선행단계를 해당 활동의 task pane에서 "None"으로 설정하면 된다.

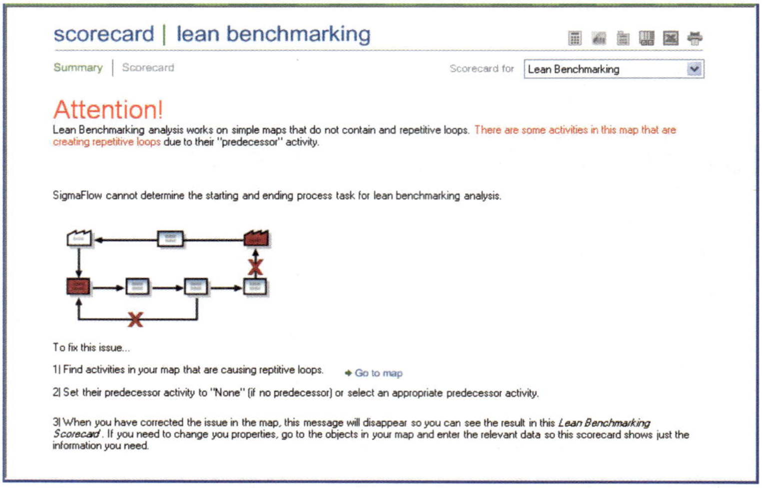

Scorecard: Value Stream Mapping

Value Stream Mapping Scorecard는 보고용 VSM에 맞춘 필드를 가지고 있다. Value Stream Mapping Scorecard는 Scorecard 드롭다운 메뉴에서 Value Stream Mapping을 선택하면 볼 수 있다.

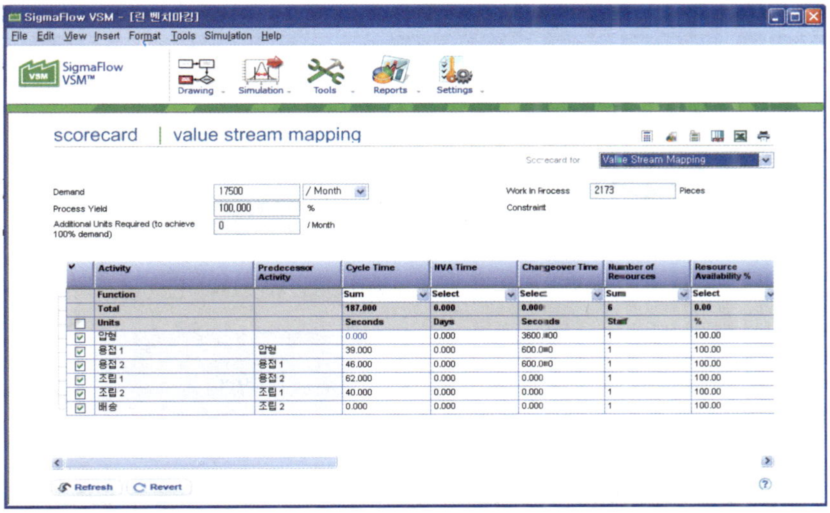

Value Stream Mapping scorecard에서 다음과 같은 작업을 할 수 있다.

❶ Total 행에서 "Function" 로직을 활용하여 해당 열에 대한 통합 로직 규칙을 적용한다. 통합 로직은 합계, 곱하기, 중앙값, 중위수, 평균, 최소값, 최대값 등을 포함한다.

❷ Function 로직 계산에 포함할 행의 체크박스를 체크 또는 체크해제한다.

❸ "Refresh" 단추를 눌러 결과를 경신한다.

❹ "Revert" 단추를 눌러 바꾼 것을 되돌린다.

다음은 Value Stream Mapping Summary에서 활용되는 계산된 필드들이다.

필드	내용/산식
Demand	Takt Time Calculator에서 추출됨
Work in Process	모든 프로세스 단계에서의 모든 "Inventory #"의 합
Process Yield	모든 프로세스 단계에서의 "Yield % for Defect"를 곱한 값
Constraint	"Cycle Time Score" 필드에서 "Constraint"인 모든 활동
Additional Units Required to achieve 100% demand	= Demand x (100% – Cumulative Yielc %)

Value Stream Mapping Graph

그래프 아이콘을 클릭하면 Value Stream Mapping Workload Balancing Graph가 나타난다. 이 그래프에서 다음과 같은 작업을 할 수 있다.

- "Copy Chart" 단추를 눌러 차트를 Word나 Excel과 같은 다른 프로그램으로 복사한다.
- "Copy Data" 단추를 눌러 차트 데이터를 Word나 Excel과 같은 다른 프로그램으로 복사한다.
- "Print Chart" 단추를 눌러 차트를 직접 인쇄한다.
- "Show Data Table" 링크: 차트 데이터를 볼 수 있다.

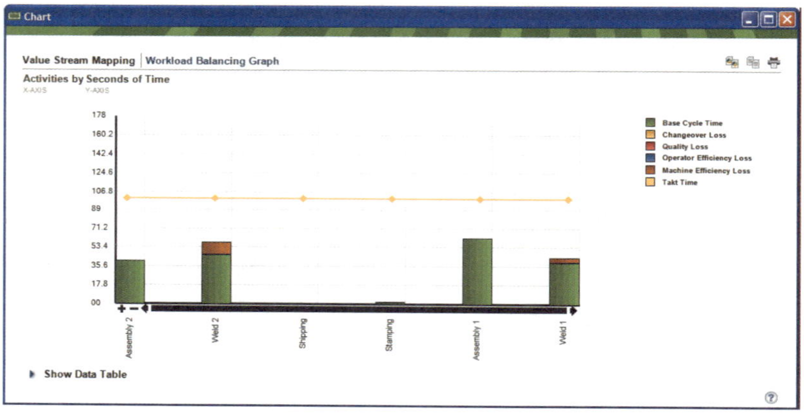

다음은 Workload Balancing graph에 있는 계산된 필드들이다.

필드	내용/산식
Base Cycle Time (VSM Graph)	= (Average Cycle Time / (Number of Resources * Number of Machines / Station)) (Average Cycle Time 〉 NVA Time인 경우) = (NVA Time / (Number of Resources * Number of Machines / Station)) (기타의 경우)
Changeover Loss (VSM Graph)	=Changeover Time/ Process Batch Size
Quality Loss (VSM Graph)	= (((Defect (DPU) % / 100) / IF(((Defect (DPU) % / 100) + (1 − (Operator Availability % / 100)) + (1 − (Machine Availability % / 100))) = 0, 1 , ((Defect (DPU) % / 100) + (1 ? (Operator Availability % / 100)) + (1 − (Machine Availability % / 100))))) * (Effective Cycle Time − (Changeover Time/ Process Batch Size) − Base Cycle Time (VSM Graph)))

Operator Efficiency Loss (VSM Graph)	= (((1 − (Operator Availability % / 100)) / IF(((Defect (DPU) % / 100) + (1 − (Operator Availability % / 100)) + (1 − (Machine Availability % / 100))) = 0, 1 , ((Defect (DPU) % / 100) + (1 − (Operator Availability % / 100)) + (1 − (Machine Availability % / 100))))) * (Effective Cycle Time − (Changeover Time/ Process Batch Size) − Base Cycle Time (VSM Graph)))
Machine Efficiency Loss (VSM Graph)	= (((1 − (Machine Availability % / 100)) / IF(((Defect (DPU) % / 100) + (1 − (Operator Availability % / 100)) + (1 − (Machine Availability % / 100))) = 0, 1 , ((Defect (DPU) % / 100) + (1 − (Operator Availability % / 100)) + (1 − (Machine Availability % / 100))))) * (Effective Cycle Time − (Changeover Time/ Process Batch Size) − Base Cycle Time (VSM Graph)))

Scorecard: Lean Six Sigma

Lean Six Sigma Scorecard는 보고용 Six Sigma에 맞춘 필드를 가지고 있다. Scorecard 드롭다운 메뉴에서 Lean Six Sigma를 선택하면 볼 수 있다.

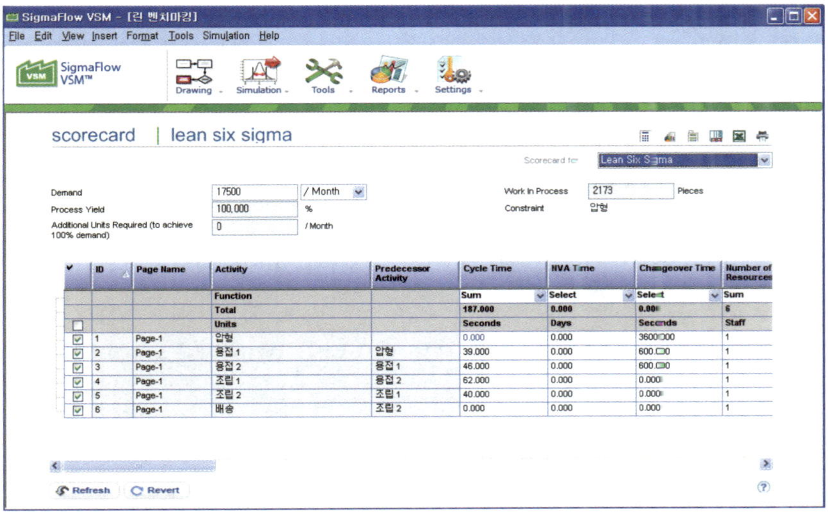

Lean Six Sigma scorecard에서 다음과 같은 작업을 할 수 있다.

❶ Total 행에서 "Function" 로직을 활용하여 해당 열에 대한 통합 로직 규칙을 적용한다. 통합 로직은 합계, 곱하기, 중앙값, 중위수, 평균, 최소값,

최대값 등을 포함한다.

❷ Function 로직 계산에 포함할 행의 체크박스를 체크 또는 체크해제한다.

❸ "Refresh" 단추를 눌러 결과를 경신한다.

❹ "Revert" 단추를 눌러 바꾼 것을 되돌린다.

다음은 Lean Six Sigma scorecard의 Summary에서 활용되는 계산된 필드들이다.

필드	내용/산식
Demand	Takt Time Calculator에서 추출됨
Work in Process	모든 프로세스 단계에서의 모든 "Inventory #"의 합
Process Yield	모든 프로세스 단계에서의 "Yield % for Defect"를 곱한 값
Constraint	"Cycle Time Score" 필드에서 "Constraint" 값을 가진 모든 활동의 목록
Additional Units Required to achieve 100% demand	= Demand x (100% - Cumulative Yield %)

Lean Six Sigma Graph

그래프 아이콘을 클릭하면 Lean Six Sigma Workload Balancing Graph가 나타난다. 이 그래프에서 다음과 같은 작업을 할 수 있다.

- "Copy Chart" 단추를 눌러 차트를 Word나 Excel과 같은 다른 프로그램으로 복사한다.
- "Copy Data" 단추를 눌러 차트 데이터를 Word나 Excel과 같은 다른 프로그램으로 복사한다.
- "Print Chart" 단추를 눌러 차트를 직접 인쇄한다.
- "Show Data Table" 링크: 차트 데이터를 볼 수 있다.

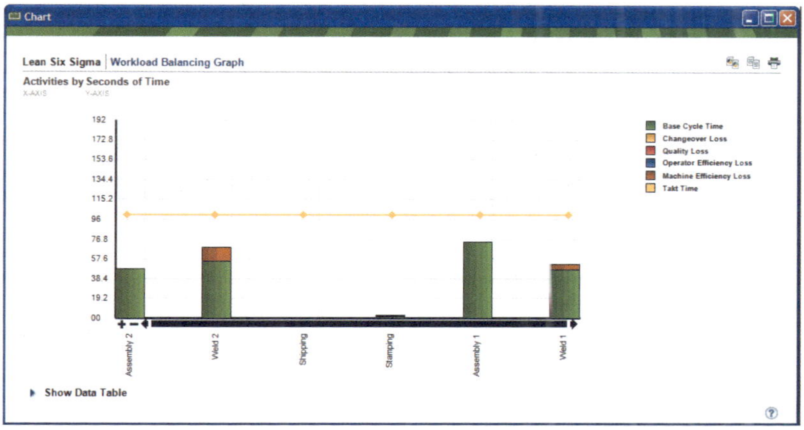

다음은 Workload Balancing Chart에 있는 계산된 필드들이다.

필드	내용/산식
Base Cycle Time (LSS Graph)	= Cycle Time (Six Sigma Projected MAD) / ((Number of Resources) * (Number of Machines / Station))
Changeover Loss (LSS Graph)	= Changeover Time/ Process Batch Size
Quality Loss (LSS Graph)	= (((Defect (DPU) % / 100) / ((Defect (DPU) % / 100) + (1 – (Operator Availability % / 100)) + (1 – (Machine Availability % / 100)))) * (Effective Six Sigma Projected (MAD) Cycle Time – (Changeover Time/ Process Batch Size) – Base Cycle Time (LSS Graph)))
Operator Efficiency Loss (LSS Graph)	= (((1 – (Operator Availability % / 100)) / ((Defect (DPU) % / 100) + (1 – (Operator Availability % / 100)) + (1 – (Machine Availability % / 100)))) * (Effective Six Sigma Projected (MAD) Cycle Time – (Changeover Time/ Process Batch Size) – Base Cycle Time (LSS Graph)))
Machine Efficiency Loss (LSS Graph)	= (((1 – (Machine Availability % / 100)) / ((Defect (DPU) % / 100) + (1 – (Operator Availability % / 100)) + (1 – (Machine Availability % / 100)))) * (Effective Six Sigma Projected (MAD) Cycle Time – (Changeover Time/ Process Batch Size) – Base Cycle Time (LSS Graph)))

Scorecard: Custom

Custom Scorecard는 보고용 맞춤 필드를 가지고 있다. Scorecard 드롭다운 메뉴에서 Custom을 선택하면 볼 수 있다.

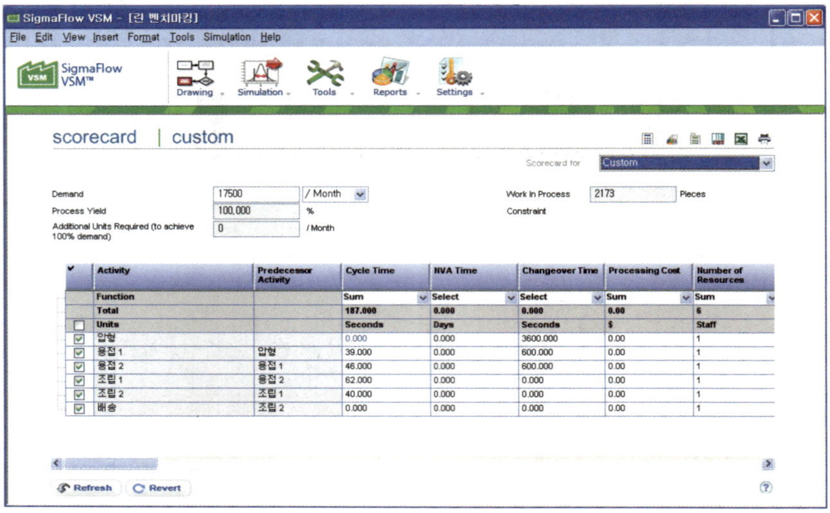

Custom에서 다음과 같은 작업을 할 수 있다.

❶ Total 행에서 "Function" 로직을 활용하여 해당 열에 대한 통합 로직 규칙을 적용한다. 통합 로직은 합계, 곱하기, 중앙값, 중위수, 평균, 최소값, 최대값 등을 포함한다.

❷ Function 로직 계산에 포함할 행의 체크박스를 체크 또는 체크해제한다.

❸ "Refresh" 단추를 눌러 결과를 경신한다.

❹ "Revert" 단추를 눌러 바꾼 것을 되돌린다.

다음은 Custom의 Summary에서 활용되는 계산된 필드들이다.

필드	내용/산식
Demand	Takt Time Calculator에서 추출됨
Work in Process	모든 프로세스 단계에서의 모든 "Inventory #"의 합
Process Yield	모든 프로세스 단계에서의 "Yield % for Defect"를 곱한 값
Constraint	"Cycle Time Score" 필드가 "Constraint" 값을 가진 모든 활동의 목록
Additional Units Required to achieve 100% demand	= Demand x (100% – Cumulative Yield %)

Custom Graph

그래프 아이콘을 클릭하면 Custom Workload Balancing Graph가 나타나는데, 다음과 같은 작업을 할 수 있다:

- "Copy Chart" 단추를 눌러 차트를 Word나 Excel과 같은 다른 프로그램으로 복사한다.
- "Copy Data" 단추를 눌러 차트 데이터를 Word나 Excel과 같은 다른 프로그램으로 복사한다.
- "Print Chart" 단추를 눌러 차트를 직접 인쇄한다.
- "Show Data Table" 링크: 차트 데이터를 볼 수 있다.

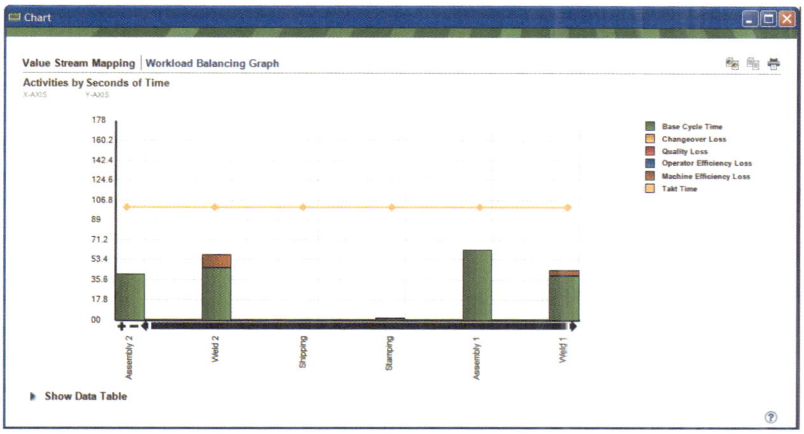

다음은 Workload Balancing Chart에 있는 계산된 필드들이다.

필드	내용/산식
Base Cycle Time (VSM Graph)	= (Average Cycle Time / (Number of Resources * Number of Machines / Station)) (Average Cycle Time 〉 NVA Time인 경우) = (NVA Time / (Number of Resources * Number of Machines / Station)) (기타의 경우)
Changeover Loss (VSM Graph)	=Changeover Time/ Process Batch Size
Quality Loss (VSM Graph)	= (((Defect (DPU) % / 100) / IF(((Defect (DPU) % / 100) + (1 − (Operator Availability % / 100)) + (1 − (Machine Availability % / 100))) = 0, 1 , ((Defect (DPU) % / 100) + (1 − (Operator Availability % / 100)) + (1 − (Machine Availability % / 100))))) * (Effective Cycle Time − (Changeover Time/ Process Batch Size) − Base Cycle Time (VSM Graph)))
Operator Efficiency Loss (VSM Graph)	= (((1 − (Operator Availability % / 100)) / IF(((Defect (DPU) % / 100) + (1 − (Operator Availability % / 100)) + (1 − (Machine Availability % / 100))) = 0, 1 , ((Defect (DPU) % / 100) + (1 − (Operator Availability % / 100)) + (1 − (Machine Availability % / 100))))) * (Effective Cycle Time − (Changeover Time/ Process Batch Size) − Base Cycle Time (VSM Graph)))
Machine Efficiency Loss (VSM Graph)	= (((1 − (Machine Availability % / 100)) / IF(((Defect (DPU) % / 100) + (1 − (Operator Availability % / 100)) + (1 − (Machine Availability % / 100))) = 0, 1 , ((Defect (DPU) % / 100) + (1 − (Operator Availability % / 100)) + (1 − (Machine Availability % / 100))))) * (Effective Cycle Time − (Changeover Time/ Process Batch Size) − Base Cycle Time (VSM Graph)))

Scorecard: Value Analysis

이 보고서는 프로세스 전문가들이 프로세스 개선을 위해 중요한 영역을 우선순위화 하는데 매우 중요한 도움이 된다. 이를 통해 가장 높은 투자수익(ROI, return on investment)의 기회가 어디에 있는지, 즉 리서치 시간의 대부분을 어디에 투자해야만 하는지를 알려 준다. Lean Data 필드를 채우면 예를 들어, 부가가치를 창출하지 못하는 시간(Non Value Add time)의 가장 큰 부분이 어디인지가 나타나게 된다. 대부분의 자금이 부서 2에 쓰여진다는 것을 알고 나면, 부서 1에 대해 리서치 하는데 시간을 보내기 전에 부서 2에 대해 먼저 리서치 하고자 할 것이다.

Value Analysis Scorecard를 활용하여 활동과제 창(activity task pane)

(Methodology = Value Analysis)에서 제공되는 최신의 정보를 가지고 작업할 수 있게 해준다. 데이터는 프로세스 그래프와 통합되며 결과는 스스로 계산된다. Scorecard는 4개의 다른 view를 가지고 있다: Time, Cost, Resources, Yield.

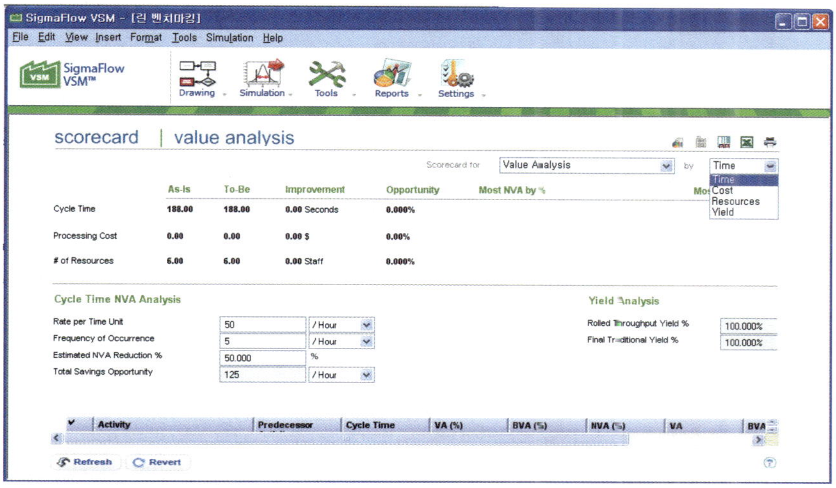

위 4개의 view 중 하나를 선택하면 scorecard의 요약 부분은 바뀌지 않지만 scorecard의 그리드는 자동적으로 경신된다.

다음과 같은 작업을 할 수 있다.

❶ Total 행에서 "Function" 로직을 활용하여 해당 열에 대한 통합 로직 규칙을 적용한다. 통합 로직은 합계, 곱하기, 중앙값, 중위수, 평균, 최소값, 최대값 등을 포함한다.

❷ Function 로직 계산에 포함할 행의 체크박스를 체크 또는 체크 해제한다.

❸ "Refresh" 단추를 눌러 결과를 경신한다.

❹ "Revert" 단추를 눌러 바꾼 것을 되돌린다.

Value Analysis 〉 Time

scorecard에서 Cycle Time 필드의 단위를 바꿀 수 있으며 따라서 VA, BVA, NVA 등의 단위에도 영향을 미친다.

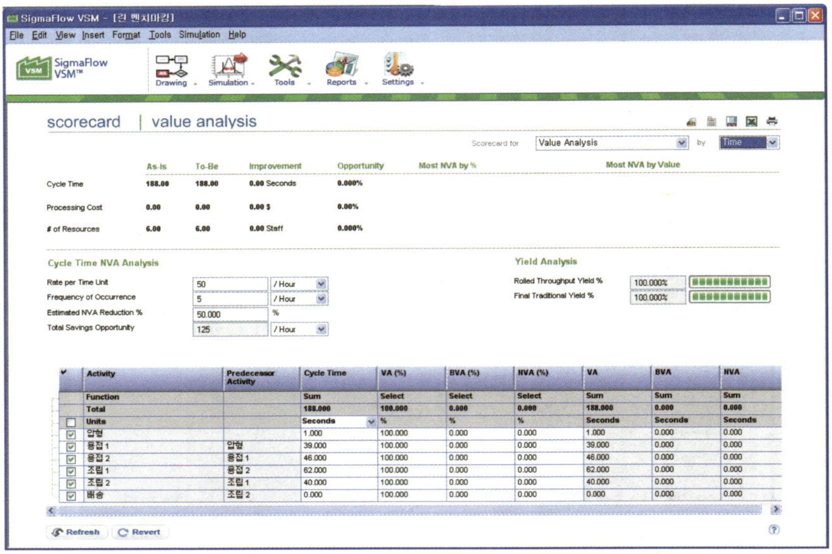

드롭다운 메뉴에서 Time을 선택하면 요약 부분에 다음과 같은 계산된 필드가 나타난다.

필드	내용/산식
Cycle Time As-Is	= Total Cycle Time
Cycle Time To-Be	= Total Cycle Time – NVA Time
Cycle Time Improvement	= As-Is Cycle Time / To-Be Cycle Time
Cycle Time Opportunity	= Improvement / As-Is Cycle Time
Cycle Time Most NVA by %	= Activities with the largest NVA by %
Cycle Time Most NVA by Value	= Activities with the largest NVA by value

Value Analysis 〉 Cost

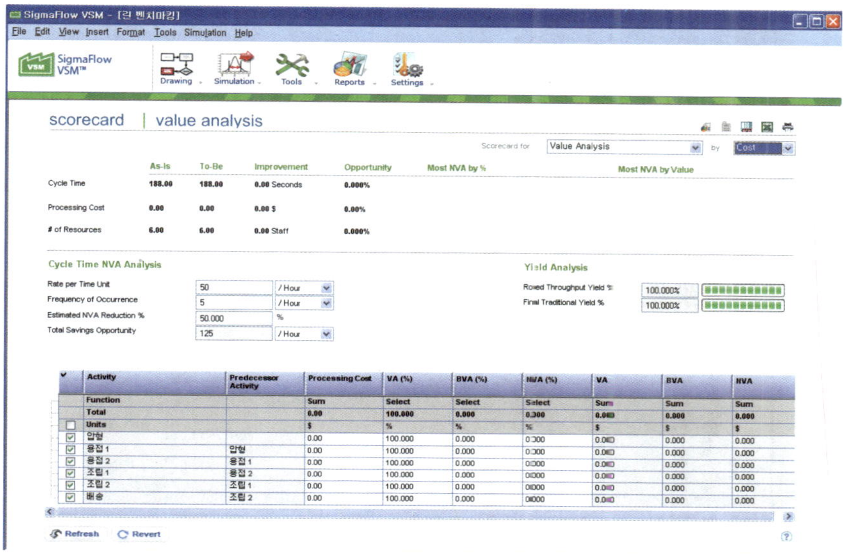

드롭다운 메뉴에서 Cost를 선택하면 요약 부분에 다음과 같은 계산된 필드가 나타난다.

필드	내용/산식
Processing Cost As Is	= Total Processing Cost
Processing Cost To Be	= Total Processing Cost – NVA Cost
Processing Cost Improvement	= As–Is Processing Cost As–Is – To Be Processing Cost
Processing Cost Opportunity	= Improvement / As–Is Processing Cost
Processing Cost Most NVA by %	= % 기준 가장 큰 NVA 값을 가진 활동들
Processing Cost Most NVA by Value	= 값 기준 가장 큰 NVA 값을 가진 활동들

Value Analysis 〉 Resources

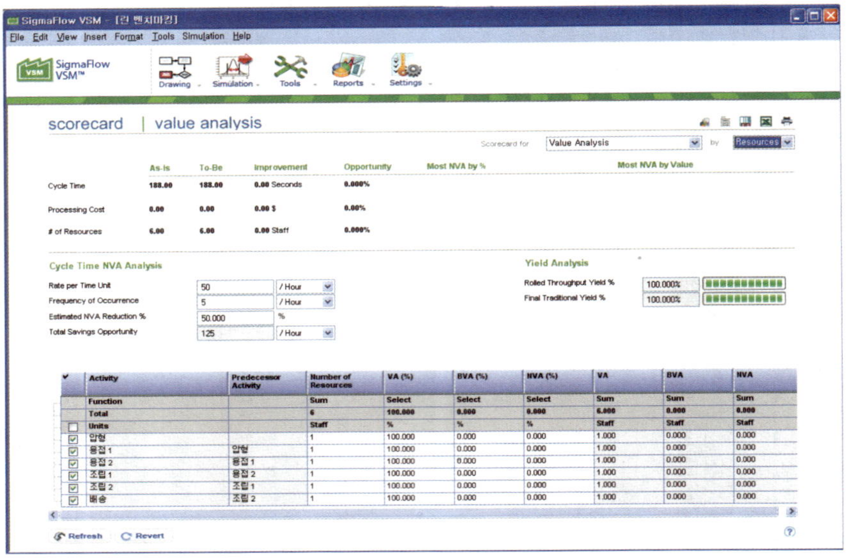

드롭다운 메뉴에서 Resources를 선택하면 요약 부분에 다음과 같은 계산된 필드가 나타난다.

필드	내용/산식
# of Resources As Is	= Total # of Resources
# of Resources To Be	= Total # of Resources – NVA Resources
# of Resources Improvement	= # of Resources As–Is ? # of Resources To–Be
# of Resources Opportunity	= Opportunity / # of Resources As–Is
# of Resources Most NVA by %	= Activities with the largest NVA by %.
# of Resources Most NVA by Value	= Activities with the largest NVA by value.

Value Analysis 〉 Yield

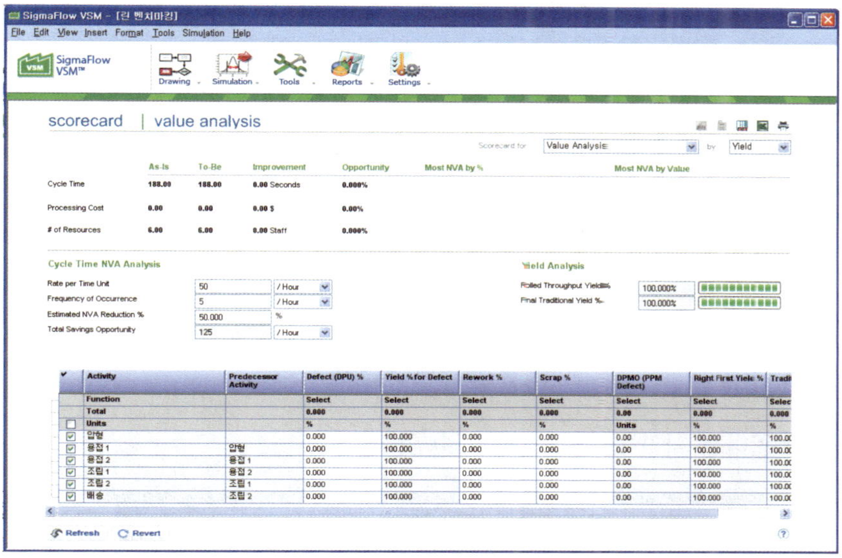

- 분석 영역: Value Analysis scorecard 보고서는 요약 부분에 다음과 같은 분석 내용을 포함하고 있다.
- Cycle Time NVA Analysis: 다음은 Cycle Time NVA 분석에서 사용되는 필드이다.

필드	내용/산식
Rate per Time Unit	= User entered field
Frequency of Occurrence	= User entered field
Estimated NVA Reduction %	= User entered field
Total Savings Opportunity	= (Rate /Time unit) x (Frequency of Occurrence) x (Estimated NVA Reduction % / 100)

- Yield Analysis: 다음은 Yield 분석에서 사용되는 계산된 필드이다.

필드	내용/산식
Rolled Throughput Yield %	모든 프로세스 단계에서의 "Right First Yield%"의 곱
Final Traditional Yield %	모든 프로세스 단계에서의 "Traditional Yield %"의 곱

Value Analysis Graphs

그래프 아이콘을 클릭하면 Value Analysis Absolute 및 Relative 차트가 나타난다. Absolute와 Relative 링크를 클릭하면 원하는 차트를 볼 수 있다.

Absolute Chart

❶ VA, BVA, NVA % 등과는 관계 없이 과제의 기간을 비교하고자 할 때에 유용하다.

❷ 절대 시간 단위로 차트를 보여 준다. 긴 과제와 짧은 과제를 쉽게 구별할 수 있다.

❸ 원하는 시간 단위를 선택할 수 있다.

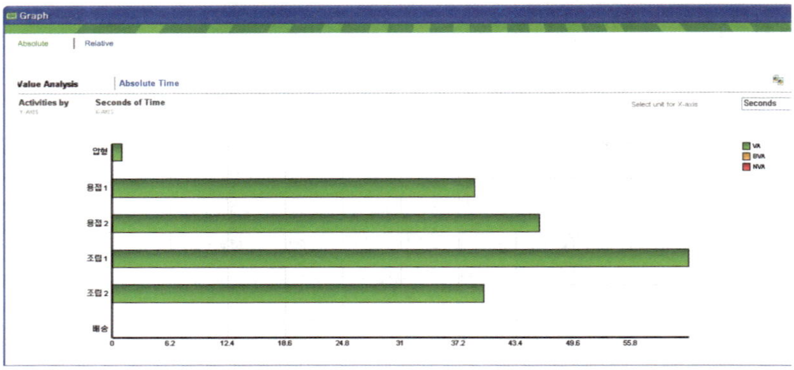

Value Absolute Analysis Graph에서 다음과 같은 일을 할 수 있다.

- "Copy Chart" 단추를 눌러 차트를 Word나 Excel과 같은 다른 프로그램으로 복사한다.
- "Copy Data" 단추를 눌러 차트 데이터를 Word나 Excel과 같은 다른 프로그램으로 복사한다.
- "Print Chart" 단추를 눌러 차트를 직접 인쇄한다.
- "Show Data Table" 링크: 차트 데이터를 볼 수 있다.

Relative Chart

❶ 과제의 기간과는 관계 없이 VA, BVA, NVA % 등을 비교하고자 할 때에 유용하다.

❷ 상대적 %를 보여줌. NVA 활동을 쉽게 구별할 수 있다.

❸ 매우 긴 과제와 매우 짧은 과제를 구별하기가 어렵다. 예를 들어, 과제 1: 5분 + 90% NVA, 과제 2: 20일 + 30% NVA인 경우, % 차트는 과제 2가 아니라 과제 1에 집중하라고 나타낸다.

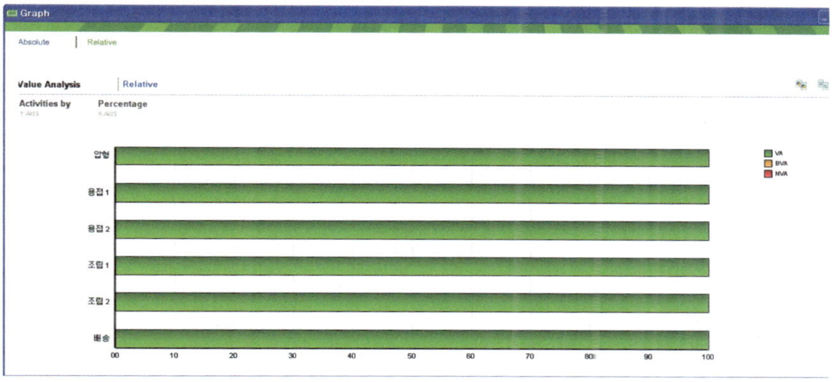

Value Analysis –Relative Graph에서 다음과 같은 일을 할 수 있다.

- "Copy Chart" 단추를 눌러 차트를 Word나 Excel과 같은 다른 프로그램으로 복사한다.
- "Copy Data" 단추를 눌러 차트 데이터를 Word나 Excel과 같은 다른 프로그램으로 복사한다.
- "Print Chart" 단추를 눌러 차트를 직접 인쇄한다.
- "Show Data Table" 링크: 차트 데이터를 볼 수 있다.

시그마플로우 가치흐름지도 그리기 시뮬레이터를 활용한
SigmaFlow VSM(Value Stream Mapping) Simulator

린(Lean) 6시그마 분석과 성과 향상

PART 02

시뮬레이션 (Simulation)

1 시뮬레이션 (Simulation) 개요

Simulation은 시스템이나 디자인 모델을 구축하고 이 모델을 활용하여 실험을 함으로써 시스템이나 디자인의 특성의 행태를 분석 및 이해하고, 시스템이나 디자인을 관리하기 위한 운영 전략을 평가하는 잘 갖추어진 프로세스이다. Simulation을 활용하면 "what-if" 시나리오를 분석할 수 있다. 여기서는 이산적 사상 시뮬레이션에 대한 기본 개념을 살펴본다. 기존 프로세스, 제품, 서비스, 디자인과 함께 새롭게 제안된 프로세스, 제품, 서비스, 디자인 등을 포함한다.

Simulation은 프로세스, 프로세스의 일부, 병원, 행정 센터 등을 관리하는 프로젝트의 전자 모델을 구축하여 분석할 수 있도록 해준다. 모델의 유형은 시간에 기초한 것으로 관련된 모든 자원과 제약조건을 감안하며, 시간이 경과함에 따라 이들이 상호작용하는 방법을 반영한다. 이는 모델이 현실을 그대로 반영할 수 있으며 모델에서 시도해 보는 것은 실제 조직에서 발생하는 것과 같은 방법으로 나타날 것이라는 것을 의미한다.

시뮬레이션을 통해, 실제 적용할 때의 비용에 비하면 무시할 정도의 매우 적은 비용으로 아이디어를 신속하게 실험해 볼 수 있다. 아이디어를 빠르게 실행해 볼 수 있기 때문에 매우 많은 아이디어를 실험할 수 있음에 다라 조직을 좀 더 효과적으로 운영하는 방법에 대한 많은 통찰력을 얻을 수 있다. Simulation은 또한 커뮤니케이션 도구이다. 서로 다른 팀원 간에 아이디어를 커뮤니케이션 하는데 활용할 수 있다.

- 시뮬레이션은 기존 및 제안된 시스템의 모델을 구축하고 실험함으로써 시스템을 이해하고 개선하는 프로세스이다.
- 시뮬레이션은 의사결정이 전반적 시스템 성과에 어떤 영향을 미치는지를 확인하기 위해 다른 전략들을 실행해볼 수 있는 "what-if" 도구이다.
- 시뮬레이션은 실제적으로 거의 비용이 들지 않으며, 매우 적은 시간 안에 리스크 없이 검증과 실험을 할 수 있게 해준다.
- 시뮬레이션은 이산적(Discrete)이거나 연속적(Continuous)일 수 있다.
  - 이산적(Discrete): 시스템 상태가 이산적인(불연속적인) 시점 마다 변함.
  - 연속적(Continuous): 시스템 상태가 시간과 관련하여 연속적으로 변함.

시그마플로우 시뮬레이터(SigmaFlow Simulator) 소프트웨어는 이산적 사상 시뮬레이션 소프트웨어이므로 이산적 사상 시뮬레이션에 대해서 살펴본다.

이산적 시뮬레이션(Discrete Event Simulation): 적용분야

이산적 시뮬레이션을 적용할 수 있는 분야는 제조, 서비스 산업 등 매우 광범위하다. 시뮬레이션이 일상적으로 활용되는 분야 중 하나는 시스템 디자인과 새로운 시스템의 개발 분야, 특히 대규모 자본투자가 필요한 분야이다. 새로운 시스템을 디자인할 때 시뮬레이션 모델을 활용하여 현실에서는 불가능한 실험도 해볼 수 있다. 시뮬레이션을 통해 제안된 시스템이나 디자인의 오류를 찾아내고 더욱 완벽하게 하는데 소요되는 시간을 크게 줄일 수 있다. 예를 들어, 시뮬레이션을 활용하여 병원의 성과를 점검하여 예상 결과, 의사/간호사의 활용 수준, 기타 잠재적 문제점 등을 확인할 수 있다. 나아가 환자, 병실, 의사, 간호사 등의 효과적이고 효율적인 활용 계획을 수립하여 병원의 성과를 극대화할 수 있다.

아래 표는 여러 가지 제조 및 서비스 산업에서 시뮬레이션이 활용되고 있는 예이다.

제조업	서비스업
가전 자동차 항공 전자 중장비 유리 및 세라믹 섬유 음식료 주물 석유화학 (Oil and Gas) 가구 반도체 기타	공공 서비스 교육 식당 은행 건강/보험 정부 위험관리 폐기물 처리 운송 배송 항공 우주/군사 호텔경영 놀이공원

활용 분야는 다음과 같이 다양하다.

활용 분야	내용
6 시그마 경영 사업 프로세스 관리 인력/수송 흐름 공급자망 관리 콜센터 공장/시설 레이아웃 공장 생산성 향상 유지보수 계획 포장 자재관리 은행 운영, 거래 프로세스, 대출 관리 등	변동성과 낭비의 제거 대기 시간의 이해 변동성의 영향 측정 대기 시간의 정확한 예측 재무적 영향 생산/고객 스케줄링 자원 계획 작업 우선순위 설정 재고 관리 품질 관리 과제 할당 처리량 분석, 능력 분석 기술 선정: 수동 대 자동 등

시뮬레이션 활용 시기

앞에서 살펴 본 바와 같이, 시뮬레이션은 여러 분야에서 다양한 프로세스 개선을 위해 활용될 수 있다. 그러나 이런 개선 활동 중 일부는 시뮬레이션 없이도 가능하다. 그렇다면 '왜 다른 방법 대신 시뮬레이션을 활용하는가?' 에 대한 답변을 찾아야 하다. 시뮬레이션의 도움을 받아 해결할 수 있는 모든 문제가 시뮬레이션을 활용하여 해결되어야만 하는 것은 아니다. 만일 목적이 업무흐름을 이해하는 것이라면 간단한 흐름 체계도로 충분할 것이다. 운영의 효과적인 용량이나 시스템의 누적 폐기비율을 찾는 것과 같은 간단한 문제는 간단한 수학적 계산으로 처리할 수 있다. 다음은 시뮬레이션이 적절하게 활용될 수 있는 상황의 예이다.

- 기존 및 신규 시스템에 대한 수학적 모델을 개발하는 것이 매우 어렵거나 불가능할 경우. 시뮬레이션 모델을 구축하고 점검해 봄으로써 (실행을 위해 대규모의 투자를 하지 않더라도) 가능한 대안에 대한 결과를 예측할 수 있다. 시스템의 모델을 활용한 실험은 제안된 솔루션이 좋은 솔루션인지 여부를 결정하는 보다 좋은 방법이다.
- 연구하고 있는 시스템이 상호의존적인 무작위 변수를 가지고 있는 경우. 무작위 사상은 인생의 일부이며 문제를 해결하는 사람이 이런 사상들의 발생을 통제할 수 있는 것이 아니다. 그러나 이들 사상의 발생 가능성과 영향을 예측할 수는 있다. 무작위성의 영향은 고려하지 않으면 부정확한 결론에 도달할 수도 있다. 따라서 ① 무작위 사상의 가능성을 줄이고, ② 무작위 사상의 영향을 최소화함으로써 시스템의 효율성을 극대화하는데 초점을 맞출 수 있게 된다. WIP(Work in Process, 프로세스 상의 업무) 수준은 무작위 사상(변동성)에 의해 크게 영향 받을 수 있는 성과 기준의 대표적인 예이다. 연속적 운영 간의 운영 cycle time의 변동성은 WIP 수준을 높여 대기 시간을 더 길게 하기도 한다.
- 시스템의 역학관계가 매우 복잡한 경우. 복잡함은 사람, 장비, 방법, 재료, 정책, 시스템의 변동성 등의 상호 관계의 특성과 상호의존 관계에 따라 결정된다.

- 시간의 경과에 따른 시스템 행태의 관찰. 예를 들어, 어떤 사안이 다른 사안과의 관계에서 발생할 때 그 영향은 무엇인가? 일정 기간에 걸쳐 환자가 응급실에 도착하는 효과를 어떻게 알아 낼 것인가? 의사가 없을 때 환자가 응급실에 도착하면 어떻게 할 것인가? 등.

시뮬레이션 활용 시 주의점

일단 시스템이나 디자인을 연구하기 위해 시뮬레이션을 활용하기로 결정하면 다음과 같은 점에 주의해야 한다.

- 기본적인 컴퓨터 스킬과 주제에 대한 전문적 지식이 필요하다.
- 가능한 한 간단한 모델을 수립하되 대상 시스템의 특성을 잘 나타낼 수 있는 모든 자세한 사항을 포함하여야 하다.
- 투입변수 데이터의 질에 따라 산출결과가 결정된다.
- 6시그마 팀원 간에 시뮬레이션 결과에 대해 과신할 수도 있다.
- 새로운 시스템의 시뮬레이션 모델링이 입증할 수 없는 결과를 창출할 수도 있다. 이런 경우 6시그마 팀원들은 경험 있는 직원의 전문적 지식을 활용해야 한다.
- 적절한 프로젝트 시간, 능력 있는 직원, 자원 등이 필요하다.

시뮬레이션의 장점

시뮬레이션은 다음과 같은 장점을 가지고 있다.

- 시스템의 원인 · 결과 관계의 이해를 용이하게 한다.
- 시스템 상의 병목현상, 제약조건, 장애 등을 찾아낸다.
- 시스템 상에서의 실험 비용이 절감된다. 시뮬레이션을 활용하여 실제 시스템을 구축하기 위해 자원을 사용해야 하는 부담 없이 제안된 디자인, 상세 내역 및 변화 등을 평가할 수 있는 모델을 구축할 수 있다.

- 시스템의 미래 결과가 예측 가능하다. 예를 들어, 향후 몇 개월 내에 5명의 새로운 직원이 채용된다면 어떤 일이 일어날 것인가? 또는 의사의 서비스 시간이 아침 시간에서 오후 시간으로 변경된다면 환자의 총 대기시간은 어떻게 바뀔까?
- 시뮬레이션 모델을 여러 번 실행함으로써 시스템을 여러 번 연구할 수 있다.
- 시스템을 연구하기 위한 시간 압축 및 확장을 할 수 있다. 시뮬레이션의 속도를 조절하여 상황을 이해하고 현명한 판단을 할 수 있다.

시뮬레이션은 직관적으로 알 수 있을 정도로 간단하면서도 정밀하다. SigmaFlow는 커뮤니케이션을 용이하게 하고, 합의를 도출하며, 변화를 수용할 수 있게 한다. 나아가 시스템에 대한 가정에 관하여 학습할 수 있게 하기 때문에 팀원들에 대한 효과적이면서도 흥미를 유발하는 훈련 도구가 된다.

원인과 결과 (Cause and Effect, Input and Output)

시스템을 이해하는 첫 번째 단계는 모델의 투입과 산출(원인과 결과)을 구별하는 것이다. 즉, 어떤 숫자가 모델에 대한 투입으로 해석되어야만 하는지, 어떤 것이 산출로 인식되어야만 하는지를 이해하는 것이 절대적으로 중요하다.

원인(cause)을 시뮬레이션 모델의 투입변수로, 결과(effect)는 시뮬레이션의 결과로 해석할 수 있다. 모델의 기본 목표는 주어진 수준의 수요가 시스템의 용량에 미치는 영향을 결정하는 것이다. 수요와 용량이 시뮬레이션 모델의 변수이다. 시스템의 전반적인 성과는 둘 사이의 관계를 확정하는 자연스런 줄다리기 경쟁의 결과이다. 성과지표는 고객 서비스 수준, 재고 수준, 장비, 자원 활용 등을 포함할 수 있다.

예를 들어, 공항에서 체크인하기 위해 기다려야만 하는 시간의 양은 여러 다른 인수의 통합 결과이다. 중요한 원인 요소로는 거의 같은 시간에 도착하는 다른 승객의 수, 승객이 짐을 체크하고 탑승권을 받는데 소요되는 시간, 승객을 응대하는 항공사 직원의 수 등이 포함될 수 있다. 대부분의 상황에 적용되는 몇 가지 기본 가이드라인은 다음과 같다.

- Input Parameter (Cause):

❶ 수요 (고객의 도착, 생산 스케줄, 작업장 등)
❷ 용량 (기계, 도구, 사람, 적재 한계, 장비 등)
❸ 프로세스 또는 수송 시간
❹ 작업흐름 정의
❺ 가용 장비 또는 작업가능 시간의 정의
❻ 운용 절차 또는 관례
❼ 일괄처리 룰

- Output Results (Effect):

❶ 재고 (초기 재고 제외)
❷ 시스템 벤치마크 (생산, 처리, cycle time)
❸ 서비스 수준 (시스템에서의 시간, 대기 시간)
❹ 장비 및 인력 활용

시뮬레이션 용어

시스템의 정의

시스템은 투입요소를 산출로 변환시켜 미션진술문이라 불리는 공통의 목적을 달성하도록 상호작용하는 요소들의 집합이다. 목적 달성을 위해 전체 시스템을 최적화하는 것은 경영진의 과제이다. 이는 시스템의 특정 요소의 최적화를 필요로 할 때도 있다. 예를 들어, 조직 내 특정 부서가 조직 전체의 이익을 극대화하기 위해 단기적으로 다른 부서에 자원을 양보해야 할 수도 있다.

시스템은 조직의 모든 국면에 존재하며 이를 이해하는 것이 매우 중요하다. 대부분의 사람들은 단기 생산 시스템만을 생각하는 오류를 범한다. 그러나 관리, 판매, 서비스, 인적 자원, 교육, 유지보수, 문서의 흐름, 조직 간 커뮤니케이션, 판매자 관계 등 모든 것이 시스템이다. 특히 사람 간 관계 역시 시스템이다. 대부분의 시스템은 연구, 문서화, 정의, 개선, 혁신될 수 있다.

시스템 성과 측정기준

시뮬레이션의 대상이 되는 시스템의 효과성을 평가하기 위한 성과지표를 확보하는 것이 중요하다. 몇몇 공통적 성과지표는 다음과 같다.

- **기계 활용**: 생산에 활용되고 있는 장비 당 시간 비율
- **직원 활용**: 직원이 생산 활동에 참여하고 있는 시간의 비율
- **시스템의 cycle time**: 대상(생산, 고객)이 시작부터 끝날 때까지 시스템에서 소비하는 시간 길이
- **대기 시간**: 대상이 서비스를 받기 위해 기다리는 시간의 길이
- **품질**: 목표 품질, 즉 "평균으로부터 변동이 없는 프로세스 시그마" 내에서 시스템이 생산하는 산출물의 비율
- **비용**: 시스템의 운영 비용
- **수익**: 시스템이 산출하는 수익
- **처리량**: 시스템이 생산한 대상의 수

확률적 시뮬레이션과 확정적 시뮬레이션

시뮬레이션은 시스템 상의 무작위성을 모델화하는데 매우 뛰어나다. 무작위성은 모든 시스템에 내재하고 있다. 다음은 무작위적 행태를 나타내는 변수들의 예이다.

무작위 변수	예
시간	처리 시간, 전환 또는 설정 시간, 변환 시간, 수리 시간, 도착 간 시간, 장비 고장 간 시간, 장비 상 작업자 시간, 병가 시간
의사결정 비율	"t"와 "t+1" 기간 사이의 적합한 산출 비율
양	도착 배치 크기, 제조 배치 및 로트 크기, 시작 재고
속성 또는 레이블	부품 유형, 고객 유형, 부품 크기

확률적 모델(stochastic model)은 속성 상 무작위 변수를 1개 이상 가지고 있다. 변수는 고정 값을 가지지 않고 대부분 확률분포로부터 도출된 범위 값을 갖는다. 이런 경우, 확률분포는 모델에 변동성을 반영하기 위해 활용되며 값의

소스가 된다. 따라서 확률적 프로세스는 일련의 확률분포로부터 도출된 무작위로 결정된 값들로 이루어진다. 은행에 도착하는 두 명의 고객 간 시간이 확률적 변수의 예이다.

확정적 모델(deterministic model)은 무작위성, 즉 무작위적인 투입변수가 없는 모델이다. 일반적인 스프레드시트 분석은 변수에 무작위성이 없으므로 확정적 모델로 볼 수 있다. 시뮬레이션 모델은 다른 유형의 투입요소(무작위 변수 또는 고정 변수)에 대해 동일할 수 있다. 차이는 모델을 실행한 결과에서 발생한다. 확정적 모델을 실행하면 언제나 동일한 결과를 얻게 되지만, 확률적 모델의 결과는 투입요소의 변동성 때문에 다를 수 있다. 이런 이유로 주어진 특정 상태의 변수 하에서 시스템의 예상 성과를 추정하기 위해 확률적 모델을 활용하는 경우에는 여러 번의 모델 실행 결과를 활용하는 것이 필요하다.

정적 모델과 동적 모델

정적 모델(static model)은 시간에 의해 영향 받지 않으며 일련의 방정식을 활용하여 수학적으로 시스템을 정의하는 모델이다. 방정식에서 활용되는 투입변수는 평균이다. 따라서 정적 모델의 상태는 시간에 관계없이 일정하다. 달리 말하면, 이런 유형의 모델은 시뮬레이션 시계를 활용하지 않는다. 예를 들어, 동전 던지기의 결과의 확률은 P(앞면)=0.50이다. 결과는 시간에 의해 영향 받지 않는다.

동적 모델(dynamic model)은 시간에 의해 영향 받으며 일련의 방정식을 활용하여 시스템을 정의하는 모델이다. 동적 모델은 사상에 의해 영향 받기 때문에 정적 모델과 다르다. 사상의 발생은 계산에서 사용되는 변수의 값을 바꿀 수도 있다. 시스템의 행태와 성과는 수 많은 사상의 발생을 통해 관찰된 결과를 평균하여 도출된다. 모델의 상태는 시뮬레이션 시계를 활용하여 시간에 걸쳐 변한다. 많은 서비스 및 제조 시스템은 동적 모델이다. 예를 들어, 스케줄 변동, 장비 고장, WIP 수준, 장비 활용, 고객 도착 비율, 검증 시간, 대기 시간, 결함, 엔지니어링 변동 등은 모두 동적 모델로 표현될 수 있는 시스템이다.

고정 상태 시뮬레이션 과 유한 시뮬레이션

고정 상태 시뮬레이션(steady-state simulation)은 시스템의 상태가 초기 조건과는 무관한 시뮬레이션이다. 고정 상태가 달성되면 시뮬리이션의 결과에 영향을 미치지 않고 언제든지 시뮬레이션을 중단할 수 있다.

유한 시뮬레이션(terminating simulation)은 미리 정해진 시간 동안 또는 특정 사상이 발생할 때까지 실행되는 시뮬레이션이다. 예를 들어, 유한 시뮬레이션은 어떤 수의 일이 완료된 후 또는 교대시간이 된 후에 중단될 수 있다. 유한 시뮬레이션의 결과는 시뮬레이션이 중단된 시점에서의 결과 값에 따라 결정된다. 유한 시뮬레이션의 결과는 보통 모델을 시작할 때 활용된 초기 값이나 양에 따라 달라지게 된다. 이런 이유 때문에, 유한 시뮬레이션 도델에서 초기 조건이 실제 상황에서의 상대 시스템의 초기 환경을 정확하게 반영하는 것이 중요하다.

고정 상태 또는 유한 시뮬레이션을 활용하는 것에 더한 결정은 시뮬레이션 프로젝트의 초기 계획 단계에서 내려진다. 모델로 구축될 시스템의 유형에 따라 선택이 달라진다. 하루 24시간 동안 작은 장치를 생산하는 제조 시설은 고정 상태 시뮬레이션을 활용하여 분석할 수 있다. 반면, 유한 시뮬레이션은 결코 고정 상태에 도달하는 경우가 없는 콜센터, 은행, 레스토랑과 같은 대부분의 서비스 시스템에서 활용할 수 있다. 하루를 마감할 때에는 모든 대기 줄과 행렬에 아무 것도 없게 되며, 새로운 하루도 대기 행렬에 아무런 아이템(콜, 고객)이 없는 상태에서 시작한다.

모델 검증과 타당성 확보

모델 검증(model verification)은 시뮬레이션 모델이 의도한 대로 작동하는지 여부를 결정하는 과정이다. 모든 투입 데이터가 모델에 올바르게 통합되었는지 여부도 확정한다. 정규분포(평균=15분, 표준편차=3분)의 프로세싱 시간을 가진 기계로 구성된 간단한 시스템을 가정해 본다. 동 기계에 대한 모델에서의 cycle time은 시뮬레이션 모델이 특정 정규분포를 나타내는 cycle time을 산출해내면 검증되는 것이다.

보통 애니메이션 기능을 가진 시뮬레이션 소프트웨어가 있으면 검증 노력에 소요되는 시간을 절약할 수 있다. 애니메이션은 시스템 흐름과 모델의 요소 기능을 확인하는 좋은 도구이다. 유용한 모델 검증 기법은 다음과 같다.

❶ 이미 결과를 알고 있는 것을 가지고 모델을 검증하거나 다른 모델에 비추어 본다.
❷ 자격 있는 독립된 사람에게 모델을 검증하게 한다.
❸ 모든 중요한 요소가 모델에 포함되어 있는지를 검증한다.
❹ 쉽게 검증할 수 있는 확정 값을 가지고 시스템을 시뮬레이트한다.

모델 타당성 확보(model validation)는 시뮬레이션 모델의 결과가 실제 시스템의 결과와 일치한다는 것을 의미한다. 검증만으로는 모델이 타당하다는 것을 보장하지 못한다. 모델이 논리적으로는 옳다고 하더라도 현실을 반영하지 못할 수 있다. 그렇다면 시뮬레이션 모델의 결과가 실제와 일치하는지를 어떻게 알 수 있는가? 이는 모델 논리, 다른 모델 요소 간의 상관관계, 활용된 투입요소 데이터, 가정 등이 실제 시스템이 운영되는 방법을 모델에 정확하게 반영하고 있을 때에만 가능하다. 모델을 구축하는 사람들은 새로운 시스템, 즉 아직 존재하지 않는 시스템의 결과의 타당성을 확보하기 위해 시스템 전문가에게 의존한다.

뿐만 아니라 시뮬레이션 소프트웨어의 애니메이션 기능은 시뮬레이션 모델의 타당성을 확보하는 것을 도와준다. 애니메이션이 시뮬레이션 모델의 타당성 확보를 보다 용이하게 해주지만, 시뮬레이션 모델의 타당성에 관련된 의사결정은 산출된 결과에 대한 통계적 분석에 기반을 두어야만 한다. 주요 타당성 확보 기법은 다음과 같다.

❶ (기존 시스템에 대한) 시뮬레이트된 결과를 실제 결과와 비교한다.
❷ 전문가를 활용하여 아직 존재하지 않는 시스템에 대한 시뮬레이트된 결과의 타당성을 확보한다.
❸ 다양한 기능의 팀을 활용하여 모델의 투입과 산출을 검토함.
❹ 민감도 분석을 통해 다른 조건에서의 변수의 조건을 반영하여 결과를 검토한다.

무작위 수, 시드, 스트림 (Random Number, Seed, and Streams)

무작위 수(random numbers)는 특정 패턴을 따르지 않는 수들이다. 0 ~ 1까지의 값을 갖는 무작위 수(decimal random numbers)는 확률분포로부터 값들을 추출해 내는데, 따라서 시뮬레이션 모델에서 확률적 행태를 설정하는데 중요한 역할을 한다. **무작위 수 스트림**은 연속된 무작위 수들로써 각 후속 수는 선행하는 수로부터 계산된다. 최초의 수를 무작위 수 시드(seed)라고 하며 이들 독립된 숫자들(0~1)을 만들어 내는 산식은 무작위 수 생성기(random number generator)라고 한다.

확률적 시뮬레이션 모델은 종종 사건마다 변하는 시간과 양을 선택하기 위해 **무작위 변수**를 활용한다. 우선 **무작위 수 생성기**를 활용하여 **무작위 수 시드**를 기초로 **무작위 수 스트림**을 만든다. 다음으로, 이들 **무작위 수**를 활용하여 확률분포를 찾고 도착과 도착 사이의 시간(inter-arrival time), 서비스 시간, 고장이 발생하는 평균 시간 등과 같은 **무작위 변수**의 발생 가능성을 정의한다. 확률분포로부터 추출된 값들을 무작위 변수라고 한다.

모델 실행과 독립된 모델 반복

무작위 수 생성기에서 무작위 시드가 변할 때마다 다른 무작위 수 스트림이 생성된다. 하나의 **모델 실행**은 유일한 무작위 수 스트림을 활용하여 시뮬레이션을 실행하는 것을 말한다. **독립된 모델 반복**은 다른 무작위 수 스트림(각 실행은 다른 무작위 수 시드를 활용)을 활용하여 주어진 시뮬레이션 모델을 실행하는 것을 말한다. 모델 반복을 시행(trials)이라고 한다.

단 하나의 모델 실행 결과에 따라 의사결정을 하는 것은 위험한다. 확률적 시뮬레이션의 모델 실행 결과는 확률적이다라는 것을 인식하는 것이 꼭 필요하다. 확률적 시뮬레이션 결과를 분석할 경우에는 여러 번의 모델 반복이 필요하다. 변동성의 영향이 여러 번의 시뮬레이션 시행을 통해 파악된다. 여러 번의 시행 결과에 기초하여 산출 데이터를 분석하고 실제 시스템에 대한 정확한 모델에 기초한 권고를 하는 것이 가능해 진다. 많은 시뮬레이션 소프트웨어들이 반복의 수를 정의하고 개별 시행의 결과를 95% 및 99% 신뢰구간에서 제공한다.

시뮬레이션에서 활용되는 대표적 확률분포

확률분포(probability distribution)는 확률적 모델에 변동성을 반영하기 위해 활용된다. 확률적 시뮬레이션 모델은 **확률분포**를 활용하여 무작위로 발생하는 사상들을 표현한다. 확률분포를 활용하는 대표적 예는 도착과 도착 사이의 시간, 처리 시간, 보수 시간, 결함의 발생, 장비의 고장이 발생하는 시간 등이다.

여러 가지 표준 확률분포가 확률적 시뮬레이션에서 자주 활용된다. 시뮬레이션에서 대표적으로 활용되는 확률분포에 대한 자세한 설명은 대부분의 시뮬레이션 교과서에서 설명하고 있다.

표현하고자 하는 확률적 프로세스를 잘 나타내는 확률분포를 활용하는 것이 중요하다. 많은 시뮬레이션 소프트웨어들이 경험 데이터를 잘 설명하는 표준 확률분포를 자동적으로 찾아주는 기능을 가지고 있다.

이산적 시뮬레이션의 요소

시뮬레이션 소프트웨어들은 여러 가지 요소를 가지고 있는데, 구체적 내용은 다음과 같다.

❶ **유형적 모델 요소:** 유형적 요소는 현실 세계에서 발견되는 기계, 사람, 장비 등 물리적 요소이다. 이들은 임시적일 수도 있으며(예, 시스템을 통과하는 부품이나 고객), 영속적일 수도 있다(예, 시스템을 구성하는 기계나 장비).

❷ **논리적 요소:** 논리적 요소는 각기 다른 유형적 요소들을 함께 연결하여 실제 시스템의 기능을 나타내도록 하는 흐름 요소이다. 예를 들어, 기계 A는 평균이 5분이고 표준편차가 1분인 안정적인 정규분포에 따라 부품 X를 처리한다. 논리적 관계가 시스템의 행태를 규정하기 때문에 시뮬레이션 모델의 주요 부분이다. 각 논리적 진술(예, "부품 X가 대기 중이면 기계 A를 시작함")은 간단하지만, 모델에 걸쳐 퍼져 있는 논리적 진술의 양과 다양성이 매우 복잡한 시스템을 만들어 낸다.

❸ **시뮬레이션 엔진:** 시뮬레이션 엔진이 여러 가지 요소 사이의 관계를 관리하며, 모델의 역동적이며 시간에 기반을 둔 행태를 제공하는데 중심이 된다. 시뮬레이션 엔진이 모든 활동을 사상으로 변환하며, 시간대별로 정렬하고, 상호작용을 관리한다. 사상은 시뮬레이션이 끝날 때까지 한번에 하나씩 처리된다. 시뮬레이션 엔진은 적합한 모델 논리를 실행하여 첫 번째 사상을 처리한다. 첫 번째 사상을 처리한 결과로써 발생하는 새로운 사상

은 모델의 적절한 위치에 있는 사상의 목록에 삽입된다. 두 개 이상의 사상이 동일한 모델 논리를 참조할 수도 있다. 이는 동일한 모델 논리가 시뮬레이션 실행 전(全) 기간에 걸쳐 여러 번 활용됨을 의미한다.

❹ **무작위 수 생성기:** 무작위 수 생성기는 무작위성을 모델화하는데 활용된다. 예를 들어, 병원으로 걸어 들어오는 환자의 나이는 고정된 경우가 드물며, 오히려 확률분포에 따라 변하는 것이 일반적이다.

❺ **결과 수집:** 결과 수집과 분석은 기존 또는 신규 실제 시스템에 대한 의미 있는 분석 도구를 제공한다.

❻ **시뮬레이션 시계:** 시뮬레이션 시계는 시간의 흐름을 추적하는데 활용된다. 시뮬레이션 엔진은 실제 시스템의 역동적 행태를 모델화하기 위해 시뮬레이션 시계와 함께 작동한다. 시뮬레이션 엔진은 시뮬레이션 시계를 활용하여 시간의 진행을 관리하며 시뮬레이션 모델을 미래로 나아가게 하며, 관련된 논리적 관계를 실현한다.

❼ **시뮬레이션 사상:** 시뮬레이션 사상은 서비스 데스크에 고객이 도착하는 것, 장비의 고장, 과제의 완료, 교대 작업조의 작업 종료 등을 포함한다. 2가지 유형의 시뮬레이션 사상이 있다.

- 예정된 사상은 각 유형의 사상에 대해 활동 시간 또는 발생 간 시간을 나타내는 투입 확률분포로부터 무작위로 추출되어 결정된 시뮬레이션 사상이다. 이들 사상은 예정된 시간에 발생한다(예, 과업의 완료 또는 기계 고장).
- 조건부 사상은 어떤 조건이 충족될 경우 또는 사상이 발생한 경우에만(예를 들어, 서비스 직원이 서비스를 할 수 있게 되었을 때 대기 줄로부터 고객이 출발하는 것 또는 모든 아이템이 집하되어 모아졌을 때 주문을 선적하는 것 등) 발생하는 시뮬레이션 사상이다.

시뮬레이션 모델화의 지침

모델을 구축하는 것으로부터 시작해서 결과를 얻는 대로 시뮬레이션이 완료되는 것으로 이해하면 안된다. 따라서 여기서는 시뮬레이션을 수행하는 모든 프로세스에 대한 몇 가지 지침을 제공한다. 시뮬레이션은 다분히 반복적 프로세스이며 문제가 처리될 때까지 순환하는 것이다.

1. 문제 정의

주요 이슈/문제를 도출하고 프로세스가 현재 어떻게 작동하는지를 찾아낸다. 관심 사항에 대한 생각이 프로세스를 모델화하는데 어떤 변수가 중요한지에 대한 좋은 아이디어를 제공할 것이다. 이 단계에서 시뮬레이션이 적합한 방법이 아니며 간단한 스프레드 시트나 다른 기법을 활용하여 문제를 해결할 수 있는 것으로 나타날 수도 있다.

2. 상세함의 정도

모델로 구축하기에 적절한 상세함의 수준에 대해 생각해야 한다. 예를 들어, 모든 기계/프로세스에서의 모든 운영의 모든 부분을 포함할 것인가, 아니면 전체 부서의 산출과 이들이 서로 어떻게 상호작용하는지를 단순히 모델화하는 것이 보다 타당한가를 결정해야 한다. 모델에 너무 구체적인 사항을 반영하면 구축하는데 많은 시간이 소요되며 관심의 대상이 되는 이슈를 불명확하게 할 수도 있다.

3. 범위

모델을 얼마나 폭넓게 구축할 것인가를 생각해야 한다. 모델의 범위를 프로세스 자체로 한정할 것인가, 아니면 프로세스에 대한 원자재의 공급에 영향을 미치는 시스템을 포함하는 것이 필요한가 등을 결정해야 한다.

4. 대략적 모델의 구축 및 개선

조잡하게 보이더라도 가능한 한 신속하게 모델을 구축한다(이 단계에서는 데이터가 부족하거나 모델이 올바르게 실행되지 않더라도 문제가 안된다). 어떤 그림 하나라도 상황을 이해하고 고객과 커뮤니케이션 하는데 도움이 될 수 있다.

이 단계는 일반적으로 생각하는 것보다 훨씬 더 중요하다. 경험에 의하면 초기의 모델이 최종 모델과 거의 같은 경우는 결코 없다. 이는 초기의 상황 파악이 잘못되어서가 아니라, 고객의 프로세스를 거치면서 달라지기 때문이다.

모델 구축

모델 구축은 예술이며 과학이다. 시뮬레이션 모델 구축에 관한 전문지식을 개발하기 위해서는 시스템 역학에 대한 이해, 이 역학을 파악하는 방법에 대한 습득, 여러 시뮬레이션 언어의 파악 등이 필요하다. 시뮬레이션 모델을 구축하는 사람은 초기 모델을 구축하고, 활동 간의 논리적 관계를 정의하며, 결과를 분석한다.

업무흐름도

시뮬레이션 모델은 검토하고 있는 시스템을 시각화하기 위한 업무흐름도를 필요로 한다. 업무흐름도는 모델을 구축하기 위해 활용하는 소프트웨어로 시스템을 정의하여 표현한 것이다. 시뮬레이션은 프로세스를 경유하는 대상(대기행렬이나 프로세스와 같은 것)과 작업 아이템 간의 기본구조(routing)를 활용하여 스크린 상에 프로세스를 그리는 것을 포함한다.

개체 (Entities)

개체(entity)는 시뮬레이션 모델의 실험 대상이며 프로세스를 경유하는 것들로써, 대기행렬에서 대기하며, 저장소에 저장되고, 작업이 행하지는 대상이다. 부품/제품, 고객 전화, 고객, 거래, 문서 등이 예이다. 현실에서와 마찬가지로, 개체는 시점에 따라 다른 모습을 띨 수 있다. 예를 들어, 여러 다른 개체들이 조립되어 하나의 개체가 될 수도 있으며(4개의 타이어와 하나의 섀시를 조립하여 차 한대를 만듦), 여러 개의 개체로 쪼개질 수도 있으며(하나의 주문서를 3개의 다른 주문서로 분할함), 그룹은 하나가 되어 한꺼번에 처리될 수도 있다(한 묶음의 쿠키를 하나의 오븐에서 굽더라도 각 개체는 여전히 각자의 개체성을 유지한다).

시스템에 있는 개체는 각기 다른 유형이며 다른 색상, ID, 만기 등과 같은 특성을 가질 수 있다. 이들은 속성(라벨(label) 또는 인수(parameter)라고 부르기도 한다)이라 불리는 특성을 통해 정의된다. 속성은 매우 강력해서 올바르게 이해하고 활용하면 모델의 크기를 크게 줄일 수 있다. 속성은 또한 어떤 개체의 특성에 따라 역동적 의사결정을 할 수도 있게 해준다. 속성은 변수와 같으며 각 개체는 각 속성에 대해 다른 값을 가질 수도 있다. 이들 속성의 값은 각 프로세스 단계에서 처리됨에 따라 시뮬레이션 과정에서 변할 수도 있다. 예를 들어, 색상 속성은 페인팅이라는 프로세스 단계를 거치기 전에는 "흰색"의 속성 값을 갖지만 페인팅 장소를 거치면서 "빨간색"의 속성 값을 가질 수도 있다.

예를 들어, 허리 크기, 안쪽 솔기 길이, 스타일 등의 정보를 포함하고 있는 바지의 라벨을 하나의 속성이라고 간주할 수 있다. 이 바지의 속성은 바지를 입고 어디를 가든 항상 라벨에 있게 된다. 누구든 바지의 라벨을 살펴 봄으로써 특정 바지의 속성을 알 수 있다.

활동과 논리적 관계

업무흐름도와 모델링 개체 이외에, 시뮬레이션 모델을 실행하기 위해서는 활동 간 논리적 관계(예, 순서를 정하는 의사결정, 누가 무엇에 대해 작업할 것인가, 우선순위, 인력 할당, 교대 작업조 할당)가 정의되어야만 한다. 모델링 활동들은 시스템이나 디자인의 여러 가지 단계를 정의하기 위해 공통적으로 활용되는 기본 object들이다.

- **작업 시작(개체 생성기)**: 시뮬레이션에서 작업 시작은 실제 자원이 아니라 논리적 자원이다. 이는 개체가 시스템에 도착하는 것을 나타내기 위해 활용되며, 대부분의 개체의 도착에 내재하는 무작위성을 나타내기 위해 활용된다. 어떤 개체의 도착 간 시간 분포를 정의하는 것이 시뮬레이션의 핵심이다. 도착 간(inter arrival)이란 어떤 두 개체의 도착 간 시간 단위를 정하는 것을 말한다. 대부분의 시뮬레이션 소프트웨어는 도착 간 시간을 활용하며, 이는 도착 비율의 반대 개념이다. 서로 다른 유형의 도착은 예를 들어, 시간에 기초하거나(약속 기반), 무작위(고객 지원 전화), 또는 시간에 따라(혼잡한 시간 대 교통량이 뜸한 시간) 모델화할 수 있다. 도착의 대표적 예는 다음과 같다. 서비스 센터에 도착하는 고객, 공장에 도착하는 생산 주문, 은행에 도착하는 고객, 병원에 도착하는 환자, 콜센터에 걸려오는 전화 등이다.

개체의 도착

시스템에 도착하는 개체는 보통 개체 유형, 도착 량, 도착 빈도, 도착 패턴 등으로 정의된다.

- **무작위 도착**: 무작위 도착은 개체의 도착이 다른 개체의 도착과 무관하게 시스템이나 시스템의 단계에 도착하는 것이다.
- **예정된 도착**: 예정된 도착은 개체가 미리 정해진 스케줄에 따라 다른 것과 독립적으로 도착하는 것이다. 이는 여러 도착이 정해진 시간에 드는 예상된 시간에 발생할 수 있다. 도착 시간이 예상되는 경우, 모델은 이른 개체나 늦은 개체의 도착을 수용할 수 있도록 평균 시간, 평균 시간의 변동성, 도착 시간 분포의 모양 등을 정의하는 것이 필요하다.
  - 서비스 콜을 위해 기술자의 도착시간 계획을 수립하는 전화 회사
  - 의사와의 약속을 위해 환자의 도착시간 계획을 수립하는 간호사
  - 새로운 서비스의 출시 계획을 수립하는 마케팅 담당자
  - 새로운 디자인의 출시 계획을 수립하는 엔지니어
- **시간에 따른 도착(일정 기간 내의 도착)**: 시간에 따른 도착은 하루 중 다른 시간에 대해 다른 확률분포를 활용하여 모델화된다. 이들 유형의 도착은 종종 순환주기(cycle)의 초기에는 천천히 시작하고, cycle을 거치면서 최고조에 이른 후, cycle의 끝으로 갈수록 줄어드는 모양을 가진다. 이런 유형의 예는 다음과 같다.
  - 식당에 도착하는 고객 (점심과 저녁 시간에는 바쁨)
  - 고객 서비스 센터에 걸려오는 전화 (오전 8~9시, 정오~오후 1시는 바쁨)
  - 고속도로에 진입하는 자동차 (아침과 저녁이 러시아워임)

● **저장소(storage)/대기열(queue)/대기 지역(waiting area)/버퍼(buffers)**: 개체가 처리되기를 기다려야만 할 때에는 언제나 시스템의 변동성을 흡수하기 위해 저장소가 활용된다. 저장소는 개체가 처리, 대기, 의사결정을 위해 가는 장소로써 일반적으로 보유 용량을 가지고 있다. 저장소에 여러 개의 개체가 있는 경우에는, 활동(activity)에 의해 그 것들이 처리되는 순서에 여러 가지 규칙을 적용할 수 있다. 예를 들어, 선입선출(first-in-first-out), 후입후출(last-in-last-out), 우선순위 할당

(priority assignment), 가장 긴 대기열(longest queue), 가장 짧은 대기열(shortest queue), 개체의 연령(the age of an entity) 등이 있다. 저장소가 필요한 상황은 다음과 같다.

- 선적을 기다리는 제품, 활용을 기다리는 원자재, 비행기 탑승을 기다리는 사람, 은행/예매소에서 줄을 서서 기다리는 사람 등.
- 때에 따라서는 저장소 object의 사용을 간과하는 경우도 있다.

- 프로세스(processes): 프로세스는 개체에 대해 작업을 하는 것이다. 모델화를 위해 프로세스(기계작업, 고객 접대, 의사결정, 수송, 검사 등)의 정확한 특성이 필요한 것은 아니다. 개체에 수행되는 과제에 따라, 개체의 분할, 통합, 그룹화, 그룹화 풀기 등을 위해서도 프로세스가 활용될 수 있다. 프로세스 시간에 존재하는 무작위성이나 변동성을 나타내기 위해 확률분포를 활용할 수도 있다. 프로세스에 대한 다른 인수로는 가용성, 교대 작업조/스케줄, 유지보수, 고장, 비가동 시간 등이 있다. 고장 간 시간 및 수리 시간 등은 발생할 가능성이 있는 시간의 변동성을 잘 나타내는 확률분포에 의해 표현되어야 한다. 프로세스 단계와 관련하여 3개의 주요 국면이 있다.
  - "before work starts" **국면**: 기계 작업 준비, 같이 처리될 수 있도록 유사한 개체의 그룹화, 조립을 위한 개체들의 선택 등. 준비는 제조 시스템에서의 도구의 변경 또는 식당에서 다른 손님을 위해 테이블을 준비하기 전에 테이블을 청소하는 것 등이 될 수 있다. 준비 시간의 양은 처리될 현재의 개체 및 앞서 처리된 개체의 유형 등에 따라 달라질 수 있다.
  - "while work is under way" **국면**: 작업을 수행하는 단계. 예를 들어, 문서 처리, 실제 치료 제공, 그림 그리기 등. 필요한 경우 개체의 속성은 처리 후에 바뀔 수도 있다.
  - "after work finishes" **국면**: 개체가 처리된 후 개체에 대하여 의사결정하는 단계. 예를 들어, 개체를 분할하거나 그룹 해제하거나 어디로 보낼 것인가 등에 대한 의사결정.

프로세스 단계는 보통 1차 자원이라고 불린다. 2차 자원은 과제를 완료하기 위해 필요한 경우에 프로세스 단계에 추가될 수 있다. 예를 들어, 수술실(1차 자원)에 있는 환자(개체)에 수술을 하는 수술 팀(간호사와 의사)이 2차 자원이다. 2차 자원은 항상 가용상태에 있어야만 하는 것은 아니다. 1차 자원은 고정된 것이 아닌, 즉 변동하는 양의 2차 자원을 활용할 수 있다. 예를 들어, 1차 자원은 보다 많은 자원을 지원받으면 더 빨리 일할 수 있다.

- **작업 종료(work finished, results collector)**: "Work Finished"는 주로 처리량과 cycle time과 같은 시뮬레이션 결과를 기록하기 위해 사용되는 시뮬레이션 단계이다. 개체는 "Work Start"에서 만들어지고 "Work Finished"에 이를 때까지 시스템에 머물게 된다.
- **시뮬레이션 시계(simulation clock)**: 시뮬레이션 시계는 시뮬레이션의 시간을 관리한다. 예를 들어, 시계를 활용하여 워밍업 기간과 시뮬레이션 기간의 길이를 정의할 수 있다.

모델링 분포

데이터를 수집하고 분포 적합화 기능을 활용하여 적절한 확률 분포를 찾아내면 기존 시스템을 모델화하는데 확률 분포를 활용할 수 있게 된다.

5. 관련된 모든 사람들과의 긴밀한 작업

보다 강력한 모델을 구축한 후에는 관련된 사람들과 보다 긴밀하게 작업하는 것이 필요하다. 시뮬레이션을 하는 것은 여러 가지 막다른 길에 부닥칠 수 있는 탐험 여행과 같기 때문에 고객(내부 및 외부 고객)과 함께 작업하는 것이 특히 중요하다. 여러 번의 실행을 통해 프로세스가 작동하는 방법에 대해 많은 것을 알게 되고 다른 상황에서 활용할 수 있게 된다. 이 탐색 여행에 고객이 참여하지 않을 경우 최종 결과에 도달했는지 여부를 알 수 없게 된다. 이는 누구나 알고 있는 해결책 이외의 다른 해결책의 구현은 어려울 수 있다는 것을 의미한다. 모델 구축 과정에는 2개의 핵심 기술이 있다.

① 모델을 구축하는데 소프트웨어를 활용할 수 있을 것.

② 너무 많은 정보로 관련된 논점을 흐리게 함이 없이 모델 구축자와 고객에게 모두 중요한 이슈를 부각시키는 모델을 디자인 할 수 있을 것.

두 번째 사항은 배우기 쉽지 않지만 이 책을 읽고 나면 그 중요성을 인식하게 되고 성공에 영향을 미치는 요소를 알 수 있게 된다.

6. 모델 실행

모델을 실행하기 위해서는 시계를 설정하고 object가 경신되었는지를 살펴봐야 한다. 지금까지의 과정을 거치는 동안 모델이 어떻게 운용되며 개선하기 위해 어떤 변화를 가해야 하는지에 대한 많은 통찰력을 얻게 된다. 그러나 모델의 타당성을 확보하기 위해 몇 가지 주요 단계를 확실히 하는 것이 매우 중요하다.

실험 수행

일단 시뮬레이션 모델이 구축되고 나면, 다음 단계로 모델을 활용하여 일련의 실험을 해보고 검토 대상인 실제 시스템을 어떻게 개선할 수 있는지를 살펴보는 것이 필요하다. 실험은 보통 다음과 같은 목적을 가지고 있다.

- 핵심 성과지표의 값 및 관련된 투입변수의 값을 찾는다.
- 다른 디자인 규칙, 경영 전략, 시스템 사양들을 비교한다.
- 투입변수의 변화에 대한 시스템의 민감도를 결정한다.

시스템을 최적화할 때, 시뮬레이션을 통해 투입변수와 투입변수의 최적 값을 찾아낸다. 이들 변수의 값을 바꾸어 보고 그 것이 결과 및 성과지표에 미치는 영향을 결정한다. 실험 시작 전에 결정해야 할 것들이 몇 가지 있다.

- 모델의 목표가 안정된 상태를 검토하는 것인지를 결정한다. 안정된 상태를 검토하는 것인 경우 준비기간(warm-up period)를 정한다.
- 프로세스가 유한 시스템인지 아닌지를 결정한다.
- 모델의 실행 수를 결정한다. 각 시스템 사항에 대한 반복의 수, 1회 시행 또는 여러 회 시행 등.
- 각 시뮬레이션 실행에 대한 초기 시작 조건과 총 시간 등을 정한다.
- 각 투입변수(프로세스 시간, 배치 크기, 도착 간 시간 등)에 적용할 확률 분포의 유형을 정한다.

- 시계를 설정하여 각 시뮬레이션 실행의 시간을 정한다.
- 각 시뮬레이션 실행에 대한 적절한 달력(calendar) 작업 일과 교대 작업조 패턴을 설정한다.
- 수집할 데이터를 정하고 적절한 데이터 수집 방법을 선정한다.
- 시스템을 모델화하기 위해 활용할 시뮬레이션 소프트웨어의 기본 파라미터(인수)를 검토, 타당성 확보 및 필요 시 변경한다.
- 분석을 위해 각 시뮬레이션으로부터 데이터를 수집한다.

7. 검증

이 단계에서 첫 번째로 할 일은 동일한 조건에서 실제 상황이 전개될 것과 같은 방법으로 모델이 운영되는지를 점검하는 것이다. 이론상으로는 모델에 변화를 가할 때마다 이를 점거하는 것이 필요하지만, 이는 비현실적이다. 시뮬레이션이 현존하는 프로세스(또는 실제 존재하는 다른 시스템)의 모델이라면 이 점검 단계는 실제 프로세스가 현재 작동하는 것과 같은 방법으로 모델이 실행되는지를 확인하기만 하면 된다. 따라서 실제 고객 주문을 모델에 입력하여 실제 프로세스에서와 같은 방법과 시간 안에 주문이 처리되는지를 확인하면 된다.

아직 존재하지 않는 새로운 프로세스의 모델을 검증하는 유일한 방법은 모델을 가지고 주의 깊게 실험을 하고 모델의 투입요소(수요, 기계의 수와 속도 등)에 대한 변경을 반영할 때 타당한 변화가 발생하였는지를(애니메이트된 화면과 성과지표) 검토하는 것이다. 이들 변화가 알려져 있거나 예상된 것이라면 애당초 시뮬레이션 모델을 구축하고 활용할 필요가 없는 것이므로 방법론적인 문제가 있기는 하다. 그럼에도 불구하고, 모델 행태의 주의 깊은 검토를 통해 모델 구축과 관련된 실수와 오해를 찾아내어 제거할 수 있다.

해결책을 찾으려는 노력의 긴급성과 흥분으로 인하여 이 단계가 생략되는 경우가 매우 많다. 이 단계를 생략하는 것은 모델이 직관적으로 볼 때에도 틀렸을 뿐만 아니라 실수에 의해 초래된 상황이라는 것이 밝혀지게 됨에 따라 모델에 대한 신뢰를 잃게 되는 가장 흔한 원인 중 하나이다.

최신 시뮬레이션 소프트웨어들은 대량의 의미 있는 데이터들을 생성하여 투입변수의 영향, 그들의 상호작용을 핵심성과지표에 비추어 해석할 수 있게 해준다. 시뮬레이션 결과가 보고서로 요약 정리되는데, 보고서에는 특정 시점에서의 "Snapshot Results", 어떤 하나의 실행으로부터의 "Results Summary", 여러 번의 실행에 대한 "Results Summary for multiple runs", 여러 개의 시나리오 비교를 위한 "Compare Report" 등이 있다.

결과 분석을 위해 활용되는 대표적 방법이 2가지 있다. 간단한 방법은 주제에 대한 전문가와 함께 모델을 시각적으로 검토하는 것이다. 이를 통해 모델의 각 부분이 어떻게 상호작용하며 성과지표가 어떻게 영향을 받는지 등을 이해할 수 있는 기회를 갖게 된다. 이는 모델을 실행하고 개체가 컴퓨터 모니터 상에서 이리 저리 움직이는 것을 관찰함으로써 이루어진다. 스크린 상에서 색상과 숫자가 변하는 것을 봄으로써, 어디에 병목현상이 누적되고 있는지를 알 수 있게 된다. 모델의 인수를 바꾸어 보고 그 영향을 관찰함으로써 시스템의 행태에 대한 지식과 이해를 습득하게 된다. 정교한 방법은 결과에 대해 통계적 분석을 실시하여 프로세스에 대한 통찰력을 얻는 것이다.

앞에서 살펴보았듯이, 확률모델은 무작위 수를 활용하는 모델에 기반을 두고 있다. 그런 모델에서는 무작위 수, 무작위 수 흐름, 무작위 수 시드 등이 시뮬레이션을 실행하고 그 결과를 분석하는데 중요한 역할을 한다. 확률 모델에서 생성된 데이터의 분포는 투입변수에 분포를 만들어 내기 위해 활용된 무작위 수에 따라 달라진다. 따라서 확률적 투입요소로부터 산출된 결과 역시 확률적이다. 이는 다른 무작위 수 시드(따라서 다른 무작위 수)는 다른 산출결과를 만들어 내게 된다. 이런 문제는 시뮬레이션 실행 중 서로 상호작용하는 많은 무작위 투입변수(각자 다른 자신만의 무작위 수 시드를 활용)가 있을 수 있다는 사실에 의해 더욱 복잡해진다. 따라서 시뮬레이션을 단 한차례만 실행하는 것은 시스템의 예상 행태에 대해 정확히 추정하는 데에 부적절하다. 여러 개의 독립적인 모델 반복이 확률적 시뮬레이션과 함께 항상 필요하며 산출된 결과에 대한 통계적 분석이 타당한 결론을 내리는데 매우 중요한 선제 조건이 된다.

8. 준비기간

준비기간(warm-up 또는 start-up period)은 시스템이 '안정상태'에 도달하기까지 필요한 시간이다. 준비기간은 안정상태 시뮬레이션에서는 보통 무시되고 새로운 공장의 가동 시작이나 기존 시설 내에서의 변화 수행 등과 같은 일시적 상태의 효과를 살펴 볼 목적으로만 활용된다. 시뮬레이션의 안정상태 기간은 시스템에서의 재고의 지속적 누적, 모델(따라서 실제 시스템)이 불안정하거나 작동하지 않을 수 있는 장기적 추세가 존재하지 않는다는 것을 확인하기 위해 세밀히 검토되어야만 한다.

준비기간은 데이터를 수집하기 전에 초기 재고로 시스템을 채우는 제조 시스템에서 주로 활용된다. 한편, 준비기간은 시뮬레이션 기간의 시작 시에 대기하고 있는 초기 고객의 수가 언제나 0이기 때문에 서비스 시스템이나 유한 시뮬레이션에서는 대체적으로 활용되지 않는다.

모델에 대해 적합한 '추가' 또는 '준비' 시간을 찾아야만 할 때가 있다. 공장 모델은 모델이 빈 상태(어떤 기계에도 제품이 하나도 없는)인 경우가 보통이기 때문에 준비기간이 필요하다. 그러나 실제 공장은 진행 중인 작업이 없는 상태로 매 주를 시작하지는 않는다. 시뮬레이션 모델에서 준비기간을 필요로 하지 않는 상황은 새로운 프로세스의 시작을 시뮬레이션 하는 때, 첫날의 운영에 관심이 있는 경우, 매일을 빈 상태에서 시작하는 상황(상점, 주차장, 공항 등)을 시뮬레이션 하는 때 등이다. 그러나, 이런 상황에서 조차 운영의 '평균' 성과(실제로 '평균' 상태에서 운영되는 경우는 결코 없음)를 안다는 것이 의미가 없을 수도 있기 때문에 하루를 시작하는 때에 얻은 결과를 운영이 최고조에 이른 상태에서 얻은 결과와 구분하고자 할 것이다.

대부분의 시뮬레이션 소프트웨어는 결과를 수집하지 않거나 결과 수집 시간과 구별할 수 있는 '준비' 시간을 설정하는 기능을 가지고 있다. 그렇다면 준비기간을 얼마나 길게 할 것인가를 결정해야 한다. 이를 위한 간단한 절차가 있다.

① 어떤 성과지표가 필요한지를 결정한다. 예를 들어 프로세스를 떠나는 제품의 수에 관심이 있거나, 기계의 활용도 또는 대기열의 길이 등에 관심이 있을 수 있다. 여러 개의 성과지표가 있는 경우에는 관심 있는 지표의 전부 또는 일부에 대해서 이 절차를 수행하고 그 중에서 가장 긴 준비기간을 활용할 수도 있을 것이다. 여기서는 프로세스를 떠나는 제품의 수에만 관심이 있다고 가정한다.

② 짧은 기간에 대하여 모델을 실행해 본다. 모델을 실행하는 시간의 양은 무엇을 시뮬레이션 하는가에 따라 달라질 수 있지만 총 시간이 예를 들어 일주일이라면(이를 정하는 방법은 아래 그림 참조) 짧은 기간은 한 시간 정도로 보면 될 것이다. 이는 프로세스로부터 몇 개의 제품을 얻을 수

있을 것으로 기대하는 시간의 양이어야 한다. 어쨌든 모델을 실행하면 (예를 들어 60분) 프로세스로부터 나온 제품의 수가 기록된다. 이 수는 처음 60분 동안은 거의 확실히 0이 될 것이다. 이는 준비 시간에 대한 필요의 특성 때문에 어떤 제품도 아직 프로세스의 끝에 도달하지 못했을 것이기 때문이다.

③ 추가 60분 동안(또는 원하는 시간 동안) 모델을 실행하고 2 번째 60분 동안 프로세스를 떠난 제품의 수, 즉 60분과 120분 사이에 나타난 숫자가 (120분 종료 시에 총 숫자가 아님) 얼마나 되는지를 기록한다. 이를 계속 하면 아래 테이블과 같은 결과를 얻게 된다.

이는 180분 후의 총 산출과 240분 후의 총 산출 간의 차이이다.

시간	제품
60	0
120	0
180	5
240	4
300	8
360	23
420	15
480	22
540	21
600	16
660	21

180분 후의 총 산출과 240분 후의 총산출의 차이

240분 후의 총 산출과 300분 후의 총산출의 차이

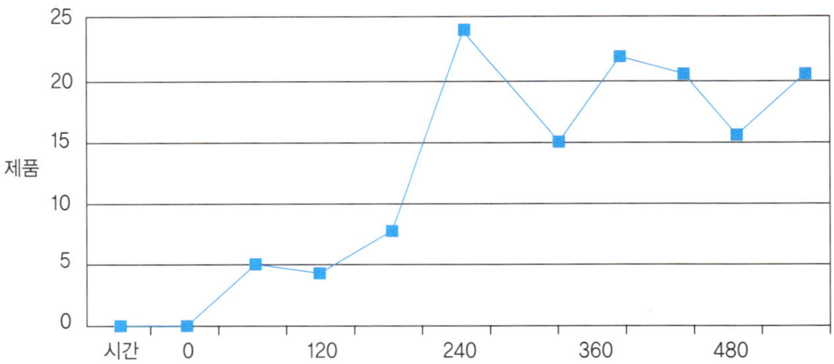

데이터를 얻는 대로 그래프를 그리다 보면 충분한 시간이 언제인지를 알 수 있다. 위의 예에서 360분을 전후하여 눈에 띄는 차이가 있음을 알 수 있다. 따라서 360분이 되기 전까지는 여전히 준비하고 있는 것이 된다.

당연히 시뮬레이션은 현실을 모사하는 것이므로 따라서 실제 프로세스로부터 완전히 고정적인 산출을 기대할 수 없듯이 360분 후에도 완전히 고정적인 제품의 수를 기대하지 않는다. 시뮬레이션이 현실에서의 변동성을 반영하기 위해 무작위 수를 활용하고 있으므로 시뮬레이션 결과에서도 변동성이 있을 것이다. 시뮬레이션이 무작위성을 포함하고 있지 않은 경우에도 약간의 변동성은 있을 수 있다. 이는 뒤에서 자세히 살펴본다.

관심 있는 성과지표가 결코 안정적이지 않게 보이는 경우가 종종 있다. 준비기간 중 어떤 때에는 측정지표의 값이 매우 높고, 어떤 때에는 매우 안정적이며, 일단 준비기간이 끝나면 불안정하게 된다.

얼마 동안의 준비기간이 필요한지에 대한 자료와 그라프를 블 때에는 판단을 하여야만 하는데, 원칙은 모델이 빈 상태에서 출발함에 따라 초래되는 어떤 비통상적인 준비 상태에 있지 않다는 것을 확인하여야 한다.

④ 일단 준비 시간을 결정한 후에는 모델의 구조 또는 데이터 등이 크게 바뀌지 않은 한, 안전장치로 결정한 준비 시간에 약 20%의 시간을 추가하여 모델 분석 시에 활용하는 것이 좋다. 엄격히 말하면 모델의 어떤 부분을 수정할 때마다(무작위 수 스트림을 변경한 경우도 포함) 준비 시간을 다시 점검하는 것이 필요하다. 준비 시간을 너무 길게 하면 많은 시간이 필요하다.
모델에 대한 상당한 변화는 준비기간에 영향을 미칠 것이며, 따라서 위의 과정을 반복하는 것이 필요할 수도 있다.

9. 결과의 정밀성

여기서 설명된 과정 및 절차는 SigmaFlow에서 자동적으로 완벽하게 수행된다. 그러나 관련된 원칙들을 완전하게 이해하는 것이 필요하다. 일단 통찰력을 얻은 후에는, 특히 여러 개의 아이디어가 경쟁하고 있으며 어떤 것이 최선인지를 시각적으로 확인하기가 어려운 경우, 결과로 도출되는 아이디어를 점검하는 것이 중요하다. 시뮬레이션은 보통 무작위 숫자를 포함하며, 모델을 시각적으로 탐색할 때 한 주의 생산을 시뮬레이션 한다면 단지 한 주(예, 고장난 기계가 거의 없는 주)에만 적용되는 결과를 볼 수도 있다. 다른 주에는 약간 또는 많이 다른 결과를 도출할 수도 있다.

여기서 설명되는 절차는 분석 결과가 타당하다는 것을 확인하기 위한 단계별 방법을 제공한다. 통계값을 계산할 정도의 필요를 감지하지 못하는 경우에도 첫 번째 부문을 수행하고 다른 무작위 수를 가진 시뮬레이션 모델을 여러 번 실행해야만 한다.

대부분의 시뮬레이션 소프트웨어를 활용할 때, 시계를 0으로 설정한 다음 모델을 다시 실행하면 최근의 실행과 동일한 순서로 완전히 동일한 상황이 일어나고 있음을 보게 된다('실제 상황' 을 묘사하기 위해 무작위 수를 포함하고 있음에도 불구하고). 이는 시뮬레이션 소프트웨어들이 수학적으로 생성된, 겉으로 보기에만 무작위인 '유사 무작위 수' 를 활용하기 때문이다. 무작위 수들이 다시 시작할 때마다 동일한 순서의 수가 생성된다. 이는 매번 무작위 수를 바꿈으로써 이슈가 흐려지는 문제없이, 모델을 여러 번 다시 관찰함으로써 정확히 무엇이 발생하는지를 이해할 수 있도록 해주기 때문에 매우 유용하다.

그러면 왜 1주의 생산만을 시뮬레이션 하는가? 1년이나 1시간의 생산을 시뮬레이션 하지 않는가? 시뮬레이션을 위한 적절한 시간은 무엇인가? 대답은 간단하다. 활용하고 있는 성과지표의 관점에서 의미 있는 시간만큼 시뮬레이션 하면 된다. 예를 들어, 1년 동안 프로세스를 시뮬레이트 하여 프로세스가 1년에 14,500 상자를 생산할 것으로 예상된다는 것을 알았다고 할 때, 이는 자체로써 유용한 정보일 수 있지만 어떤 특정 주(週)의 생산이 0이 되거나 아니면 500 상자가 될 수도 있다는 정보를 무시한 것일 수도 있다. 반면, 어떤 특정 시간의 결과에 대한 정보는 의미가 없을 수도 있다. 상황에 맞는 시간을 선택하면 된다. 적절한 시간 선택에 대한 결정은 습득한 정보를 가지고 무엇을 할 것인가를 생각하면 더 명확하게 된다.

한번에 1주 동안의 프로세스를 각각 다른 무작위 수 스트림을 가지고 시뮬레이트 하여 각기 다른 수의 제품을 얻게 된 상황을 가정해 본다. 이 정보는 어떤 의사결정을 하는데 매우 유용한 정보일 수 있다. 그러나 이는 원래의 목적에 맞게 유용하고 타당한 방법으로 표현되어야만 한다. 이에 대한 자세히 살펴본다.

일단 이 단계에 까지 오면 일반적으로 몇 번의 실행을 하고 그 결과를 기록하여 쉽게 시각적으로 구별할 수 없는 여러 대안 중에서 선택을 하기 위해 비교하게 된다. 예를 들어 2개의 대안이 있고 각 대안에 대해 30번씩의 시뮬레이션을 했다고 가정해 본다. 준비기간과 일주일 동안의 각 실행에 대해 다른 무작위 수를 활용하여 다음과 같은 결과를 얻었다.

1주일씩 30주 동안 프로세스를 떠난 제품의 수
(30개의 다른 무작위 수 스트림)

대안 1	대안 2
293	261
274	264
196	230
254	287
203	287
228	316
234	285
228	257
300	273
210	334
234	242
216	320
218	301
315	292
239	288
246	271
189	274
220	285
229	253
259	265
273	239
265	298
248	223
280	319
232	235
212	260
238	225
300	188
287	246
254	298

대안 1의 결과는 최저 189, 최고 315이며, 대안 2의 결과는 최저 188, 최고 334이다. 어느 것이 더 좋은가? 각 대안의 평균은 각각 245.8과 270.5이므로, 대안 2가 더 좋다고 할 수 있으며, 두 대안에는 중복되는 것이 매우 많으므로 두 대안 사이에 차이가 실제로는 없다고 할 수도 있다. 만일 대안 2가 대안 1에 비해 비용이10억 원 더 소요된다고 하더라도 여전히 대안 2가 더 좋다고 할 수 있을까? 만일 다음 30 주의 평균이 매우 다르게 나타난다면 어떻게 할 것인가? 진정으로 장기적 평균은 실제 무엇이 될 것인가?

훨씬 더 많은 모델 실행을 해볼 수도 있지만 실제적으로 복잡한 프로세스를 1주일 동안 시뮬레이션 하는 데에는 매우 많은 시간이 필요할 수 있다. 간단한 통계 절차를 통해 이를 해결할 수 있다. 한정된 시간 동안 한정된 수의 시뮬레이션 실행을 통해 정확한 장기적 평균값을 얻을 수는 없다. 그러나 장기적 평균이 어떤 범위 내에 있을 것이라는 것을 알 수 있다면 이는 매우 충분한 정보가 될 수도 있다.

위 정보 이외에 각 결과의 표준편차를 계산할 수 있다.

	대안 1	대안 2
평균:	245.8	270.5
표준편차:	33.1	33.3

그러나 이 정보는 개별 결과의 변동성만을 알려 준다. 우리는 평균 수치가 얼마나 믿을 수 있는가에 관심이 있다. 또 다른 30번의 실행을 할 수 있는 시간이 있다면 그 결과는 다를까? 만일 30개의 크기를 가진 batch에 대해 실행을 30번 한다면 평균의 변동성은 어떻게 될까?

다행이 이런 경우에 활용할 수 있는 통계적 관계가 있는데, 이는 개별 결과의 표준편차로부터 평균의 표준편차를 예측할 수 있는 방법을 제공한다.

평균의 표준편차 = 결과의 표준편차/ 결과의 수의 제곱근

위 경우: 평균의 표준편차 = 33/(30의 제곱근) = 6

이제 평균의 신뢰구간을 계산할 수 있다. 정규분포를 보이는 수의 95%는 평균의 2 표준편차 내에 있으므로

평균의 95% 신뢰구간 = 평균 +/− (2×6) = 245.8 +/− 12

따라서, 대안 1의 평균의 신뢰구간 = 233.8 ~ 257.8

대안 2의 평균의 신뢰구간 = 258.5 ~ 282.5

이는 대안 1의 진정한 평균이 233.8 ~ 257.8 사이에 있을 것임을, 또한 대안 2의 진정한 평균이 258.5 ~ 282.5 사이에 있을 것임을, 따라서 대안 2가 장기적으로 볼 때(매 주마다는 아닐지라도) 더 많은 상자를 생산해 낼 것임을 95% 확신을 가지고 말할 수 있음을 의미한다.

이를 그림으로 나타내면 다음과 같다.

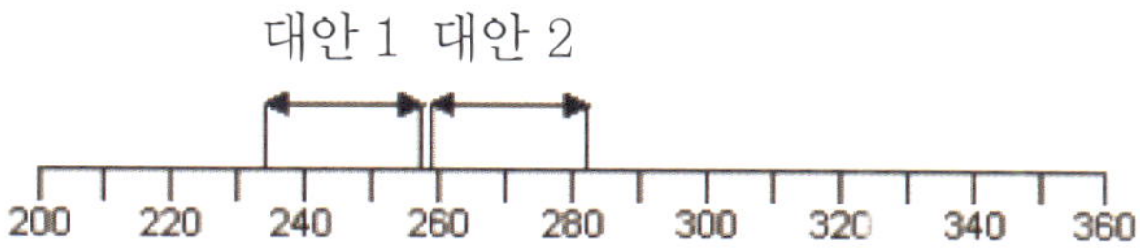

위 그림은 두 대안 간의 차이를 통계적으로 구별하는 것이 가능하다는 것을 보여주는 것이다.

아래 그림과 같이 나타나는 경우도 있을 수 있다.

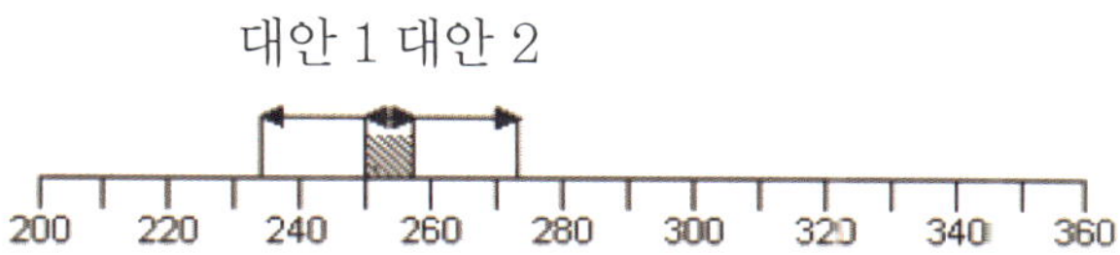

위와 같이 두 범위 사이에 중복되는 부분이 있는 경우에는

❶ 두 대안을 구별할 수 없다는 것을 의미한다. 왜냐하면 대안 1의 평균이 최고 257까지 될 수 있는데 대안 2의 평균은 최저 254까지 될 수 있기 때문이다.

❷ 실행의 수가 커지면 평균의 예상 표준편차는 더 작아지고, 따라서 범위도 더 좁아지므로 더 많은 실행을 해볼 수도 있다. 물론 이는 두 범위가 분명하게 분리될 수 있다는 것이 아니라 얻게 되는 숫자가 점점 더 정밀해 진다는 것을 의미한다. 더 많은 실행의 결과 다음과 같은 결과가 도출되었을 수도 있다.

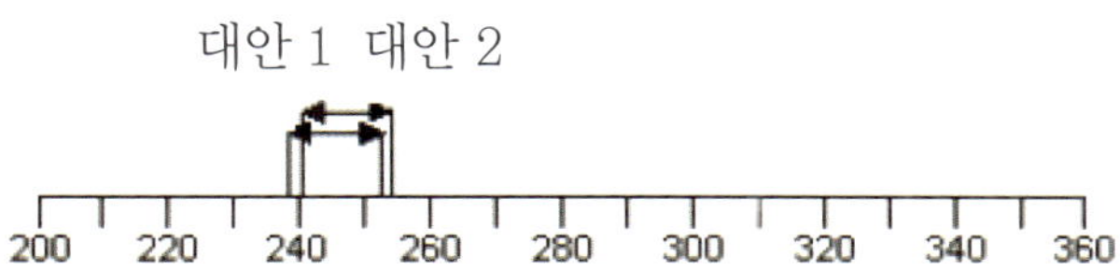

위 그림은 두 대안 사이에 차이가 없다는 것을 나타내는 것이다.

일반적으로 30번의 실행을 할 필요는 거의 없다. 5번의 실행을 하고 위와 같은 계산을 해보면 5번의 실행이 충분한지 아니면 더 많은 실행을 해보는 것이 필요한지에 대해 판단을 할 수 있을 것이다. 5번의 실행만으로도 충분할 수 있다.

요약하면,

❶ 각 대안에 대해 각기 다른 무작위 수 스트림을 활용하여 5번의 실행을 한다.
❷ 각 대안에 대해 평균과 표준편차를 계산한다.
❸ 각 대안에 대해 95% 신뢰구간을 계산한다(=평균 +/- (2×표준편차/결과의 수의 제곱근)).
❹ 위 결과를 그림으로 표현하여 어떤 대안이 다른 대안과 구별되는지를 살펴 본다.
❺ 범위가 중복되면 더 많은 실행을 통해 중복 없이 구별될 수 있는지를 살펴 본다.

결론

SigmaFlow는 위에서 설명한 시뮬레이션을 수행하기 위해 권고된 방법에 적합하도록 특별히 잘 디자인된 소프트웨어이다. 특히 시뮬레이션 분석의 핵심 요소인 모델의 구축과 수정을 매우 신속하게 할 수 있도록 하여 사고 프로세스(시스템이 어떻게 향상될 수 있는지에 대한 통찰을 얻는 프로세스)가 중단되지 않도록 하였다.

SigmaFlow 시뮬레이션 모델링 방법론

SigmaFlow 시뮬레이션 모델링 방법론은 다음과 같은 단계로 구성되어 있다.

❶ 모델의 목표와 범위를 정의함 - 모델이 의도하고 있는 결과가 무엇인가? 범위와 경계는 무엇인가?
❷ 레이아웃을 종이에 그림 - 모델화하고 있는 프로세스를 시각화하는데 도움이 되며, 소프트웨어에 너무 많이 말려드는 것을 방지한다.

❸ 종이 위에 그려진 모델을 소프트웨어로 그림 – 종이 모델이 만족할만하게 되면 그 레이아웃을 PC 상에서 재창조한다. 이렇게 하면 향후의 혼란을 줄일 수 있게 된다.

❹ 자세한 내용을 포함 – 각 대상(object)에 관련된 기본 정보를 설정한다.

❺ 모델을 테스트함 – 모델에 명백한 실수가 있는지 여부를 점검한다. 모델을 지속적 관찰 모드에서 볼 수 있으며 이 단계에서 간단한 실수를 찾아낼 수 있다.

❻ 필요한 수정을 함 – 보다 자세한 내용을 추가하며 모델에 필요한 수정을 가한다.

❼ 목표 재점검 – 모델의 목표가 변경되었는가? 때때로, 모델을 구축하는 프로세스를 통해 목표를 재정립하게 된다.

❽ 모델의 범위 – 모델의 범위가 변경되었는가? 모델에서 제공된 결과가 정의된 목표를 달성하는데 충분한가? 더 자세한 내용을 추가할 필요가 있는가?

❾ 위 ❶ 단계로 돌아감 – 시뮬레이션 단계는 특성상 반복적이다. 한 번의 반복만으로 의도한 결과를 달성할 수는 결코 없다. 만족할만한 결과를 얻을 때까지 반복한다.

2 SigmaFlow Simulator 활용

가장 먼저 프로세스 지도(process map)를 그려야 하는데, 이는 스크린에 여러 가지 대상(objects)을 그리는 것이다. 이 object들은 프로세스(작업을 수행함), 대기열, 의사결정 포인트 등이다. 이들은 경로를 나타내는 화살표(lines)로 연결되는데, 작업 아이템들이 시뮬레이션을 통과할 때 취하는 기본 경로를 나타낸다. 작업 아이템들은 조직에서 작업을 하는 대상(제품, 사람, 문서작업, 환자 등)을 말한다.

[참고] 시뮬레이션 기능을 활용하기 위해서는 시그마플로우 시뮬레이터 (SigmaFlow Simulator) 소프트웨어 라이센스가 있어야 한다.

성공적인 시뮬레이션 실행을 위해서는 다음과 같은 주요 단계를 거쳐야 한다.

❶ 자세한 프로세스 지도를 구축한다.
❷ Object 유형을 설정한다.

❸ 시뮬레이션 투입 데이터를 정의한다.
❹ 시뮬레이션 시계를 설정한다.
❺ 결과 수집 사항을 설정한다.
❻ 시뮬레이션을 실행하고 결과를 수집한다.
❼ 결과를 분석한다.

다음 섹션에서 시뮬레이션의 개념을 이해하고 기본 기능을 잘 활용할 수 있도록 사례를 가지고 설명한다.

PrintCo 서비스 센터 사례

개요

PrintCo는 크지 않은 규모의 인쇄 센터를 하나 운영하고 있다. 최근 경영진은 서비스 수준이 낮아지기 시작하고 있으며 고객들이 오랜 시간 기다려야만 한다는 것을 알게 되었다. 다음 사항에 대해 살펴보기 위해 시뮬레이션을 해보기로 결정하였다.

- 고객의 도착과 고객 서비스의 시간의 변동성의 영향
- 자원의 올바른 활용과 적정수
- 자원(직원)을 그룹으로 관리하는 것의 효과
- 높은 수익을 가져다 주는 고객에 대한 높은 우선순위 할당의 효과
- 고객 서비스 수준과 처리량을 극대화하는 방법의 도출
- 손실된 비즈니스 기회의 인식과 파악 방법

연습을 위해 대부분의 기본적 데이터가 설정되어 있는 시뮬레이션 모델을 구축해본다. 이 모델을 통해 시뮬레이션 모델을 설정하고, 데이터를 정의하며, 시뮬레이션을 실행하고, 결과를 분석하는 방법을 익히게 된다. 일단 기본을 이해하게 되면, 모델을 확장하여 그룹화된 자원, 자원 공유, 도착의 변동성, 프로세스 시간 등과 같은 고급 시뮬레이션 기능을 추가할 수 있게 된다.

시뮬레이션을 통해, 경영진은 일차적으로 다음 측정지표에 대한 시사점을 얻고자 한다.

- 고객 Cycle Time(고객 유형 별): 고객의 평균 방문 시간은 얼마인가? 최소 값과 최대 값은?
- 고객 대기시간 (고객 유형 별): 평균 대기시간은 얼마인가? 최소 값과 최대 값은?
- 자원 활용: 자원은 얼마나 바쁜가?
- 총 처리량: 시뮬레이션 실행 기간 동안 얼마나 많은 고객이 서비스 받았는가?

자세한 운영 정보

- 센터는 하루 24시간 운영한다. 서비스 센터에는 4개의 부서가 있다. 고객서비스, 고객처리, 생산, 수납(고객 출점). 고객은 일정 부분 정해진 비율로 서비스 센터에 도착한다.
- 고객이 고객서비스 부서에 들어오자마자 안내데스크에 있는 안내원의 안내를 받는다. 부서에는 2명의 안내원이 있으며, 고객의 상태(신규 고객 또는 기존 고객)에 따라 해당 부서로 안내하는 업무를 수행한다. 안내원이 바쁘면 고객은 안내원이 안내할 수 있을 때가지 줄을 서서 기다린다. 대략 25%의 고객이 신규 고객이다.
- 도착한 고객이 신규 고개이면 고객처리 부서로 안내되며, 고객처리 직원(현재 1명)이 고객 정보를 데이터베이스에 입력한 후, 생산 부서로 안내한다. 도착한 고객이 기존 고객이면 직접 생산 부서로 안내한다.
- 생산 부서에서 제공되는 서비스는 2가지 종류가 있다. 하나는 직원서비스이며, 다른 하나는 셀프서비스이다. 대략 70%의 고객이 직원서비스를 원한다. 직원서비스 부문에서 고객은 고객서비스 직원으로부터 모든 지원을 받는 반면, 셀프서비스 부문에서는 셀프서비스 지원 직원의 도움을 일부 받는다. 현재 직원 간에 업무는 분리되어 있으며, 4명의 고객서비스 직원과 3명의 셀프서비스 직원이 있다.
- 생산 부서에서의 서비스가 끝나면, 고객은 수납(또는 고객 출점) 부서로

가며, 여기서 서비스 대가를 지급하고 서비스 센터를 떠나게 된다. 수납 부서에는 2명의 수납직원이 있다.

단계 1: 구체적 프로세스 지도 작성

첫 번째로 해야 할 일은 사례를 완벽하게 이해하고 프로세스 지도를 작성하는 것이다. 지도를 작성하는 과정에서 도형 창에서 원하는 대상(objects)을 클릭하여 스크린에서 원하는 위치로 끌어다 놓는다. 대상(objects) 간을 화살표로 연결하여 업무가 조직에서 통상적으로 취하는 경로를 정한다. 다음은 위 사례를 반영한 프로세스 지도를 구축하는 단계이다.

❶ SigmaFlow 소프트웨어를 시작하고 "New Process map with Horizontal Swimlanes"를 선택한다. 4개의 행(swimlane)을 그리고 부서 이름을 입력한다.

❷ "셰이프(Shapes)" 창(#1)에서 필요한 object를 클릭하고 그리기 창(#3)에 끌어다 놓는다. 모든 부서에 대해 이 과정을 수행한다.

❸ Line connector(#2)를 클릭하고 연결하고자 하는 objects위에 끌어다 놓는다. 아래 그림에 나타난 것과 같이 모든 object들을 연결한다.

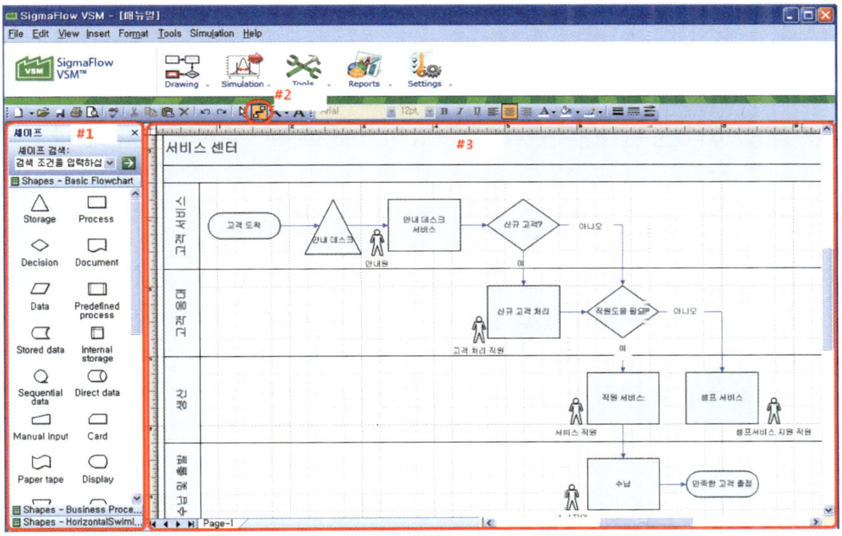

단계 2: Objects 유형 설정

프로세스 흐름도를 만들었으므로, 이제 object 유형을 설정하면 된다. Simulator에는 5가지의 기본 object 유형이 있다.

❶ Work Start (시스템에의 도착을 생성함)
❷ Storage (한 장소에서 다른 장소로 이동되는 작업 아이템을 보관함)
❸ Work Center (실제 작업이 이루어지는 프로세스의 단계)
❹ Resource (work center에서 실제 작업을 하는 사람들)
❺ Work Finished (시뮬레이션이 끝나는 시점)
❻ Work Center Storage: 특별한 목적을 가진 SigmaFlow Simulator의 object로써 Work Center와 Storage의 통합 기능을 수행하는 object이다. 통상 그리기 개체 수를 줄이고자 할 때 활용된다. Work Center Storage는 Storage와 Work Center 간에 1대1 관계가 존재할 때에만 활용할 수 있다. 즉 하나의 Work Center에 작업을 제공하는 Storage가 2개 있거나 하나의 Work Center에서 2개의 각각 다른 Storage에 작업을 제공하는 경우 등에는 활용할 수 없다.

지도를 그릴 때, 어떤 도형이라도 어떤 object 유형을 나타내도록 할 수 있다. 예를 들어, 삼각형 도형을 사용하여 "Storage" object를 나타내게 할 수도 있다. Object에 대한 자세한 설명은 "시뮬레이션 대상 (Simulation Objects)" 부분을 참조하면 된다. 다음과 같은 방법으로 object 유형을 설정한다:

❶ 첫 번째 나타나는 도형인 "고객 도착"을 클릭하고 [View] – [Task Pane]을 선택한다. 오른쪽에 과제 창(task pane)이 나타난다. Object를 마우스 오른쪽 단추를 클릭하면 나타나는 메뉴에서 "Open Activity Task Pane"을 선택해도 된다.
❷ 과제 창(task pane) 드롭다운 메뉴에서 "Simulation Data" 옵션을 선택한다.

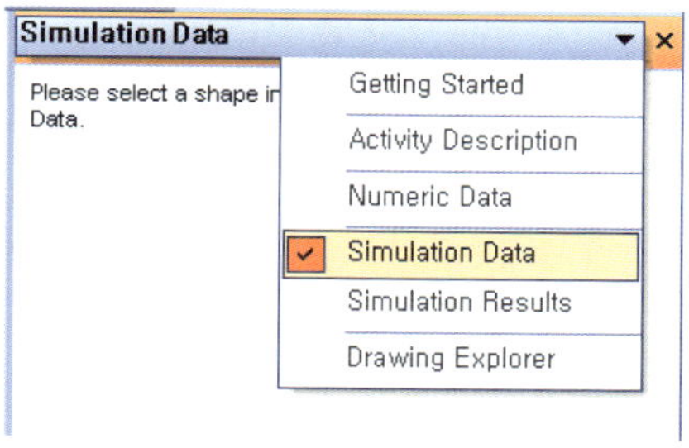

❸ Simulation Data 창에서 드롭다운 메뉴를 클릭하고 "Work Start"를 선택한다. 이렇게 하면 "고객 도착" 도형이 "Work Start" object 유형으로 설정된다.

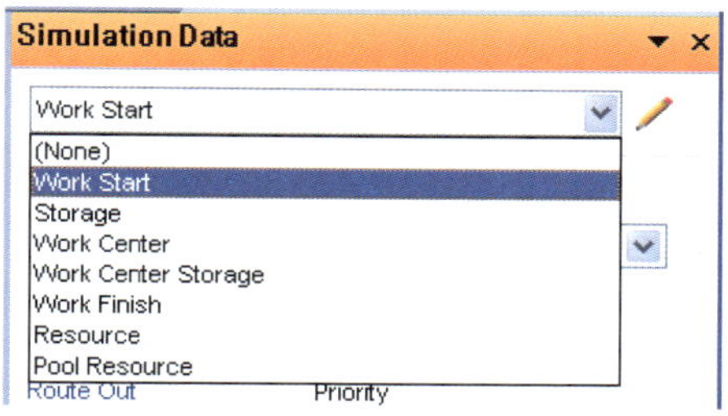

❹ 위 과정을 반복하여 남아 있는 objects에 대해 다음과 같이 설정한다. 현재로써는 과제 창에 있는 데이터에 대해 신경 쓰지 않아도 된다. 모든 object 유형이 설정된 다음에 데이터를 입력할 것이다.

Object 유형	그리기 Objects
Work Start	고객 도착
Storages	안내 데스크와 신규 고객 처리, 직원 서비스/셀프 서비스/수납 서비스의 storage 부분
Work Center	안내 데스크 서비스, 신규 고객?, 직원 도움 필요?, 신규 고객 처리/직원 서비스/셀프 서비스/수납 서비스의 Work Center 부분
Work Center Storage	신규 고객 처리, 직원 서비스, 셀프 서비스, 수납 서비스
Resources	안내원, 고객 처리 직원, 서비스 직원, 셀프 서비스 지원 직원, 수납 직원
Work Finished	만족한 고객 출점

단계 3: 시뮬레이션 투입 데이터 정의

이제 일부 데이터를 입력하고 시뮬레이션을 실행한 다음 결과를 검토해 본다. SigmaFlow Simulator 소프트웨어에서 기본적으로 제공한 데이터를 가지고 시뮬레이션 모델을 실행할 수도 있지만, 여러 가지 object에 대해 일반적으로 활용되는 인수들을 바꾸는 방법에 대해 살펴본다.

Work Starts (작업 시작)

작업 아이템은 특정한 도착 패턴에 따라 Work Starts를 통해 모델에 들어간다. 아래와 같은 단계로 도착 패턴을 정의한다.

❶ "고객 도착"을 선택하고 "Simulation Data" 과제 창(task pane)으로 간다.

❷ Inter-arrival Time 필드에서 "Exponential" 분포를 선택하고 Mean에 5, Unit에 Minutes를 선택한다. *Exponential 분포는 도착이 무작위이고 서로 독립적인 경우에 활용하기에 좋은 분포이다. 고객이 시간 당 60명이라는 일정한 비율로 도착한다면, inter-arrival Time으로 1 minute를 사용하면 된다).

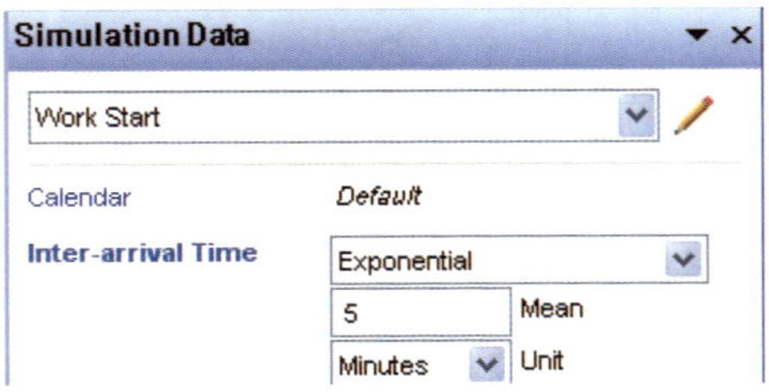

Storages (스토리지, 저장소)

Storages는 보통 용량의 한계를 정하고 작업 아이템의 우선순위를 정하는데 활용된다. 여기서는 모든 storage 데이터를 소프트웨어에서 기본적으로 제공한 것을 그대로 활용한다.

Work Centers (작업 센터)

Work Centers는 실제 작업이 발생하는 장소이다. SigmaFlow Simulator 소프트웨어에서는 프로세스 단계, 결정, 수송 등과 같이 운용 시간을 소비하는 모든 활동들을 work center로 설정할 수 있다. 여기서는 프로세스 단계에서의 운영 시간과 의사결정 도형으로부터의 route-out %에 대해 정의하지 않는다.

Operation Times와 # of Work Centers 설정 (작업 시간과 작업 센터의수 설정)

프로세스 지도에 있는 프로세스들은 각자의 처리(프로세싱) 시간을 가질 수 있다. 다음 방법을 활용하여 각각의 단계에서의 운영 시간을 수정한다.

❶ "안내 데스크 서비스" 프로세스 단계를 클릭하고 Simulation Data 과제 창으로 간다.

❷ Operation Time 필드에서 "Normal" 분포를 선택하고 Mean에 6, Std. Dev에 2, Unit에 Minutes를 선택한다.

❸ "# of Work Centers"에 3을 입력한다(즉, 우리의 예에서는 "안내 데스크 서비스"에 3개의 데스크가 있다는 것을 의미한다).

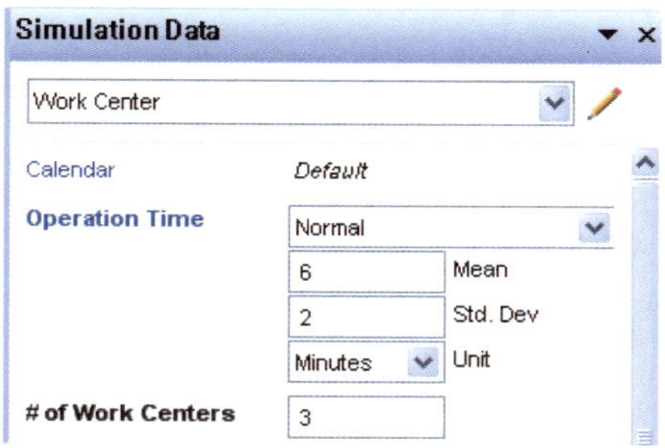

❹ 위와 같은 과정을 아래 표에 있는 값을 이용하여 모든 단계에 대해 수행한다. "Work Center Storage" object 유형의 도형에 대해서는 아래 그림에서와 같이 "Work Center" 링크를 클릭하여 object 유형의 work center 부분을 활성화한다.

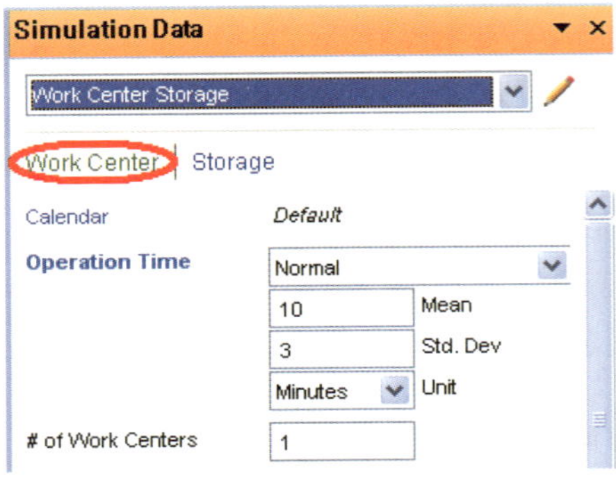

활동 단계	작업 시간 (분)	작업 센터의 수
안내 데스크 서비스	Normal (Mean = 6, Standard Deviation = 2)	3
신규 고객?	Fixed (Value = 0)	1
직원 도움 필요?	Fixed (Value = 0)	1
신규 고객 처리	Normal (Mean = 10, Standard Deviation = 3)	1
직원 서비스	Normal (Mean = 27, Standard Deviation = 8)	5
셀프 서비스	Normal (Mean = 44, Standard Deviation = 12)	5
수납	Normal (Mean = 10, Standard Deviation = 3)	3

Work Centers(작업 센터)에 자원 연계

소프트웨어가 자동적으로 프로세스나 Work Center에 자원을 할당하지는 않는다. 이유는 하나의 자원이 여러 프로세스에 할당되거나 여러 자원이 동일한 프로세스에 할당될 수 있기 때문이다. 다음과 같은 방법으로 자원을 프로세스 (또는 Work Center)에 연결해 주어야만 한다.

❶ 프로세스 지도에서 "안내 데스크 서비스"를 선택하고 Simulation Data 과제 창에서 "Resources" 링크를 클릭한다.

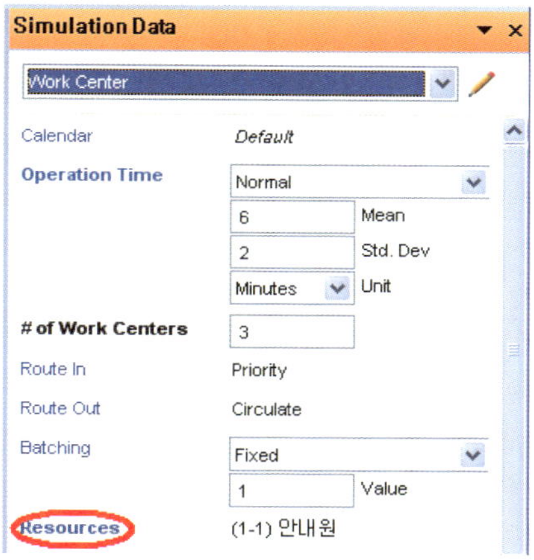

❷ 자원을 할당하기 위해 '+' 아이콘을 클릭함. *자원을 할당하기 전에 프로세스 지도에 자원이 존재해야만 한다.

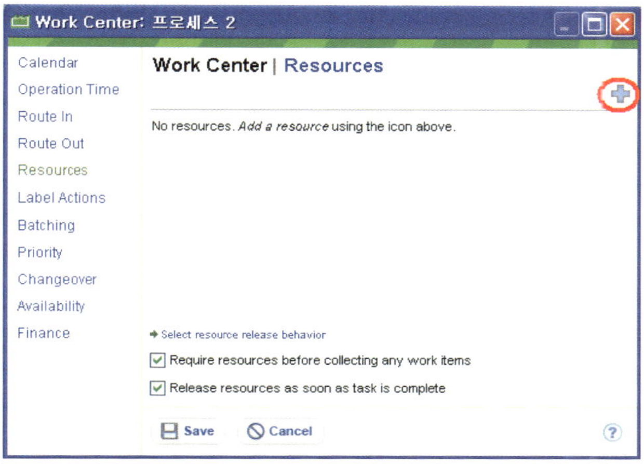

❸ "안내 데스크 서비스"에 대한 상자를 체크하여 안내 데스크 서비스 프로세스 단계에 안내원을 할당한다. Save를 클릭하여 저장한다.

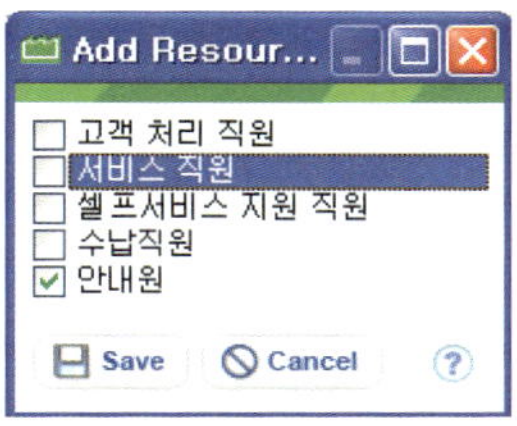

❹ 위와 같은 과정을 아래 표에 있는 값을 이용하여 모든 단계에 대해 수행한다. "Work Center Storage" object 유형의 도형에 대해서는 아래 그림에서와 같이 "Work Center" 링크를 클릭하여 object의 Work Center 부분을 활성화한다.

활동 단계	자원
안내 데스크 서비스	안내원
신규 고객 처리	고객 처리 직원
직원 서비스	서비스 직원
셀프 서비스	셀프 서비스 지원 직원
수납	수납 직원

의사결정 도형(Decision Shapes)에 대하여 Route Out 퍼센트 설정

Decision 도형으로부터 나오는 경로들은 각기 다른 퍼센트 값을 가질 수 있다. 다음과 같은 방법으로 여러 가지 의사결정 도형에 대한 routing out 퍼센트를 수정한다.

❶ "신규 고객" object를 선택하고 Simulation Data 과제 창에서 "Route Out" 링크를 클릭한다.

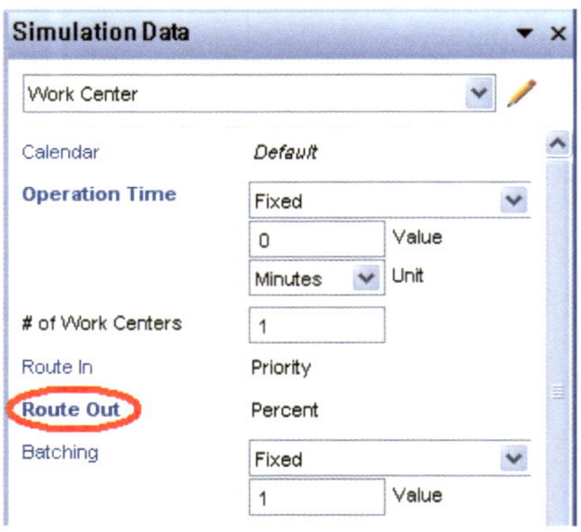

❷ 나타나는 대화 상자에서 "Percent" route out 유형을 선택하고 아래 그림에서와 같이 "신규 고객 처리"에 25%, "직원 도움 필요?"에 75%를 입

력하고 Save한다.

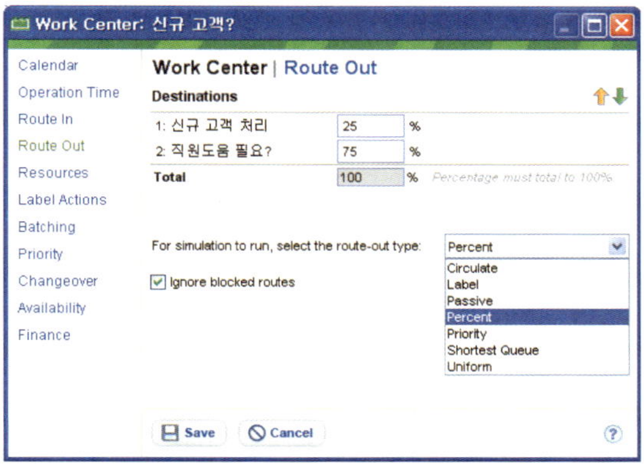

❸ "직원 도움 필요?"에 대해서도 위 과정을 반복한다.

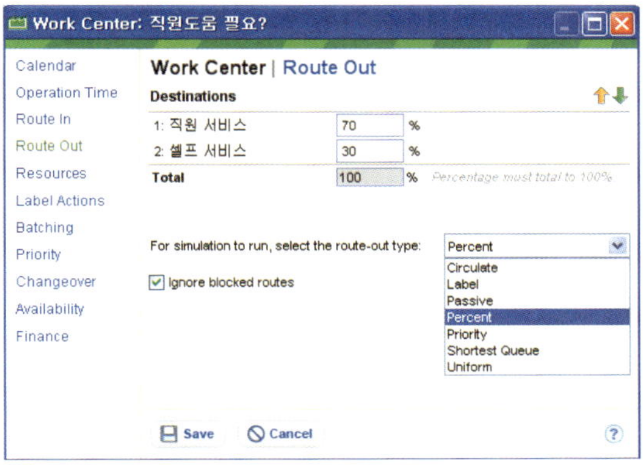

Resources (자원)

Resources Simulation Data 과제 창을 활용하여 가용 자원의 수를 조정할 수 있다. 다음과 같은 방법으로 자원의 수를 조정한다.

❶ "안내원"을 선택하고 "Shifts" 링크를 클릭한다. Simulator에서는 모든 자원(resources)이 shift에서 작용하며 각 shift에서 얼마나 많은 자원이 가용한지를 정의할 수 있다.

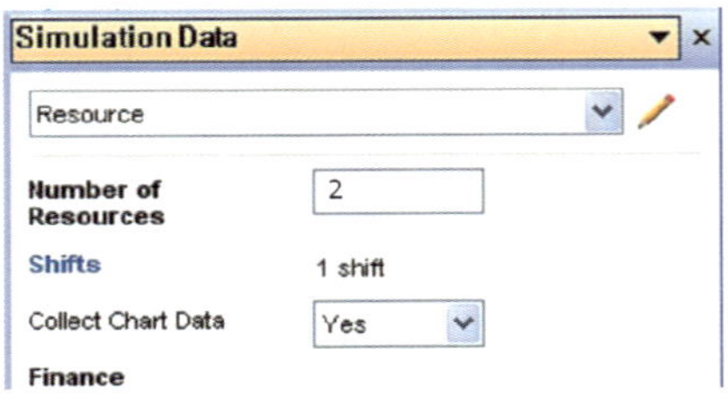

Resource / Shift 대화 상자에서 "Amount"에 2를 입력한다(즉, 우리의 예에서는 "안내 데스크 서비스"에 가용한 "안내원" 자원이 2개 있음을 의미한다).

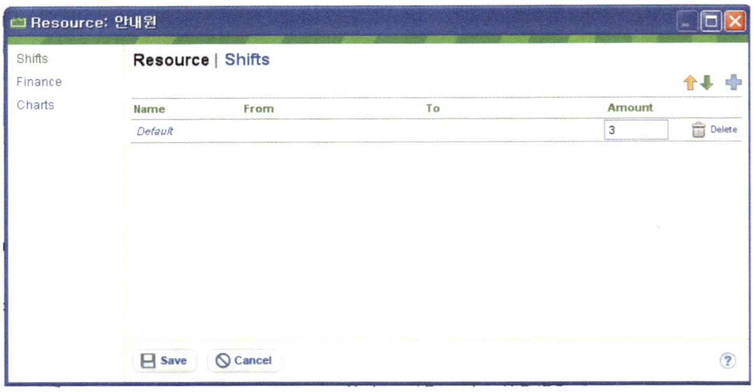

❷ 다른 resources에 대해서도 아래 표의 값을 활용하여 같은 과정을 수행한다.

Resources	Amount
Front Desk Workers	2
Customer Processing Workers	1
Assisted Service Workers	4
Self Service Workers	3
Payment Service Workers	2

Work Finished (작업 종료)

"Work Finished" object는 시뮬레이션 실행 종료 시 Cycle Time, 처리량(throughput) 등과 같은 중요한 통계치를 수집하기 위해 활용된다. 여기서는 Work Finished 데이터를 주어진 그대로 활용한다.

단계 4: 시뮬레이션 시계(Simulation Clock) 설정

Simulation Clock을 활용하여 시뮬레이션 실행 시간을 설정한다. 다음과 같은 방법으로 시계의 속성을 설정한다.

❶ [Simulation]-[Change Clock Settings] 메뉴를 활용하여 Clock Properties 대화 상자를 연다.

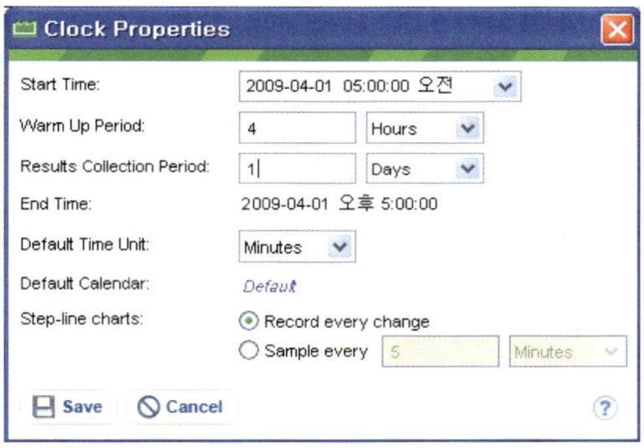

❷ 시작 시간은 편의상 소프트웨어에서 주어진 그대로 둔다. 시뮬레이션은 시작 시간부터 Warm Up Period + Results Collection Period 동안 실행된다. "Warm Up Period"를 4 Hours, "Results Collection Period"를 1 Day로 설정한다.

❸ Save 단추를 클릭하여 속성을 저장한다.

단계 5: 결과 수집(Results Collection) 설정

시뮬레이션이 끝나면 각 object의 Simulation Results 과제 창에서 각 object의 결과를 볼 수 있다. 또한 원하는 것을 선택하여 Simulation Results Summary에 추가할 수도 있다. 다음과 같은 방법으로 "만족한 고객 출점" object에 대한 결과를 검토하고 추가한다.

❶ "만족한 고객 출점"을 클릭하고 "Simulation Results" 과제 창을 선택한다. 그 결과가 다음과 같이 나타난다.

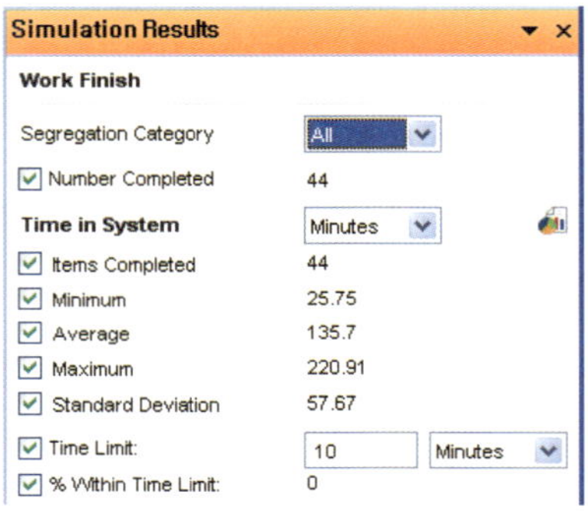

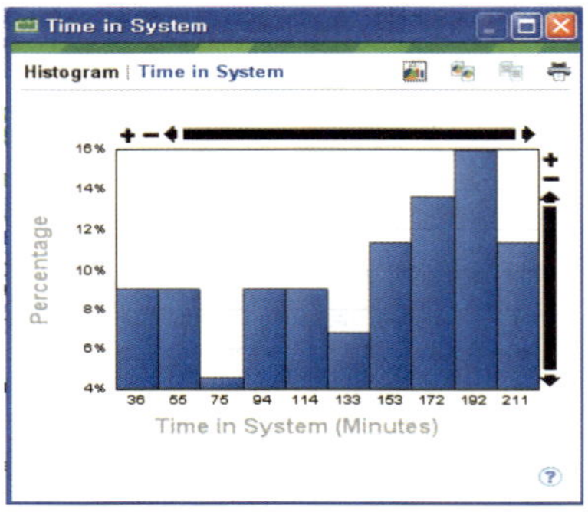

❷ Results Summary에 추가하고자 하는 결과에 대한 체크 상자를 선택한다.

❸ 시뮬레이션을 실행하면 그래프 아이콘이 활성화된다. 그래프 아이콘을 클릭하면 "Histogram"을 볼 수 있다. Histogram의 원 데이터를 excel로 보내 추가 분석을 할 수 있다.

❹ 위 과정을 반복하고 아래 표를 참고하여 각 활동 단계에서의 결과를 계속 추가한다.

	관심 지표	Object	인수
1	방문 고객	고객 도착	입력된 수
2	고객 대기 시간	모든 Storage (Work Center Storage 포함)	평균 대기 시간 최대 대기 시간 평균 (Nonzero) 대기 시간
3	평균 활용도	모든 프로세스 (Work Center Storage 포함)	Working %
4	자원 활용도	자원	Utilization %
5	총 처리량	만족한 고객 출점	수
6	고객 Cycle Time	만족한 고객 출점	시스템에서 보낸 평균 시간 시스템에서 보낸 최대 시간

❺ Work Center Storage의 경우, 결과 통계치가 Work Center와 Storage Queue 둘 다에 대해 존재한다. "Results Summary"에 포함할 아이템을 각각 선택한다.

단계 6: 시뮬레이션 실행 및 결과 수집

다음과 같은 방법으로 시뮬레이션을 실행하고 통계치를 수집할 수 있다.

❶ Simulation 헤더 아이콘 드롭다운 메뉴에서 "Run Simulation" 옵션을 선택한다.

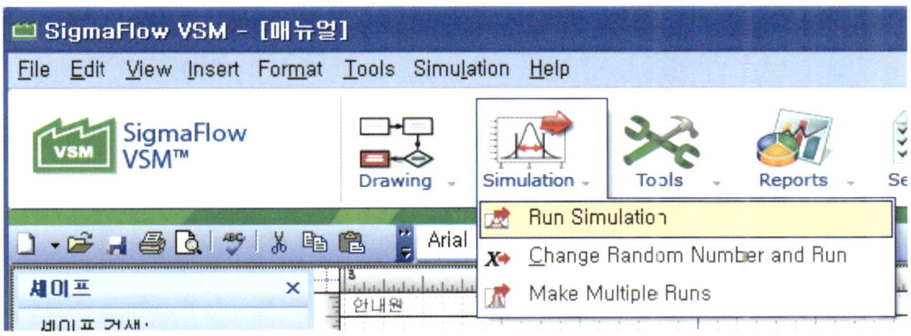

❷ 시뮬레이션이 실행되고 나면 시뮬레이션이 완료되었다는 것을 알려주는

대화 상자가 나타나는데, OK를 클릭한다. 시뮬레이션이 실행되면 선택한 모든 결과가 Results Summary report에 수집된다.

단계 7: 결과 분석

아래와 같은 단계를 거쳐 Results Summary에 추가된 결과를 검토한다.

❶ Reports 헤더 아이콘 드롭다운 메뉴에서 "Simulation Results"를 선택한다.

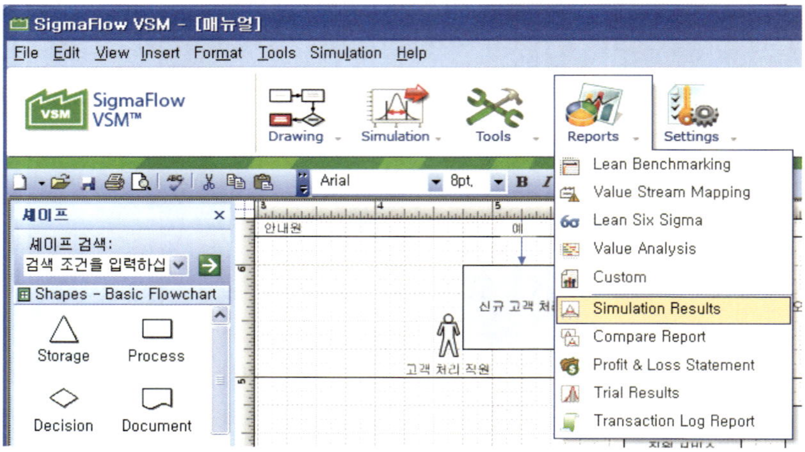

❷ 다음과 같이 추가된 결과에 대한 Results Summary 창이 열린다.

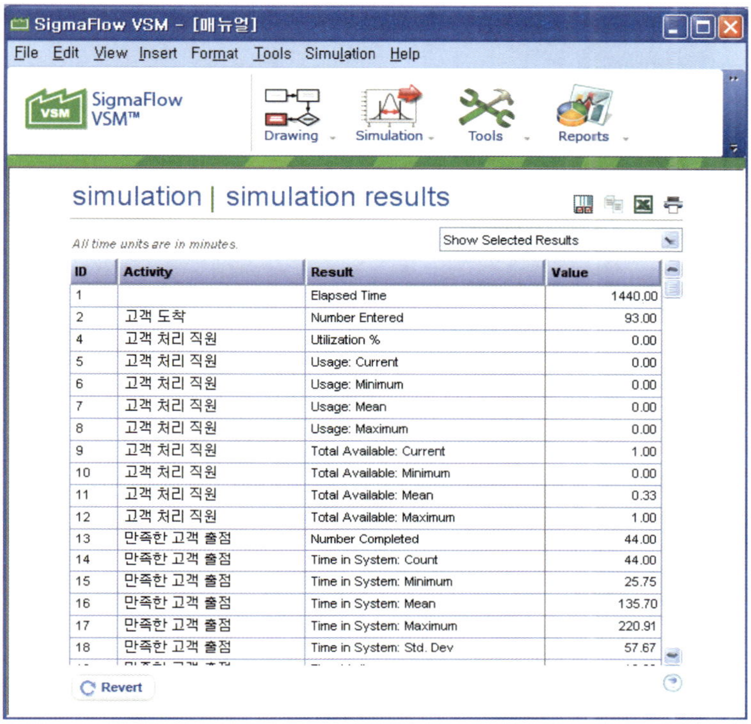
SigmaFlow VSM - [매뉴얼]
File Edit View Insert Format Tools Simulation Help
SigmaFlow VSM™
Drawing
Simulation
Tools
Reports
simulation | simulation results
All time units are in minutes.
Show Selected Results
ID | Activity | Result | Value
1 | | Elapsed Time | 1440.00
2 | 고객 도착 | Number Entered | 93.00
4 | 고객 처리 직원 | Utilization % | 0.00
5 | 고객 처리 직원 | Usage: Current | 0.00
6 | 고객 처리 직원 | Usage: Minimum | 0.00
7 | 고객 처리 직원 | Usage: Mean | 0.00
8 | 고객 처리 직원 | Usage: Maximum | 0.00
9 | 고객 처리 직원 | Total Available: Current | 1.00
10 | 고객 처리 직원 | Total Available: Minimum | 0.00
11 | 고객 처리 직원 | Total Available: Mean | 0.33
12 | 고객 처리 직원 | Total Available: Maximum | 1.00
13 | 만족한 고객 출점 | Number Completed | 44.00
14 | 만족한 고객 출점 | Time in System: Count | 44.00
15 | 만족한 고객 출점 | Time in System: Minimum | 25.75
16 | 만족한 고객 출점 | Time in System: Mean | 135.70
17 | 만족한 고객 출점 | Time in System: Maximum | 220.91
18 | 만족한 고객 출점 | Time in System: Std. Dev | 57.67
Revert

3

시그마플로우 시뮬레이터 (SigmaFlow Simulator) 소프트웨어

*시그마플로우 시뮬레이터(SigmaFlow Simulator) 소프트웨어는 시그마플로우 VSM(SigmaFlow VSM) 소프트웨어에 대한 별도의 add-on 소프트웨어이다. www.decision.kr 사이트에서 시험판을 다운로드 받을 수 있다(www.decision.kr → 소프트웨어 → SigmaFlow [trial]).

시그마플로우 시뮬레이터(SigmaFlow Simulator) 소프트웨어는 이산적 사상 시뮬레이션 (DES, discrete event simulation) 소프트웨어이다. 이산적 사상 시뮬레이션 소프트웨어는 다음과 같은 특성을 가지고 있다.

- 이산적 사상 시뮬레이션은 특정 사상의 결과로써 각 시점마다 상태를 바꾸는 시스템을 모델화하기 위해 활용된다.
- 대부분의 제조 및 서비스 시스템은 이산적 사상이다.
- 사상은 보통 비규칙적인 시간 간격으로 발생한다.
- 시뮬레이션 시간은 개별 사상과 함께 진행된다.
- 시뮬레이션 모델은 사상에 기반하기 때문에 정적인 모델과는 다르다.

예: 제조, 재무적 거래 등

SigmaFlow Simulator 소프트웨어는 실제 주의 깊은 리서치 결과에 기반을 두고 디자인하였기 때문에 대부분의 다른 소프트웨어와는 다르다. 대표적 특징 중 하나는 프로그래밍이나 통계적 데이터 등에 기반하지 않고 스크린에 조직을 그리고 필요한 곳에 정보를 채우기만 하면 된다는 점이다. 별도의 창을 열 필요 없이 데이터 패널이 항상 나타나도록 할 수 있다.

시뮬레이션을 통해 사람들이 필요로 하는 것을 다음과 같다.

❶ 상황의 구조에 대하여 생각하기 시작할 수 있도록 해주는 매우 이해하기 쉬운 모델.

❷ 활용 가능한 경우에는 숫자 정보를 기초로 구축할 수 있을 것(그러나, 조사의 수준에 적합한 정도의 자세한 정보로만).

❸ 모델이 더 많이 사용되고, 사람들이 조직의 변화에 대한 자세한 계획에 대해 관심을 가지기 시작할 때의 복잡한 수준에 대응할 수 있을 것.

❹ 이해하기 쉽지만 정밀한 성과 결과를 얻을 수 있을 것.

위 ❶과 ❷를 보면 시뮬레이션은 단순한 분석 도구가 아니라 커뮤니케이션과 사고 도구라는 것을 알게 된다.

시뮬레이션 사용자 인터페이스 요소

시뮬레이션 그리기 창

시그마플로우 시뮬레이터(SigmaFlow Simulator) 소프트웨어를 위한 별도의 창은 없다. 시뮬레이션도 시그마플로우 VSM(SigmaFlow VSM) 창을 활용하여 이루어진다. 라이선스에 따라 Simulator에만 있는 창 요소가 활용 가능하게 된다. 창의 내용은 지속적으로 경신되어 시뮬레이션이 실행됨에 따라 모델에 무엇이 발생하고 있는지를 알 수 있다. 이로부터 시스템에 대한 통찰력을 얻게 된다.

시뮬레이션 창에 있는 각 아이콘은 시뮬레이션 모델에 있는 object를 나타낸다. 과제 창(Task Pane window)의 Simulation Data 창을 이용하여 어떤 object의 자세한 인수를 검토할 수 있다. 뿐만 아니라 과제 창의 Simulation Results 창을 활용하여 object와 연관된 결과를 검토할 수 있다.

Simulator 과제 창

Simulator 과제 창(Task Pane)에서 Simulator의 object들의 속성을 보고 수정할 수 있다. 과제 창은 아래 그림에서 볼 수 있는 바와 같이 View 메뉴에서 실행할 수 있다. 과제 창의 오른쪽 위 모서리에 있는 ‘×’ 아이콘을 클릭하여 숨길 수도 있다. 또한 object를 오른쪽 클릭하면 나타나는 메뉴로부터 과제 창을 실행할 수도 있다.

과제 창에는 다음과 같은 옵션이 있다: Getting Started, Activity Description, Numeric Data, Simulation Data, Simulation Results, Drawing Explorer. 여기서는 “Simulation Data”와 “Simulation Results”에 초점을 맞추어 설명한다. 다른 옵션에 대해서는 제1부 시그마플로우 VSM(SigmaFlow VSM)에 관한 설명 중, “과제 창에서 작업하기(Working with Task Panes)”에 나와 있다.

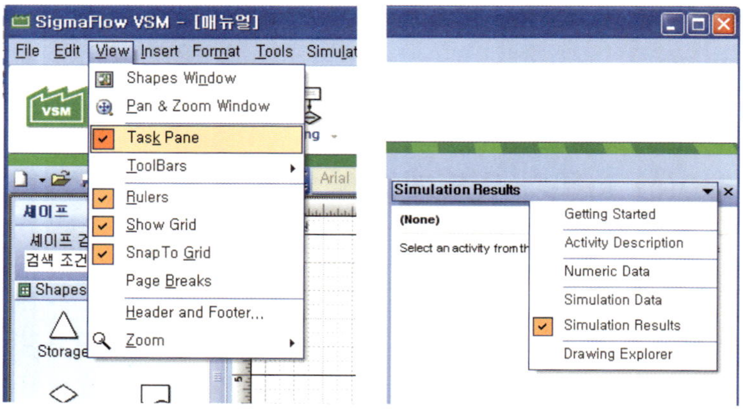

Simulation Data (시뮬레이션 데이터)

시뮬레이션 데이터 과제 창은 object에 연관된 투입요소 자료를 입력할 때 활용된다. 투입요소 자료를 입력하기 전에, 과제 창의 맨 위 부분에 있는 드롭다운 옵션을 활용하여 object 유형을 정의해야 한다. Simulator에는 다음과 같이 7가지 유형의 object가 있다.

❶ Work Start

❷ Storage

❸ Work Center

❹ Work Center Storage

❺ Work Finish

❻ Resource

❼ Pool Resource

유형에 따라 데이터 속성이 달라지게 된다.

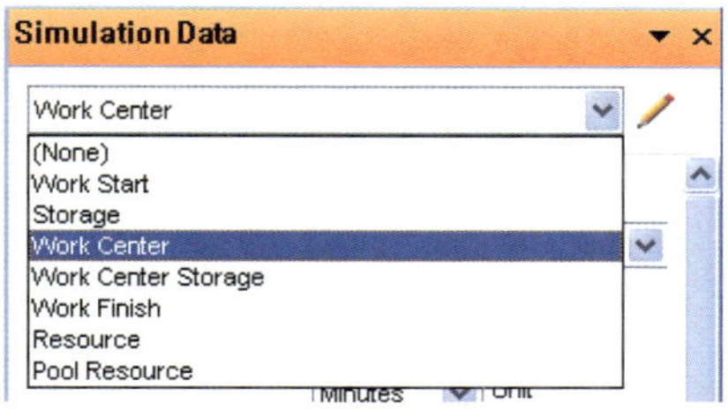

다음 그림은 "Work Center" 유형의 object에 대한 데이터 속성의 예이다.

과제 창에 나타나는 필드에 연결된 값들은 바꿀 수 있으며 object를 즉시 경신한다. 파란 색 텍스트로 표시된 필드는 하이퍼링크를 나타내는데, 이 링크를 클릭하면 보다 자세한 내용을 입력할 수 있다. 필드가 "굵은 글자체"로 표시된 경우에는 소프트웨어에서 기본적으로 제공하는 값이 다른 값으로 수정되었음을 나타낸다. 시뮬레이션 데이터는 다음과 같은 속성을 갖는다.

- Simulation Data 과제 창은 실제 상황의 동적인 데이터를 모델에 반영할 때 활용된다. 데이터의 변동성이 산출에 상당한 영향을 미칠 수 있을 때 유용하게 활용된다.
- Simulation Data는 도착에 대한 확률분포와 시뮬레이션 작업 아이템의 업무 흐름을 설정하기 위해 활용된다.
- 각 object는 각자의 Simulation Data 과제 창을 가지고 있다.
- Simulator는 시스템이 자동적으로 부여하는 초기 기본 인수 값(Simula

tion Data 과제 창에 나타남)을 가지고 기능을 시작한다.

● 프로세스에 대한 이해도가 높아짐에 따라 인수를 수정할 수 있다.

Simulation Results (시뮬레이션 결과)

Simulation Results 과제 창은 시뮬레이션 실행이 완료된 다음에 object에 연결된 결과를 보는데 활용된다.

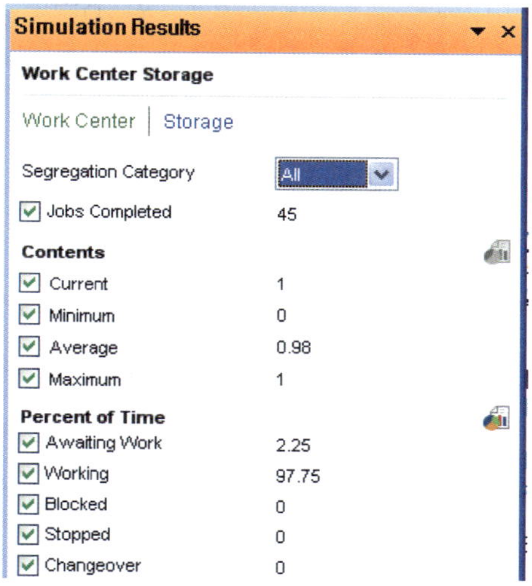

시뮬레이션 설정

시뮬레이션 설정은 기본적인 시뮬레이션 속성과 시뮬레이션 모델 속정을 설정한다. 다음 2가지 방법 중 하나의 방법으로 실행한다.

❶ "Settings" 헤더 아이콘을 클릭한 후, 나타나는 화면에서 "Simulation" 옵션을 선택한다.

❷ "Settings" 헤더 아이콘을 클릭한 후, 다음 그림에서와 같이 "Simulation" 링크를 선택한다.

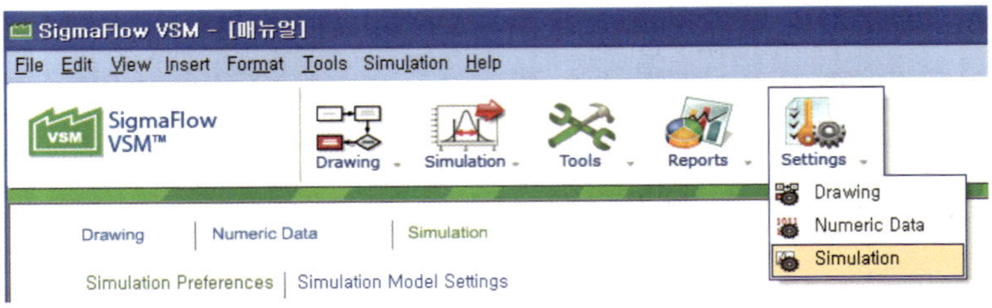

시뮬레이션 설정 화면에는 "Simulation Preferences"와 "Simulation Model Settings"에 대한 링크가 있다.

Simulation Preferences (시뮬레이션 속성)

Simulation Preferences는 모델에 대한 기본 속성을 설정할 때 활용한다. 여기서 설정한 내용은 현재 작업하고 있는 파일에만 적용된다.

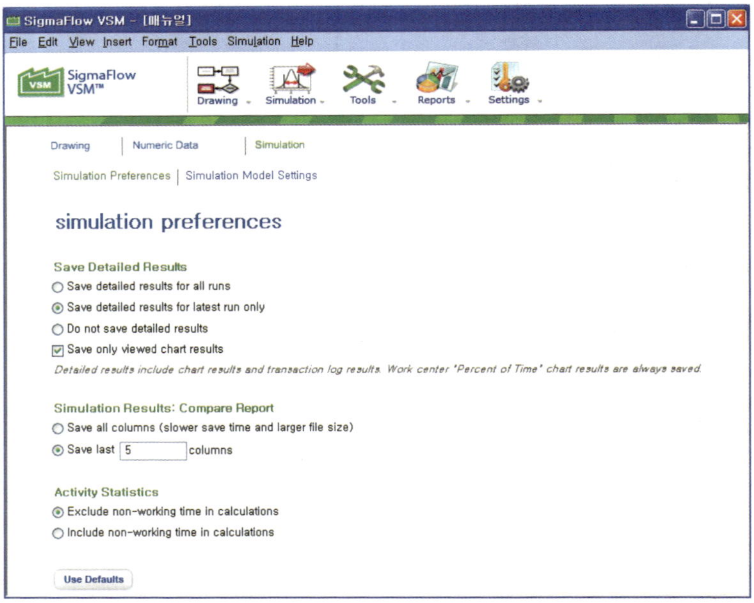

Save Detailed Results (자세한 결과 저장)

이 옵션을 활용하여 차트 결과를 선택하여 저장할 수 있게 되므로 파일의 크기와 저장 시간을 조정할 수 있다.

Simulation Results: Compare Report (시뮬레이션 결과: 비교 보고서)

이 옵션을 활용하여 여러 가지 비교 결과 요약을 파일에 저장할 수 있으므로 파일의 크기를 조정할 수 있다. Compare Report에 있는 각 열은 하나의 실행에 해당된다.

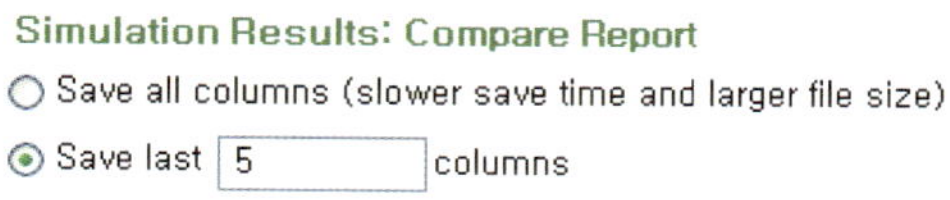

Activity Statistics (활동 통계치)

Activity Statistics는 내용에 관한 통계치나 대기 시간과 같이, 활동에 의해 기록되는 통계치이다. 어떤 통계치는 비작업 시간(non-working time)을 포함하는지 여부에 따라 영향을 받는다. 어떤 활동에 대한 작업(working) 대 비작업(non-working) 시간은 활동의 달력(calendar)에 의해 결정된다.

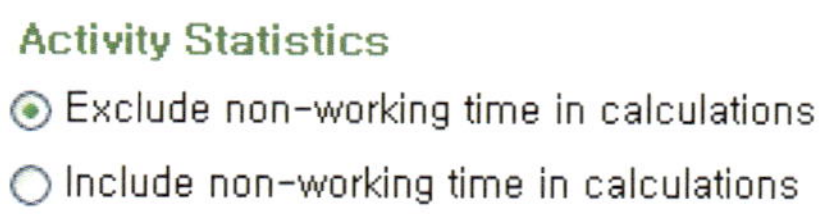

어떤 storage가 기본 달력(calendar), 즉 월요일–금요일 오전 9시 ~ 오후 5시로 설정된 달력(calendar)을 가지고 있을 경우, 어떤 작업 아이템이 월요일 오후 4시에 storage에 도착해서 화요일 오전 10시에 떠났다면, 이 작업 시간에 대한 대기 시간은 얼마일까? 2개의 해석이 있을 수 있다.

❶ Non-working time 포함: storage가 offline인 시간을 포함하여 대기 시간이 총 18시간이 된다.

❷ Non-working time 배제: storage가 offline인 시간을 배제하여 대기 시간이 총 2시간이 된다.

통상 통제하에 있는 요소만을 반영하여(비용 제약 조건 등을 제외) 대기시간을 정한다. 작업 시간에 얼마인가에 대하여는 통상 통제할 수 없기 때문에 대기시간 결과에서 비작업 시간을 제외한다.

비작업 시간을 포함하는 경우는 다음과 같은 경우이다.

❶ 달력(calendar)을 바꿀 경우 결과에 미치는 영향을 보고자 할 때.

❷ 우유를 병에 넣는 공장을 시뮬레이션 하는데, 우유병은 정해진 시간이 지난 다음에 시스템을 떠나야지, 그렇지 않으면 못쓰게 될 경우. 못 쓰게 되는데 걸리는 시간은 작업 시간과는 관계가 없으므로, "Time in System" 결과에 포함한다. 또는 달력(calendar)을 24/7로 작업 시간을 설정함으로써 같은 결과를 얻을 수 있다.

Simulation Model Settings (시뮬레이션 모델 설정)

Simulation Model Settings를 활용하여 모델에 대한 기본 설정을 할 수 있다. 이는 현재의 파일에만 적용된다. "Simulation Model Settings"와 "Simulation Preferences"의 주요 차이는 Model Setting는 전반적인 시뮬레이션 방법에 영향을 미치는 반면 Preferences는 파일 저장 방법에 영향을 미친다.

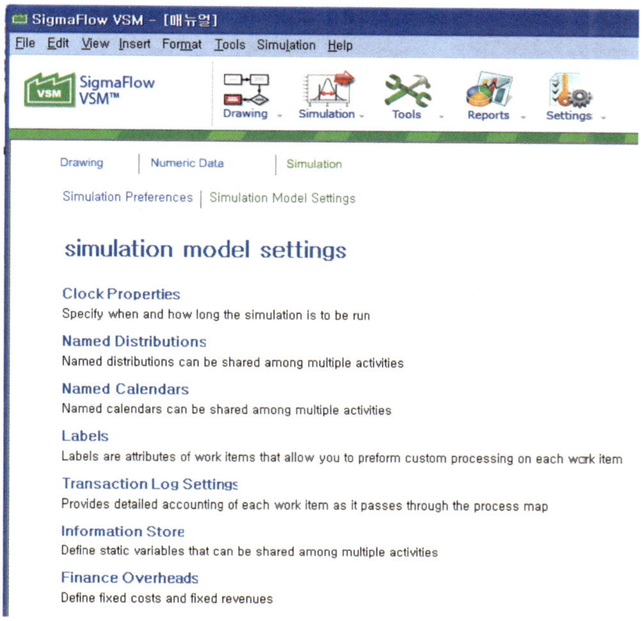

Clock Properties (시계 속성)

시그마플로우 시뮬레이터(SigmaFlow Simulator) 소프트웨어는 다른 소프트웨어와 마찬가지로 모델이 실행될 때 활용되는 시계를 가지고 있다. 모델에 있는 모든 것은 시계에 나타난 시간에 현실에서 일어난 것에 닿도록 조정된다. 시계는 실제보다 훨씬 빠르게 간다. 이를 통해 시뮬레이션이 빠르게 일어나고 있는 것을 관찰하고 어떻게 개선할 수 있는지에 대한 통찰력을 얻게 된다. 시계는 시뮬레이션의 중요한 일부이다. 이산적 사상 시뮬레이션은 하나의 사상에서 다음 사상으로 시간을 따라 이동함으로써 실행된다.

"Clock Properties" 대화 상자를 활용하여 매일 작업이 시작되는 시간(과 하루가 얼마나 긴지)을 설정할 수 있다(보다 자세한 정보는 shift patterns를 활용하여 모델에 입력할 수 있음). [Simulation] – [Change Clock Settings] 메뉴를 이용하여 시계의 양식을 바꿀 수 있다. 다음과 같은 방법으로 시계 속성을 조정한다.

❶ [Simulation] – [Change Clock Settings] 메뉴에서 시계 속성 창을 연다.

❷ 달력(calendar), 준비기간, 결과 수집 기간, 기본 시간 단위 등을 설정한다.

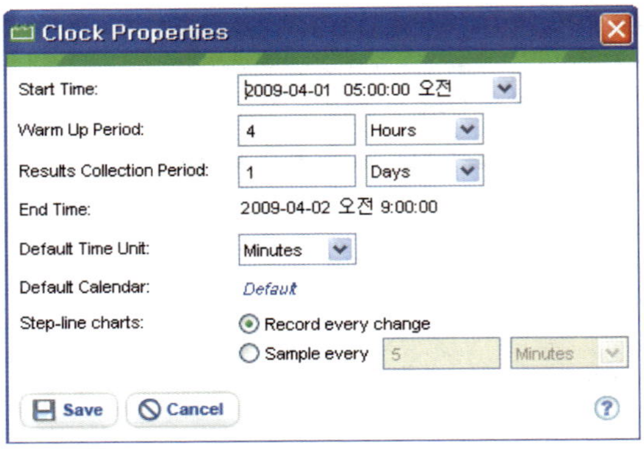

- **Start Time:** 모델에 대한 시작 시간을 설정한다.
- **Warm Up Period:** 준비(Warm Up) 시간은 모델이 결과를 수집하기 시작하기 전까지 실행하는 시간이다. 이는 대기열(및 모델의 다른 요소)이 시스템에서의 정상적 실행 상황에 맞는 상황에 들어 갈 수 있도록 해준다. 때에 따라서는 warm up 기간이 필요 없을 수도 있다. 하루의 시작과 마감을 아무 것도 없는 상태에서 하는 가게를 모델화하는 경우가 좋은 예이다. 준비 시간은, 예를 들어, 1주를 모델링 할 때, 프로세스가 지난 금요일 저녁에 마무리한 상태 그대로 월요일 아침을 시작하는 경우 필요하다. Storage에 있는 일부 작업 아이템을 가지고 "간이 모델을 구축해 봄"으로써 필요한 준비 시간을 단축할 수 있다. 자세한 내용은 Storages, initial contents에 있다.
- **Results Collection Period:** results collection period는 얼마 동안 결과를 수집한 후에 자동적으로 실행을 중단할 것인지를 설정한다. 모델은 준비기간(warm up period)이 끝날 때까지는 결과 수집을 시작하지 않는다.
- **End Time:** Start Time, Warm Up Period, Results Collection Period 등이 결정되면 자동적으로 정해지며, 산식은 다음과 같다.

  End Time = Start Time + Warm Up Period + Results Collection Period
- **Default Time Unit:** Default Time Unit은 operation time, Inter-arrival time 등과 같은 모든 시간관련 요소들에 대한 기본 단위를 설정한다. 이는 시계 속성이 경신된 후에 추가되는 모든 활동에 적용된다.

- Default Calendar: Default Calendar(daily, weekly, 기타)는 기본적으로 모든 새로운 유형에 적용된다. 그러나 이는 이미 존재하는 활동에 대한 달력(calendar)에는 영향을 미치지 않는다. 이미 존재하는 역법(calendar)는 직접 고칠 수 있다. 달력(calendar)의 기능에 대한 자세한 설명은 "Named Calendars"에서 볼 수 있다.
- Step-line Charts: 차트의 시간 간격 기간을 설정하거나 모든 변경(모든 사상 변경)을 기록한다.

Labels (라벨)

Labels(라벨)는 "Attributes"라고도 하는데, 작업 아이템 별로 정한다. 라벨은 시뮬레이션 모델을 거쳐 가는 모든 "work item(작업 아이템)"에 붙일 수 있다. 예를 들어 "Patients(환자)"라는 작업 아이템 유형에 "Illness(병)"이라는 라벨을 붙이고, 그 것들이 병원이라는 시뮬레이션에 진입할 때 어떤 코드 숫자를 부여할 수 있다. 각 코드 숫자는 병의 유형을 나타내고 환자를 시뮬레이션 모델에 있는 다른 "Work Centers"를 통과하도록 할 때 활용할 수 있다. 라벨에는 숫자만 사용할 수 있다. 라벨은 work item(작업 아이템)의 일부 특성에 따라 동적인 의사결정을 할 때 주로 사용된다. 라벨은 Simulator에서 다음과 같은 용도로 활용된다.

- Work Center에서 Work Center 대화 상자에 있는 LABEL ACTION 단추를 활용하여 라벨의 값을 바꾸게 한다.
- Work Center에서 작업 아이템을 표본 추출하는데 사용할 분포를 정한다.
- 작업 아이템들이 대기열로 들어 올 때 작업 아이템들을 우선수위화한다.
- 작업 아이템들이 Work Center에 들어 올 때 작업들을 한데 묶어 처리할 수 있도록 한다.

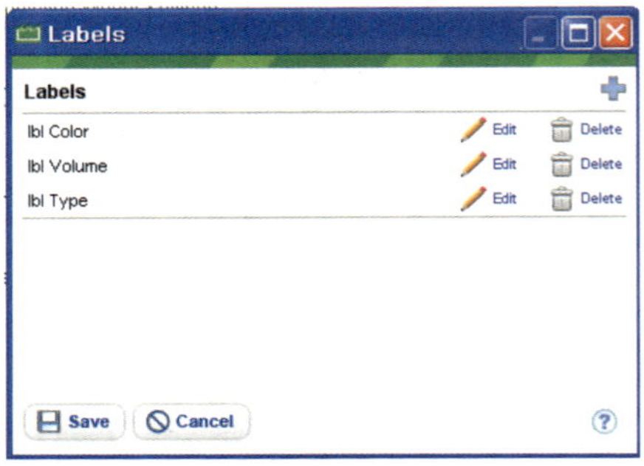

- 아이콘: 시뮬레이션 모델에 새로운 라벨을 추가한다. 이 아이콘을 클릭하면 "Add Label" 대화 상자가 나타난다. Label Name을 입력하고 Save를 클릭하여 저장한다.

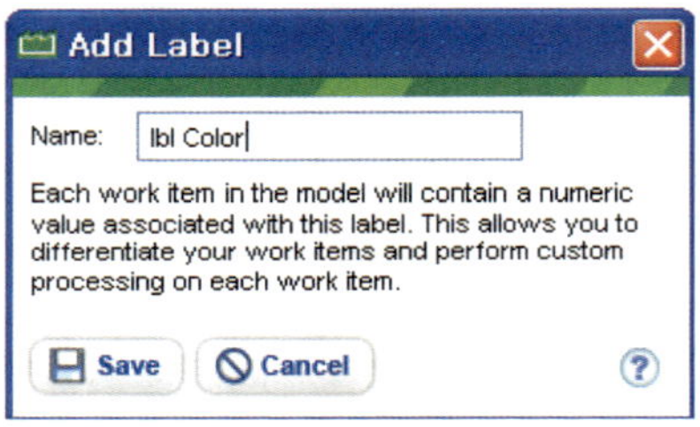

- **Edit**: Label을 수정한다.
- **Delete**: Label을 삭제한다. label이 모델에서 사용 중인 경우에는 링크가 회색으로 표시되며 삭제할 수 없다.

보다 자세한 내용은 "Labels" 부분에 나와 있다.

Named Calendars (맞춤 달력)

달력(calendar)를 통해 현행 시뮬레이션 날짜와 시간을 기초로 하여 시뮬레이션이 실행되도록 한다. "Named Calendars"를 클릭하면 다음과 같은 "Named Calendars" 대화 상자가 나타난다.

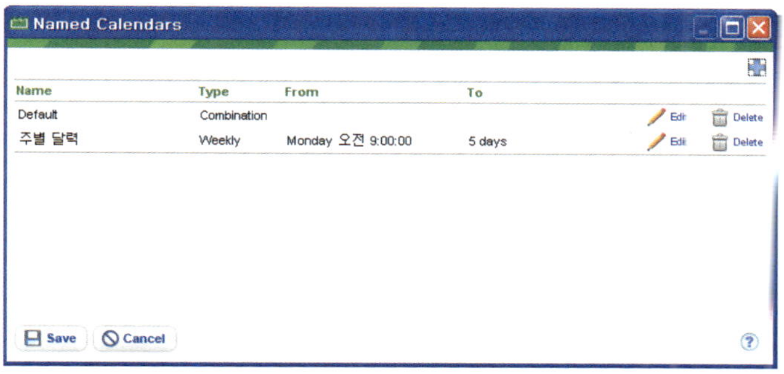

- ✚ **아이콘**: 시뮬레이션 모델에 새로운 역법(calendar)을 추가한다. 이 아이콘을 클릭하면 "Add Calendar" 대화 상자가 나타난다. Calendar Name을 입력하고 Save를 클릭하여 저장한다.

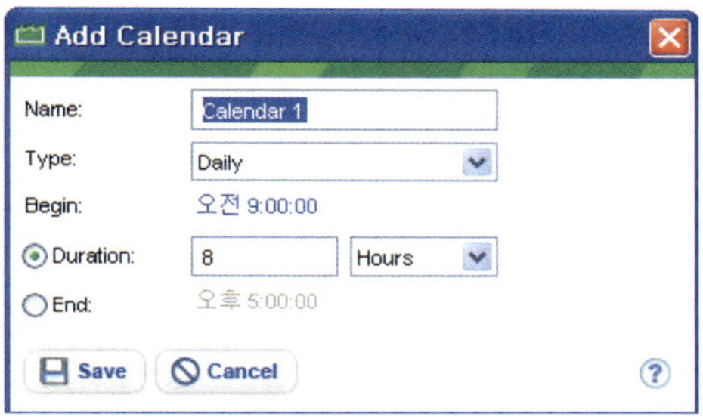

- **Edit**: Calendar를 수정한다.
- **Delete**: Calendar를 삭제한다. Calendar가 모델에서 사용 중인 경우에는 링크가 회색으로 표시되며 삭제할 수 없다.

보다 자세한 내용은 "Calendar" 부분에 나와 있다.

Named Distributions (맞춤 확률분포)

Named distribution 창은 모델에 활용할 수 있는 모든 분포 목록을 보여준다. Simulator는 원하는 분포를 디자인하여 모델이 필요로 하는 모든 변동성을 묘사할 수 있도록 해준다. Simulator에서 자신만의 분포를 만들어 여러 곳에서 활용할 수 있다. 예를 들어, 50개의 기계가 어떤 특정 비율로 작업을 하고 있을 때 그 비율을 쉽게 바꿀 수 있기를 원하면 각 기계에, "Machine-

Distribution"이라는 분포를 만들어 활용하도록 할 수 있다. 그런 다음 "Machine-Distribution"의 인수를 바꾸면 된다. Named distribution에는 2가지 유형이 있다. ① Quantity Distributions와 ② Duration Distribution.

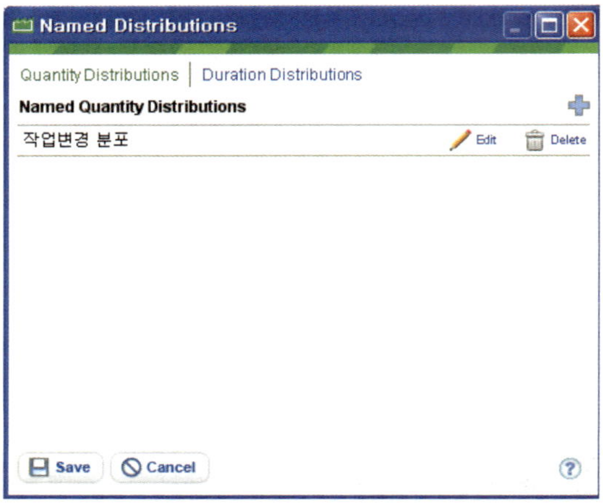

- Quantity Distributions: 이 분포는 일련의 숫자 또는 양을 생성한다. 예를 들어 어떤 Work Center에 대한 일괄처리 크기가 얼마인지를 특정할 수 있다. 또한 label의 값은 숫자이기 때문에 label의 활동을 정의할 때 활용할 수 있다.
- Duration Distributions: 이 분포는 연관된 시간 단위를 가지고 있다는 점을 제외하면 quantity distribution과 매우 유사하다. 10이라는 inter-arrival time(도착 간 시간)은 의미가 없으나, 10분이라는 arrival time(도착 시간)은 의미를 가진다. 이 분포를 시간의 길이를 특정할 필요가 있는 곳에서는 어디든 활용할 수 있다.

- ➕ 아이콘: 시뮬레이션 모델에 새로운 distribution(분포)을 추가한다. 이 아이콘을 클릭하면 "Add Distribution" 대화 상자가 나타난다. Distribution Name을 입력하고 Save를 클릭하여 저장한다.

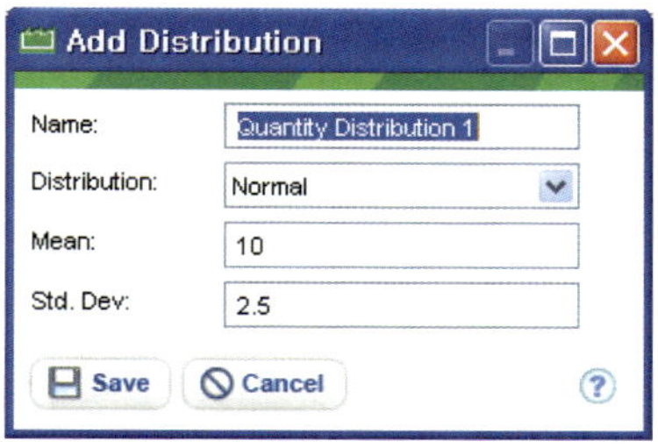

- Edit: Distribution을 수정한다.
- Delete: Distribution을 삭제한다. Calendar가 모델에서 사용 중인 경우에는 링크가 회색으로 표시되며 삭제할 수 없다.

보다 자세한 내용은 "Distribution" 부분에 나와 있다.

Information Store (정보 저장소)

Information Store는 무엇이 일어 나고 있는지를 측정하거나 통제하기 위해 시뮬레이션에서 활용할 수 있는 데이터 아이템을 찾는 장소이다. 이 데이터 아이템들은 모델의 어디에서든 동일한 값을 나타낸다(global). 이는 label과는 다른 것이다. Information store에 있는 각 아이템은 "Global Data Item" (Global Information Store Variables)이라고 불린다. 원하는 만큼의 필요에 맞춘 Information Store variables를 만들 수 있다. Global Data Items는 서로 다른 유형의 데이터를 저장할 수 있다.

- Number – 이 유형의 Information store variable은 특정 숫자 값을 포함한다. Number variables에 소프트웨어가 기본적으로 정하는 값을 설정할 수 있다.
- Spread Sheet – 스프레드 시트처럼 보이는 일련의 데이터이다. Spreadsheet variables(스프레드시트 변수)는 매우 융통성이 있기 때문에 가장 많이 활용되는 Information Store 변수(variables)이다. "VariableName[Column, Row]"의 형식으로 spreadsheet variable에 참조 주소를 입력한다.

- 아이콘: 시뮬레이션 모델에 새로운 information store variables를 추가한다. “Number” variable이나 “Spreadsheet” variable을 추가할 수 있다. Number variable은 하나의 숫자를 가지고 있는 반면, spreadsheet variable은 여러 개의 값을 가지고 있을 수 있다. 이 아이콘을 클릭하면 “Add Variable” 대화 상자가 나타난다. Name을 입력하고 Save를 클릭하여 저장한다.

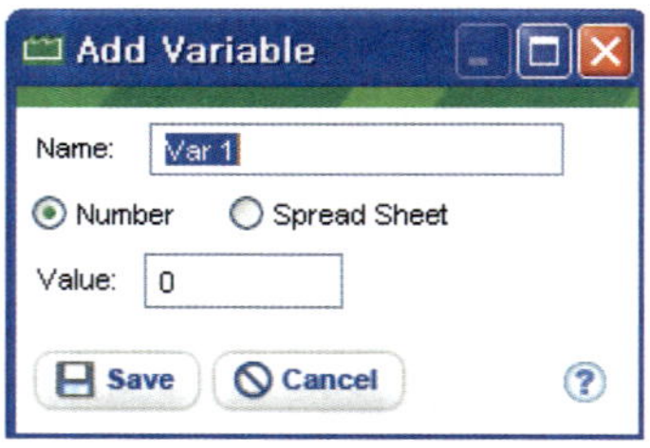

- Edit: Variable을 수정한다.
- Delete: Variable을 삭제한다. Variable이 모델에서 사용 중인 경우에는 지울 수는 있지만 시뮬레이션을 실행할 때 팝업 메시지가 나타난다.

Transaction Log Settings (처리 로그 설정)

Transaction log는 프로세스 지도의 각기 다른 부문 사이의 여러 가지 처리에 대한 cycle time 데이터를 수집한다.

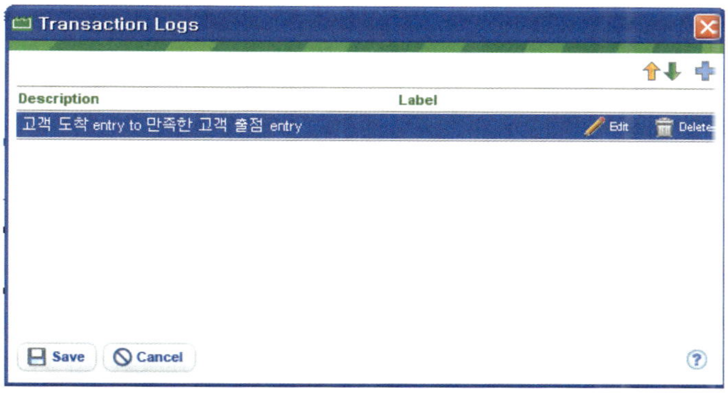

- ✚ 아이콘: transaction log에 새로운 transaction(처리 부분을 추가한다. 다음 예에서와 같이, "고객 도착"에의 진입 시점에서쿠터 "안내 데스크 서비스" 출발 시점까지의 부분을 정의하는 경우를 예토 들 수 있다. 이 시나리오의 transaction log는 이 부분을 통과하는 모든 처리에 대한 cycle time 데이터를 수집함. 또한 이 처리에서 활용되는 label의 값을 수집할 수도 있다.

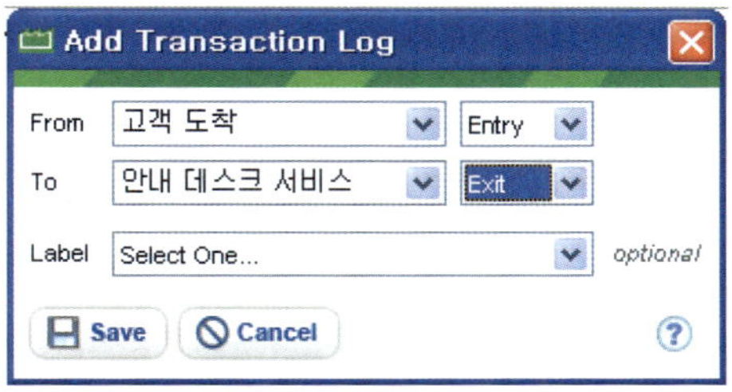

- Edit: 관련 부분(segment)을 수정한다.
- Delete: 관련 부분(segment)을 삭제한다.

Calendars (달력)

Calendar는 현행 시뮬레이션의 날짜와 시간에 기초하여 시뮬레이션이 실행되도록 한다. Calendar를 활용하여 다음 예에서와 같이, 모델에 있는 각 활동과 자원이 언제 작업에 활용될 수 있는지를 정하게 된다.

❶ Work start에 대한 calendar는 언제 작업 아이템이 도착할 수 있는지를 결정한다. 하루 중 어떤 시간에, 일주일 중 어떤 요일에 고객이 도착하는지를 지정할 수 있다.

❷ Storage에 대한 작업 시간을 설정한다. 작업 아이템이 언제 storage에 들어 와서 언제 나가는지를 정한다. 또한 storage에 대하여 기록된 대기 시간이 비작업 시간에 의해 영향 받지 않게 한다.

❸ 자원에 대한 교대 작업조 패턴을 지정한다. 예를 들어, 매일의 가용한 자원의 기초량을 설정할 수 있으며, 또한 peak 시간/일/달 동안 가용한 추가 자원을 설정할 수도 있다.

Calendar는 또한 무작위 수 분포를 활용하여 일 또는 연 중 도착 또는 작업 패턴을 나타내도록 할 수 있다. 예를 들어,

❶ 식당에서 고객의 도착이 평상시보다 더 많은 peak 시간을 정할 수 있다. 또한 금요일과 토요일 저녁이 일주일 중 가장 바쁜 시간이라는 것을 정할 수도 있다.

❷ 소매점에서 휴가 시즌 중 고객 방문이 최고에 이른다는 것을 정할 수 있다.

❸ 사무실이나 공장에서 작업자 생산성이 하루의 시작과 끝에 가장 낮고, 중간 시점에 가장 높다는 것을 입력할 수 있다.

Calendar를 정의하면, 여러 활동에서 동일하게 사용할 수 있다. Calendar는 [Simulation] – [Simulation Settings] – [Named Calendars]에서 정의할 수 있다.

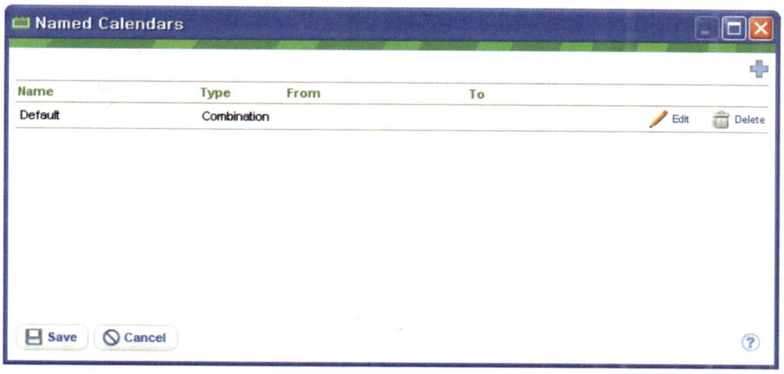

- Edit: 시스템 기본 calendar가 열린다.
- 아이콘: 클릭하면 새로운 named calendar를 정의한다.

소프트웨어가 기본적으로 정한 calendar를 수정할 수 있다. 예를 들어, 하루 일과 시간을 7AM–4PM, 8AM–5PM, 또는 9AM–6PM으로 변경하거나, 휴일을 지정할 수 있다. 이를 할 수 있는 논리적 장소가 시스템 기본 calendar이다. “Default” calendar를 삭제할 수 있지만, (활동 및 시계 속성이서) 이 것에 관련된 모든 참조 부분을 제거해야만 한다. “Default” calendar는 새로운 파일이 만들어 지면 자동적으로 생성된다.

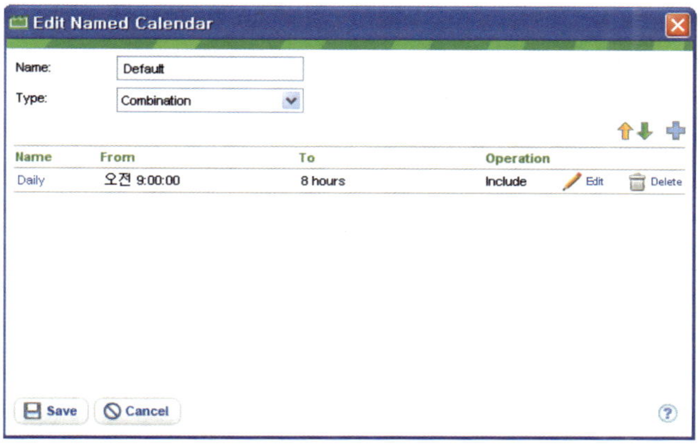

- 아이콘: 새로운 calendar를 추가할 수 있다.
- Edit: 시간 기간을 수정할 수 있다.
- “Delete”: calendar를 삭제할 수 있다.
- Include/Exclude: calendar에 시간 기간을 포함하거나 배제할 수 있다.

- Name: calendar name을 정의한다.
- Type: 드롭다운에는 다음과 같은 옵션이 있다.
  - 24/7: 이 유형의 calendar는 항상 켜져 있게 된다. 하루 24시간, 한 주 7일 동안.

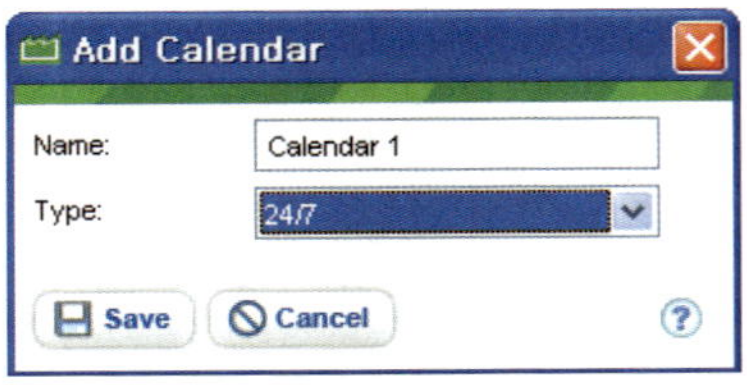

  - Default: Default calendar에는 2개의 다른 의미가 있다.
  - "Default"라는 이름을 가진 calendar. 대부분의 시뮬레이션 활동들이 동일한 calendar를 활용하므로, Simulator는 모두가 활용할 수 있는 공용 calendar를 제공한다.
  - 시계 속성에서의 "Default Calendar": 새로이 생성된 활동이 활용할 calendar.
  - Daily: 하루를 "on" 시간과 "off" 시간으로 구분할 수 있다. 일반적으로, 9AM ~ 5PM과 같은 표준 업무 시간을 설정할 때 이런 유형의 calendar를 활용한다.

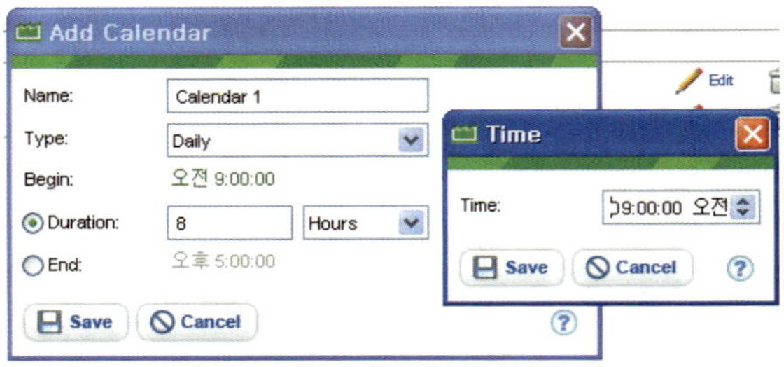

"Begin" 링크를 클릭하면 시간을 수정할 수 있는 대화 상자가 나타난다. 이 시간이 calendar가 on할 시간을 결정한다.

"Duration"을 입력하거나 "End" 시간을 입력하여 calendar가 "off"할 시간을 지정한다.

- Weekly: 매 주를 "on" 날과 "off" 날로 구분할 수 있다. 예를 들어, 토요일과 일요일을 "off" 날로 지정할 수 있다.
- Monthly: 매 월을 "on" 날과 "off" 날로 구분할 수 있다. 자주 사용되지는 않지만, 도착 비율이 월의 첫 날에 가장 안 좋다는 것을 지정할 수 있다.
- Yearly: 일 년을 "on" 날과 "off" 날로 구분할 수 있다. 이를 활용하여 휴일이나 계절적 도착 비율을 정할 수 있다.
- Absolute: 매 년 반복되지 않는 특별한 이벤트가 있는 경우, 언제 얼마 동안 이벤트가 있을 것인지를 지정한다.
- Combination: 여러 요소를 묶어 좀 더 복잡한 결과를 얻는다.

앞에서 살펴 본 각 calendar는 한 가지만 지정할 수 있다. 어느 하나를 활용하여 근무 시간(예, 9AM-5PM)과 휴일(예, 주말과 휴일) 둘 다를 지정할 수는 없다. Combination calendar 유형은 이들 한 가지만 지정할 수 있는 calendar들을 묶어 원하는 스케줄을 정확하게 정의하도록 해준다.

- ✚ 아이콘: 이를 클릭하면 named calendar를 빠르게 만들 수 있다. 예를 들어, 자원에 대한 교대 작업조 패턴을 정의하는 경우를 살펴 본다. 교대 작업조 수정 모드에서 ✚ 단추를 클릭하여 새로운 교대 작업조를 추가한다. 그런데 정의하고자 하는 교대 작업조 패턴이 다른 자원에 의해 활용될 것이라는 것을 알게 되었다. 이 때 지금까지의 모든 과정을 닫고 새로운 calendar를 만들기 보다는 드롭다운 메뉴에서 "New…"를 선택하여 업무흐름을 중단하지 않고 새로운 named calendar를 즉시 만들 수 있다.

Simulation Objects (시뮬레이션 대상)

Simulator에서 object는 스크린 상에 그려진 시뮬레이션 모델에 있는 것으로 보통 모델화하고 있는 시스템에서 이루어지는 작업에 포함되어 있는 것들이다. Simulator에 있는 모든 objects는 4개의 기본 요소로 만들어 지는데, 이를 활용하여 간단한 모델을 아주 빠르게 구축할 수 있다. Object 유형은 다음과 같다.

❶ Work Starts
❷ Storage (Queues)
❸ Process or Work Centers
❹ Work Finished
❺ (필요 시 활용하는) Resources and Resource Pool (Work Center에서 작업을 하기 위해 필요한 인력이나 다른 아이템)

기본 프로세스 지도 그리기 도형들(세이프, shape) 모두가 어느 하나의 object 유형에 할당될 수 있다. 예를 들어, 어떤 하나의 decision 도형이 있을 때, 이에 해당하는 object 유형은 "Work Center"가 될 수도 있다. 가장 일반적인 도형과 유형의 결합은 아래와 같다. 예를 들어, decision object는 프로세스 object(예, Work Center)와 완전히 같은 Model Data 속성을 가질 수 있다.

Object 유형	사용되는 도형 (Shapes)
Work Starts	Start
Storage	Queues, Inventory, Storage, Buffer
Work Center	Decision, Transport, Inspect, Process (Primary equipment)
Work Finished	End
Resources	People, Secondary equipment

Work Items (작업 아이템)

Work Items은 시뮬레이션 되고 있는 조직에서 이루어 지고 있는 작업이다. 예를 들어,

- 병원에서의 환자
- 회계부서에서의 송장
- 프로세스에서의 제품

Work Item을 entity라고 부르기도 한다. 이는 프로세스를 거쳐가는, 대기

열에서 기다리는, 작업의 대상이 되는 것들이다. 개별 work item은 시뮬레이션 모델에서 Work Center를 통과한다.

Work item은 "labels"을 가지고 있을 수도 있다. 동일한 유형의 모든 work item은 동일한 label을 가지고 있지만 label의 값들은 다르다. 예를 들어, "Patient(환자)"라는 work item 유형은 "illness"라는 label을 가질 수 있는데, 어떤 환자(예, 간단한 병을 가진 사람)에게는 1, 어떤 환자(예, 병이 깊은 사람)에게는 2, 다른 환자(예, 병이 심각한 사람)에게는 3이라는 수를 부여할 수 있다. Label의 값은 Work Center(또는 Work Start)에서 바꿀 수 있다.

Work Start (작업 시작)

Work Start는 작업이 모델에서 처음으로 나타나는 장소이다. 정의 상, Work Start는 "Active" Object, 즉 아이템을 모델로 보내는 것이다. 필요한 만큼의 "Work Start" object를 만들 수 있다. 각 work start는 필요 시 각기 다른 통계적 분포를 활용하여 작업을 시뮬레이션 모델에 제공할 수 있다. Work item이 모델에 들어올 때 label의 값을 설정하려면 work start에서 "Label Actions"를 활용한다. "Work Start" object는 다음과 같은 특성을 갖는다.

- Inter-arrival Time (도착 간 시간)
  - Inter-arrival = arrival(도착) 사이의 시간.
  - 항상 무작위로 변함.
  - 많은 경우 Exponential distribution (지수 분포)가 알맞은 분포임.
- Arrival Types (도착 유형):
  - Time 기반 (예, Appointment 기반)
  - 무작위 (예, 고객 지원 전화)

Arrival (도착)의 예:

- 서비스 센터에 도착하는 고객
- 제조 센터에 도착하는 제품 주문
- 은행에 도착하는 고객

● 병원에 도착하는 환자
● 리프트에 도착하는 스키 타는 사람
● 콜 센터에 도착하는 전화

Work Start Simulation Data (작업 시작 시뮬레이션 데이터)

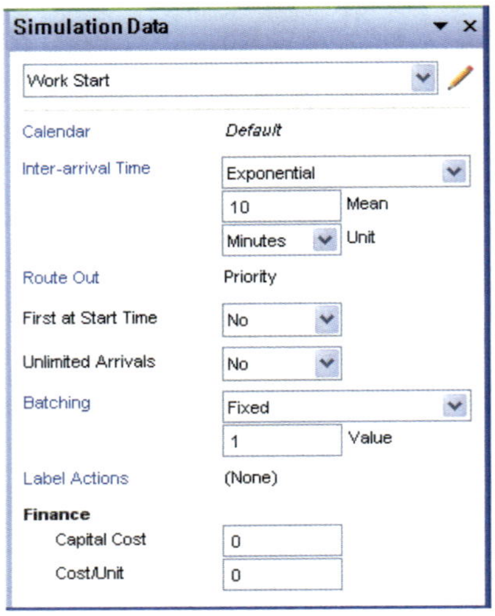

- Calendar: work item이 모델에 도착하는 것을 정의한다. 도착 비율은 모델에서 정의한 calendar 유형에 적용된다. 시스템 기본 값으로, calendar는 "Clock Properties"에서 정의된 것과 같다. work start에 대한 calendar가 현행 calendar와 다르면 수정할 수 있다.
- Inter-arrival Time: 도착 간 시간을 정의한다.
- Route Out: 아래 단계 object로의 출발 옵션을 정한다. 자세한 내용은 "Routing Out of a Work Center"에서 볼 수 있다.
- First at Start Time: "Yes"를 선택하면 활용된 확률분포에 관계 없이 work start에서의 아이템의 도착을 생성한다.
- Unlimited Arrivals: "Yes"를 선택하면 아래 단계 운영에서 필요할 때마다 아이템을 생성한다. 이 옵션은 "Work Start"를 수동적 object로 만들어 object가 더 이상 아이템을 시스템으로 밀어 보내지 않고, 연결된 Work Center가 하나를 요청하면 그 때마다 하나를 생성하는 등 work items을

무한히 생성한다. "Yes"를 선택하면 inter-arrival distribution은 무시, 즉 회색으로 표시된다. 그 대신 object는 요구된 아이템의 빈도에 따라 inter-arrival time을 즉시 하향 통제한다. "Unlimited Arrivals" 기능은 하루 일과 시간에 따라 켜지거나 꺼지도록 조정할 수 있는 융통성 있는 도착 기재를 개발하는데 유리하다. 아래와 같은 상황이 좋은 예이다.

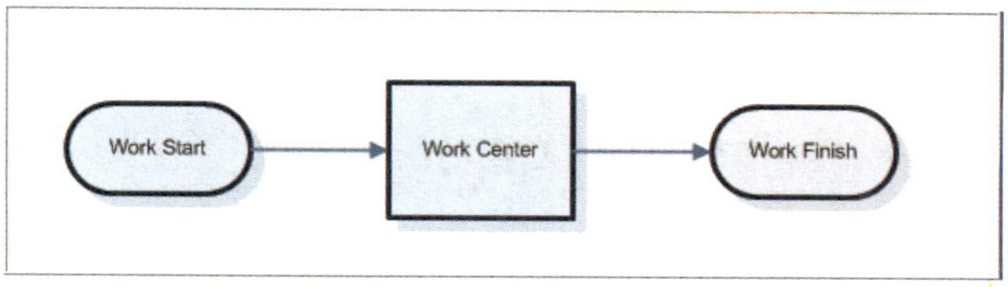

❶ Work Start에서 Unlimited arrival을 Yes로 설정한다

❷ 시뮬레이션을 실행하고 결과를 살펴본다. 이 경우에는 Work Center에서의 프로세스의 처리 시간이 시스템으로 들어 오는 아이템에 대한 inter-arrival time이 된다.

Batching: "Batching"은 여러 work item이 동시에 도착하는 경우에 활용된다. Batching을 활용하여 다음을 모델화할 수 있다.

- 1-다수의 관계
- 한대의 트럭이 여러 개의 상자를 가지고 도착

이는 한번에 도착하는 아이템의 수를 통제한다. "arrival(도착)"이 10:30에 발생하고 "Work Start" object를 떠나도록 설정된 아이템의 수가 20으로 "Fixed(고정된)"되어 있다면, 특정 work item 유형의 20 아이템이 10:30에 도착하게 된다. Batch에 있는 아이템의 수는 또한 분포에 의해서 결정될 수 있다.

- Label Actions: Label은 도착하는 각 entity(개체)에 특성/속성을 부여할 때 활용된다.
- Finance: Work Start finance는 2가지 유형의 비용을 나타낸다.

- Capital Cost: Work Start가 활용되자 마자 발생하는 비용(시뮬레이션 전체에 대해 한번 발생).
- Cost/Unit: Work Start에 의해 생성되는 각 단위에 대한 고정 비용. 예를 들어, 10번의 개별 도착이 총 $220의 비용을 발생시키는 경우. Work Start에서 소실된 work item도 (다음 단계의 storage 한계 때문에) cost/unit을 발생시킨다는 사실에 주의해야 한다.

Blocked Work Start (중단된 "작업 시작")

Work item이 Work Start에서 다음 object로 즉시 이동하지 못하면 "lost(소실)"되는 것에 주의해야 한다. 따라서, "Work Start" object를 먼저 "Storage"에 연결하는 것이 보통의 경우 가장 좋은 방법이다. 그렇지 않으면, 2개의 work item이 매우 빠르게 연속해서 도착한 경우 "Work Center"가 (바쁜 경우에는) 그것들을 수용할 수 없기 때문에 work item이 버려지게 되어 모델에 진입하지 못하게 된다. 예를 들어, 전화가 통화 중이라 고객을 놓치는 상황을 시뮬레이션 하는 경우가 이에 해당한다.

Work Start Simulation Results ("작업 시작" 시뮬레이션 결과)

"Work Start" object에 대한 시뮬레이션 결과는 Simulation Results 과제창에서 볼 수 있다. Work Start에서 수집되는 결과는 아이템을 시스템으로 보내는 시도 중 success(성공)과 failure(실패)한 수에 한정된다.

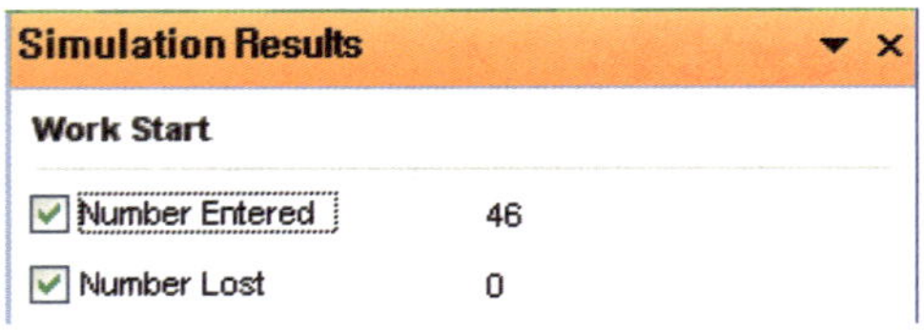

- Success: work item이 들어 와서 다음 object로 직접 간 경우. "Number Entered"에 나타난다.
- Failure: work item이 시스템에 들어왔을 때 갈 곳이 없는 경우. "Number Lost"에 나타난다. 이는 보통 다음과 같은 경우에 발생한다.

❶ Work Start가 직접 Work Center에 연결된 경우. Work Center가 바쁘면 아이템이 들어 갈 수 없게 되고 따라서 소실된다.

❷ Work Start가 용량의 한계가 있는 Storage에 직접 연결된 경우. Storage가 꽉 차면 아이템이 소실된다.

❸ Work Start가 어떤 object에도 연결되지 않은 경우.

체크박스는 선택한 결과를 Simulation Report에 보낼 때 활용한다. Report에 새로운 것을 추가할 때에는 원하는 정보 옆에 있는 체크박스를 선택하면 된다. Simulation Report에 즉시 추가되고 시뮬레이션 실행이 끝날 때마다 Report에 있는 값들이 자동으로 경신된다.

Storage (Queue) (스토리지/대기열)

Storage는 시뮬레이션 모델의 구조를 형성하는 기본 object 중 하나이다. Storage는 Buffers 또는 Queues라고 부르기도 하는데, 처리된 일이 적절한 resource(자원)나 Work Center가 활용할 수 있게 될 때까지 대기하는 장소이다. 예를 들면 다음과 같다.

- 선적을 기다리는 제품
- 활용을 기다리는 원재료
- 비행기 탑승을 기다리는 승객
- 은행/티켓 판매처에서 기다리는 고객

Storage는 보통 관련된 Work Center와 "가까이" 있게 한다. "Storage" object는 다음과 같은 특성을 가지고 있다.

- 수동적 object – 아이템을 다른 object에 밀어 보내지 않는다.
- 시뮬레이션 모델에서 중요하지만, 종종 무시된다.
- 시스템의 변동성을 흡수한다.
- 작업이 이루어 지기 위해 대기하고 있는 아이템을 보관한다.

● 거의 모든 활동의 앞에 있다.

Storage Simulation Data (스토리지 시뮬레이션 자료)

Storage의 Simulation Data 과제 창을 활용하여 Storage/Queue가 어떻게 작동하도록 할 것인지를 자세히 설정할 수 있다.

● Calendar: 시스템 기본 값으로 calendar는 "Clock Properties"에서 정의된 것과 동일하다. Storage에 대한 calendar가 기본적으로 제공되는 calendar와 다를 경우 이를 수정할 수 있다. Storage calendar는 다음과 같은 방법으로 활용된다.

❶ Work item이 storage로 보내질 시간을 정한다.

❷ calendar에서 설정된 Non-Working hours(비작업 시간)을 배제하고 "Contents"와 "Queuing Time" 통계치가 산출되도록 한다.

❸ "Minimum Wait time"과 "Shelf Life"에 대한 시간에 영향을 미친다.

❹ "Cost/Unit/Time" 속성에 대한 계산에 영향을 미친다.

- Capacity: Queue의 용량이 한정된 경우(예, 기계적 buffer인 경우)에는 capacity 상자에 최대로 수용할 수 있는 아이템의 수를 입력한다.
- Shelf Life: storage에 있는 Shelf Life(최대 대기 시간)을 활용하여 work item이 보통 얼마나 오랫동안 queue에 머물러 있을 수 있는지를 통제한다. Shelf Life의 설정만으로 모델이 작동하는 방법을 변경할 수는 없다. 시간이 만료되었을 때 work item에 어떤 일이 발생할 것인지도 정해야만 한다. "Routing In"이 "Expired Only"로 설정된 Work Center에 경로 화살표를 설정해야만 한다. 그렇게 하면 이 Work Center는 일반적으로 queue(storage)로부터 work item을 받지 않고, 시간이 만료된 work item만 받아 들이게 된다.

시간이 만료된 work item이 Que에 도착하면 만료된 아이템을 찾아내도록 설정된 Work Center에 의해 제거되지 않고 storage 이외의 다른 목적지로 보내지게 된다(이는 "expired items"의 경로가 바쁜 경우에 발생할 수 있다). 이런 상황을 피하려면 Work Center가 expired item을 가야 할 곳(0 처리 시간을 가진)으로 단순히 보내도록 하여 expired item이 소실될 가능성을 피해야 한다. 또한 Shelf Life를 변수로 만들어 각 work item 별로 다르게 할 수도 있다. 이 경우에는 work item이 기간 만료하기 전의 시간 양을 포함하는 work item의 label을 활용한다. 이를 위해 분포(분포는 Fix이어야만 함)의 Mean 값에 label 이름을 입력하여 storage가 특별한 label을 활용하도록 한다.

- Minimum Wait Time: work item이 queue에서 최소한 일정 시간 동안 대기하도록 할 경우에 Minimum Wait Time을 활용한다. 어떤 프로세스(예, 오븐)를 시뮬레이션 할 때 storage를 하나의 간단한 Work Center처럼 기능하게 하고 싶을 때가 있다. 그러나 그 work item이 storage에 머물러 있어야만 할 최소 시간을 설정할 필요가 있을 때가 있다. Queue에 들어 가는 work item은 이 상자에 입력된 시간 동안 queue에 있는 동안은 (Work Center에 의해) 제거되지 않는다.
- Work Priority: storage에 들어 가는 아이템의 우선순위를 정한다. 이는

주어진 기준에 따라 storage에 있는 아이템들을 가장 높은 우선순위를 가진 아이템을 목록의 맨 위에 오도록 정렬하는 것과 같다. 이에는 3가지 유형의 우선순위가 있다. ① FIFO, ② LIFO, ③ Label based.

- 특별히 지정하지 않은 경우에는, 아이템들이 FIFO(first-in-first-out) 순서로 storage에서 추출된다. 식품 가게 및 은행 로비의 대기줄, 정지 신호에서의 기다림 등이 좋은 예이다.
- 많은 경우, LIFO(last-in-first-out) 우선순위 룰을 활용하게 된다. 각 아이템은 들어 오는 순서대로 줄의 앞 쪽에 위치한다. 문이 하나인 엘리베이터에 타는 사람, 다른 것의 위에 쌓이는 종이 등이 LIFO 룰이 적용되는 좋은 예이다.
- Storage는 또한 label의 값에 따라 아이템들이 자동적으로 저장되도록 할 수 있다. "Use Label" 옵션을 선택하면 사용 가능한 label 목록이 나타난다. 아이템이 storage에 들어 오면 선택된 label 값에 따라 각자에게 맞는 장소를 찾아 간다. 값이 클수록, 아이템은 queue의 앞 쪽에 더 가깝게 놓여진다. 이런 유형의 우선순위화를 통해 아이템들은 work item의 특성들, 예를 들어 중요성, 긴급성, 높은 가치 등에 기반하여 정렬된다.

- Start Up: 때때로 work item이 전혀 없는 상태에서 모델이 실행되는 것을 원하지 않을 때가 있다. Queue에 item이 있는 상태에서 시뮬레이션을 실행하고자 할 경우에는 "Start Up" 상자에 원하는 값을 입력하면 된다. 어떤 유형의 아이템을 가지고 storage가 시작하도록 할 것인지, 얼마나 많은 work item이 있어야 하는지 등을 label을 활용하여 정할 수 있다. "Label Action" 링크를 클릭하여 시뮬레이션이 시작될 때 모델에 있기를 원하는 work item의 label을 설정한다. 이 label action은 work item이 storage에 놓일 때 label의 값을 설정하는데 활용한다.

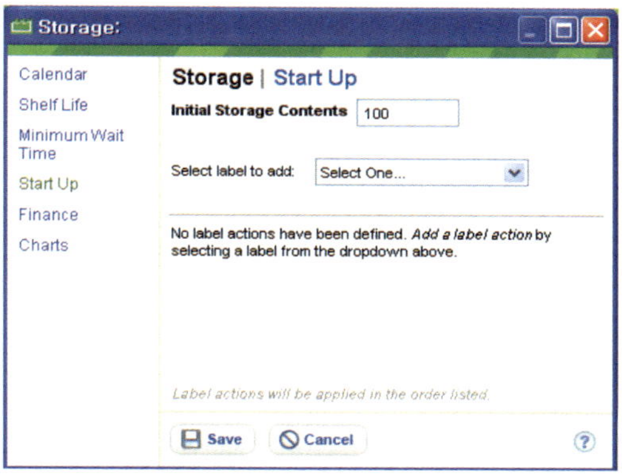

- Segregate Results: 아이템의 label(속성)에 따라 결과를 구분한다. Storage에 대한 결과 정보 중 일부를 label에 따라 구분하여 각기 다른 유형의 work(작업)가 queue에서 얼마나 오랜 시간을 보냈는지를 알 수 있다.
- Collect Chart Data: Content Chart Data(시뮬레이션 실행 시간 동안 storage에 있는 아이템의 수) 또는 Queuing Time Data(storage에서 보내는 시간 아이템의 양)을 수집하고자 할 때 활용한다
- Finance: 재고와 관련된 비용을 정함. 2가지 유형의 비용을 나타낸다.

  - Capital Cost: storage가 활용되자 마자 발생하는 시뮬레이션 전체에 대해 한번 발생하는 비용. 이 비용은 storage를 통과하는 work item의 수에 영향 받지 않는다.
  - Cost/Unit: 단위 시간 당 재고 유지 비용. 이는 cost/item/unit을 각 아이템이 재고에서 보내는 시간(분 단위로 표시)의 양으로 곱하여 산출한다. 이 정보는 시계열 그래프로부터 얻을 수 있다.

    [참고] Simulator는 시계열 그래프에서 수집된 데이터를 활용하여 아이템이 재고에서 보내는 시간의 길이를 계산한다. 재고 유지 비용을 정확하게 계산하고자 할 경우에는 storage가 재고에서 발생하는 모든 변화를 나타내도록 해야 한다.

Storage Simulation Results (스토리지 시뮬레이션 결과)

Storage Simulation Results는 "storage" object의 Simulation Results

과제 창을 통해 활용할 수 있다.

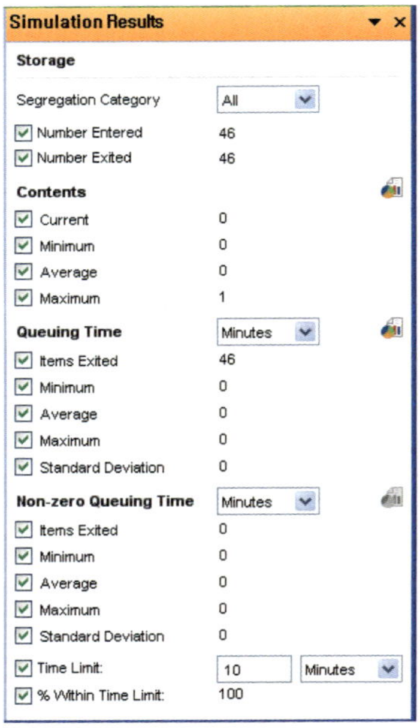

- Checkboxes: 체크박스를 체크하면 선택한 결과를 simulation report로 보낸다. Report에 새로운 내용을 추가할 때에는 추가할 정보 옆에 있는 체크박스를 선택한다. Simulation Report에 즉시 추가되고 시뮬레이션 실행이 끝날 때마다 Report에 있는 값들이 자동으로 경신된다.
- Segregation Category: 필요 시에는 결과 수집을 label에 따라 분리할 수 있다. Simulation Data 과제 창에 있는 Segregate 결과 드롭다운 목록에서 원하는 label을 선택한다.

  [참고] segregation category는 Contents, Queuing time, non-zero queuing time, % within time limits 등에 적용된다.

예를 들어, work item에 "illness"(병원에 있는 환자에게 무엇이 발생할지에 따라 여러 가지 다른 값을 가짐)라는 label을 적용한 경우, 이 label을 선택하여 결과를 분리함으로써 각기 다른 범주의 환자들이 병원에서 얼마나 오랜 시간을 보내는지를 살펴볼 수 있다.

시뮬레이션 실행 후에 Simulation Results 과제 창을 보면, 드롭다운 박스가 나타나는데 ALL을 선택하거나 각 label의 값을 선택한다.

- Contents: Storage는 단순히 아이템을 보유할 뿐이다. 아이템은 storage에 보내지거나 가져와 진다. Contents 부분은 storage에 있는 재고 수준 (work item의 수)을 보여준다.

Storage 재고 수준 통계량(Inventory Level Statistics)	
Current	현재 storage에 있는 work items의 수.
Minimum	시뮬레이션 전 과정에서 재고가 가장 적을 때의 수준. 이 수치는 아래의 경우를 제외하고는 항상 0이다. 1. 시작 재고가 있는 경우 2. warm-up period(준비기간)가 있는 경우 Maximum은 storage의 용량을 초과할 수 없은
Average	재고 시간에 따라 시간을 가중치로 하여 얻은 평균 재고 수준
Maximum	시뮬레이션 전 과정에서 재고가 가장 많을 때의 수준
Items Entered	시뮬레이션을 통해 storage에 들어 온 work items의 총 수

Storage 부분에 있는 work item 수에 관한 time graph(시간 그래프)는, 예를 들어, queue 크기의 패턴을 보여주거나, (queue 크기가 다소나마 지속적으로 증가할 때에는) 모델이 결코 안정상태에 이를 수 없는 때를 알려 준다. Time graph를 보려면, object를 클릭하고 그 object의 Simulation Results 과제 창에서 graph 단추를 클릭하면 된다.

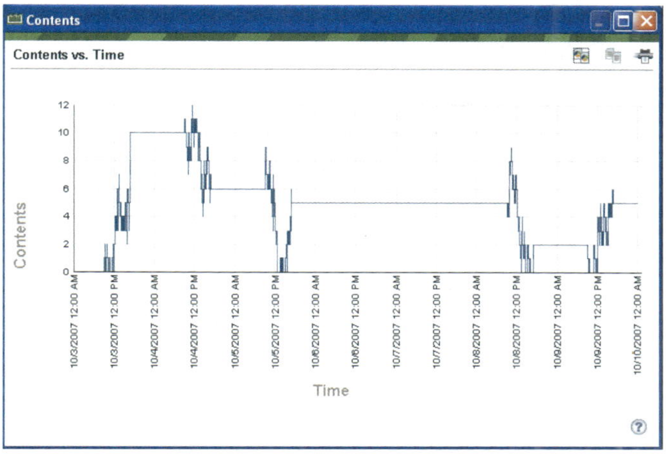

Time Graph 창에서 "Copy Data" 아이콘을 클릭하면 Time Graph에 있는 데이터를 Excel로 보낼 수 있다. Excel에서 이를 활용하여 더 자세한 분석을 할 수도 있다.

- Queuing Time: storage에서의 대기 시간이다. Simulator는 이 결과를 "All items"와 "Non-zero item"으로 구분한다. Non-zero item은 work item을 제공하는 object에 의해 즉시 서비스되지 않는 아이템이다.

Storage Queuing Time 통계량(Statistics)	
Items Exited	배출된 아이템의 총 수
Minimum	어떤 하나의 아이템이 재고로 머물렀던 가장 짧은 시간의 양
Average	시간에 따라 가중 평균 계산된 시간
Maximum	어떤 하나의 아이템이 재고로 머물렀던 가장 긴 시간의 양
Standard Dev.	아이템이 재고로 보낸 시간의 표준편차

차트 아이콘을 활용하여 시뮬레이션 기간 동안의 구체적인 queuing 시간을 나타낼 수 있다.

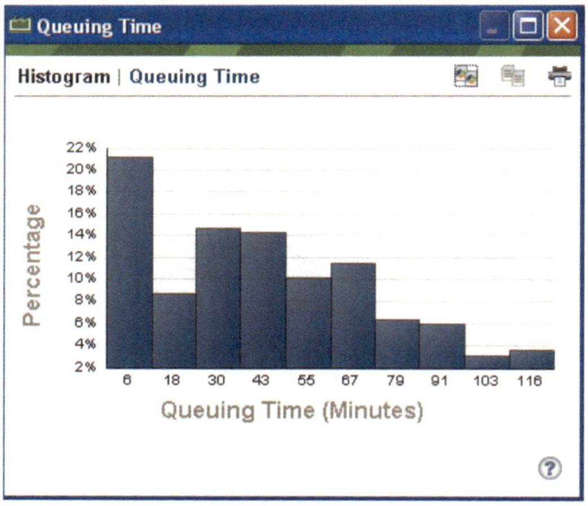

위 히스토그램은 10개의 막대로 나누어져 있다(최대 시간을 10개의 시간 대로 균등하게 나눔). 결과가 10개 미만일 경우에는 막대도 10개 미만이 된다.

- Non-zero Queuing Time: storage에서의 대기 시간을 말한다.

Simulator는 이 결과를 "All items"와 "Non-zero" items로 나눈다. Non-zero item은 밑의 단계에 있는 object에 의해 즉시 서비스되지 않는 아이템이다.

Storage Non-Zero Queuing Time 통계량(Statistics)	
Items Exited	0이 아닌 대기 시간을 가진 아이템의 총 수
Minimum	어떤 하나의 non-zero 아이템이 재고로 머물러 있어야 하는 가장 짧은 시간의 양
Average	Non-zero 아이템의 시간에 대한 가중평균으로 계산된 재고의 수준.
Maximum	어떤 하나의 non-zero 아이템이 재고로 머물러 있어야 하는 가장 긴 시간의 양
Standard Dev.	non-zero items이 재고로 보내는 시간의 표준편차

Queuing Time within Limit	
Time Limit	"Queuing Time within limit"결과에 대한 목표치를 정한다. 목표 시간보다 짧게 재고에서 대기하는 아이템의 비율을 즉시 확인할 수 있음
% Within Time Limit	지정된 "Time Limit"동안 storage에 있는 아이템의 %

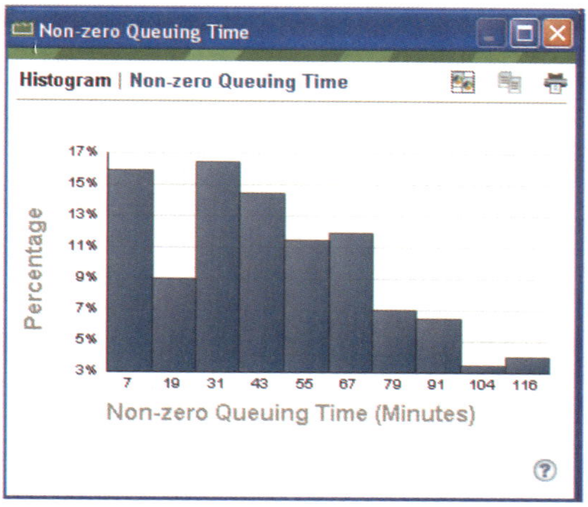

Work Center (작업 센터)

Work Center는 work item에 대해 work(작업)이 이루어지는 장소이다. Work Center에서 이루어진 작업은 보통 시간을 소비하며 때때로 자원을 필요로 한다. Work Center에서 work item은 어떤 방법으로든 변형된다(경우에 따라서는 자신의 label을 바꿈으로써). 작업이 이루어진 후, work item은 또 다른 시뮬레이션 object로 보내지거나, 지정된 규칙에 따라 여러 다른 시뮬레이션 object 중 하나로 보내진다. Work Center의 인수를 보거나 바꾸려면 Work Center를 클릭하고 Simulation Data 창에서 정보를 검토하면 된다. Work Center는 다음과 같은 특성을 가지고 있다.

- "Active Object"이다. 보통 work item을 가져오거나 다른 곳으로 보낸다.
- Work item을 제공하는 buffer로부터 item을 능동적으로 가져온다.
- 각 item에 작업을 수행한다.
- Work Center에서는 시간을 정의하는 것이 핵심이다.
  - 확률분포를 활용하여 프로세싱 시간의 무작위성을 나타낸다.
  - 정의된 시간은 한 item을 처리하는데 필요한 시간이다.
- Work Center Replicate는 Servers/Work Stations/Work Centers의 효과적인 수를 나타낸다.
- Label 값을 수정할 수 있다.

Resources(자원)를 할당함으로써 Work Center가 기능을 수행하기 위해 어떤 resources(자원)가 필요한지를 정할 수 있다. Resources는 보통 Work Center가 기능을 수행하는 것을 관리하기 위해 활용된다. Timings에 대해서, 단순히 숫자만을 활용하는 대신 식(式)을 입력할 수도 있다. 식은 특히 timing에 관한 확률분포의 인수에 적용된다.

Work Center Simulation Data (작업 센터 시뮬레이션 데이터)

Work Center의 Simulation Data 옵션을 활용하여 Work Center의 인수를 검토하고 바꿀 수 있다. Process, Decision, Inspect, Transport 등 여러 다른 도형에서도 동일한 Work Center object 유형을 사용할 수 있다.

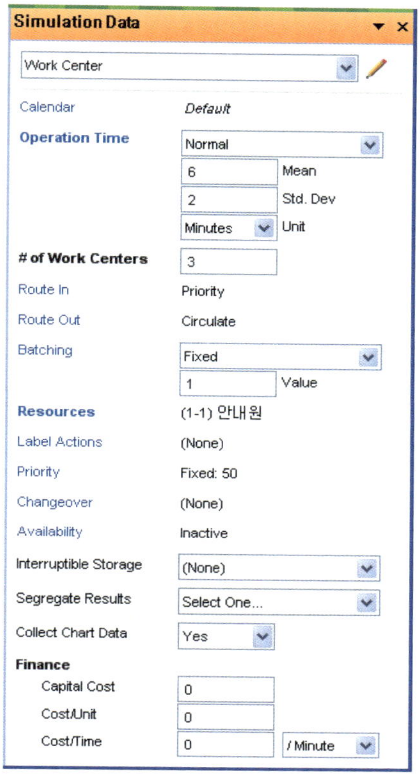

- Calendar: 소프트웨어에서 기본적으로 제공하고 있는 calendar는 "Clock Properties"에서 정의된 것과 동일하다. Work Center에 대한 calendar가 기본적으로 제공되는 calendar와 다를 경우, 이를 수정할 수 있다. Work Center calendar는 다음과 같은 방법으로 활용된다

❶ Work Center가 Work item을 가져오고, 작업을 수행하고, 다른 곳으로 보내며, 가용성에 따라 스스로 교정하는 등과 같은 과제를 수행하는 시간에 영향을 미친다.

❷ Work Center가 resource를 보유할 수 있는 시간에 영향을 미친다. Work Center는 non-working hours 동안에는 결코 resource를 보유하고 있지 않다.

❸ "Contents" 통계량에 영향을 미친다. non-working hours는 이들 통계

량 계산 시에는 제외된다.

❹ "Cost/Time"이 Work Center의 총 비용에 어떻게 기여하는지에 영향을 미친다. non-working hours는 비용 계산 시 제외된다.

- Operation Time: Work Center가 과제를 수행하기 위해 소요하는 시간으로써 Timing and Distribution 부문에 있는 설정에서 정의된다. 각 아이템에 대해 Fixed나 Variable 프로세스 시간을 정의한다.
- # Of Work Centers: 동일한 과업을 수행하는 Work Center의 수를 바꾸어 가면서 실험해 볼 수 있다. Work Center가 상대적으로 간단하면(예를 들어, "interruptible"하지 않으면), 빠른 반복 기능을 활용하여 Work Center의 수가 달라지면 모델이 어떻게 수행되는지를 빠르게 확인할 수 있다.
- Route In: Work Center가 work item을 선택하는 방식을 정한다. 들어오는 아이템의 작업 흐름을 통제한다. 아이템이 오는 곳, 여러 투입요소로부터 아이템을 선택하는 방식, 수집과 조립 등. "Routing – Route In / Route Out"에 관한 부분에서 보다 자세한 내용을 확인할 수 있다.
- Route Out: 완료된 work item을 다른 하위 object에 보내는 방식을 정한다. "Routing – Route In / Route Out"에 관한 부분에서 보다 자세한 내용을 확인할 수 있다.
- Batching: 다음 object로 보내기 전에 work item을 나누거나 반복한다. 처리 시간 종료 시, Work Center는 현재의 work item을 모든 label 값과 함께 반복한다. Work Center에 들어 가는 각 item에 대하여 생성될 item의 총 수를 입력하거나 적절한 무작위 분포를 활용하여 반복의 수를 무작위로 생성할 수 있다.
- Resources: Work Center들은 공급이 부족한 자원을 차지하기 위해 서로 경쟁한다. Resources 링크를 클릭하여 각 작업이 어떤 resources를 필요로 하는지를 선택한다. 각 Work Center에 resources를 얻을 순위를 부여할 수 있다.
- Label Actions: 아이템의 label (속성) 값을 수정한다.
- Priority: items/resources를 차지하기 위한 Work Center 간 우선순위

를 할당한다. 시스템 기본 값으로 모든 Work Center에 대해 50이 활당된다. 숫자가 높으면 높을수록 priority가 높은 것이다.

- Changeover: changeover time(작업 전환 시간, 보통 setup time으로 불림)을 특정하면, Work Center의 processing time(처리 시간)에 추가하여 발생한다. Changeover time은 모든 아이템에 적용되지 않고 특정 시간이 경과한 후에 또는 상황에 변화가 발생한 후에만 적용된다는 점에서 processing time과는 다르다. Work Center가 다른 유형의 work(label의 값에 의해 결정된)을 처리하기 시작하면 Work Center가 준비되는 동안 소요될 추가 시간이 필요하다. "Changeover" 링크를 활용하여 필요한 추가 시간을 설정하고 label을 정의하며 유형이 변하는 때를 정한다. Label에 기반한 분포는 시간의 양이 work 유형에 따라 변할 때 활용한다. 제조업에서, changeover가 필요한 과제의 예는 다음과 같다.

  - 계획에 따른 정기적 청소
  - 포장 재료의 변경
  - 제품에 맞도록 크기와 색상 변경

SigmaFlow Simulator 소프트웨어는 자동적으로 여러 changeover를 모델화할 수 있다. Changeover에는 2가지 부분이 있다. Changeover Trigger(전환을 가져오는 계기/유인), Changeover Time. Timing은 Simulator의 다른 부분에서의 timing에 대한 정의와 유사하다. Changeover 탭에 있는 timing 부분에서 timing을 정의한다.

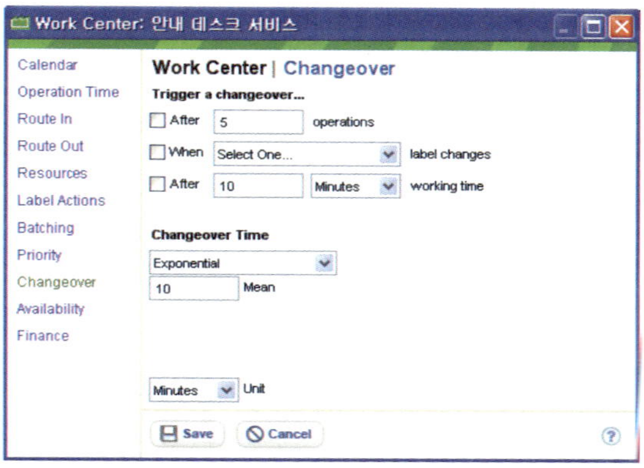

Changeover Triggers(전환을 가져오는 계기/유인)는 다음과 같은 속성을 갖는다.

Changeover Triggers(전환을 가져오는 계기/유인)	
No Setup Time (Default)	어떤 체크박스도 선택되지 않은 경우에는, 준비기간이 없게 됨.
After "N" operations	지정한 수의 아이템 (operation)이 처리된 후에 전환이 시작됨. "Collect"나 "Label batching"를 활용하지 않는 경우에는, operation이 아이템과 같게 됨.
When label changes	work center가 work item의 label 값의 변화를 인식할 때마다, 전환이 시작되고 지정된 분포로부터의 시간을 활용함. 이 옵션을 시작하기 위해 활용될 label을 선택해야 함.
After working time	Work center이 누적 작업시간을 추적함. 기준에 도달하면 전환을 시작함.

Work Center는 아이템을 불러온 후에 전환이 필요한지 여부를 결정한다. 전환이 꼭 필요한 경우에는 전환시간 분포에서 표본이 추출되어 처리 시간에 추가된다. 전환이 시작될 쯤에는 아이템이 이미 선택되어 있을 것이기 때문에, 그 아이템은 유보되고 전환 시간이 길어지게 된다. 또한 Work Center가 어떤 resource를 필요로 하는 경우, 그 일들은 유보되고 전환을 위한 시간이 확장된다. 결과를 평가할 때 이 사항을 염두에 두어야 한다.

[참고] 모든 체크박스가 체크되면, 어느 것이라도 체크된 조건이 달성되면 전환이 발생한다. 또한, 일단 전환이 발생하면 모든 조건이 다시 설정된다. 예를 들어, 모든 조건이 가능하도록 하면,

- Label의 변화에 의해 전환이 시작될 때, "After N Operations"를 위해 추적 관리되는 operation의 수가 0으로 다시 설정된다.
- Label의 변화에 의해 전환이 시작될 때, "After N Working time"을 위해 추적 관리되는 working time이 0으로 다시 설정된다.

● Availability(가용성): 완벽한 세상에서라면, Work Center는 언제나 가동 중이며, 작업을 시작할 준비가 되어있을 것이다. 그러나 현실에서는 그렇

지 않다. 따라서 Work Center의 신뢰도, 즉 'uptime'을 고려하는 것이 중요한다. 이 개념을 지칭하는 용어가 많으나, Simulator는 이를 "Availability"라고 부른다. 이는 'Availability'가 Work Center가 작업을 하기 위해 가용한 시간의 양을 나타내도록 하기 위한 것이다.

"Availability" 링크를 클릭하면 breakdown(고장)을 유발하고, repair time(수리 시간)을 입력하며, repair에 자원을 할당할 수 있는 화면이 나타난다. 고장 기간 동안, Simulator는 Work Center를 사용할 수 없는 것으로 표시하며 다시 가동할 수 있게 될 때까지 추가적인 work item을 주지 않는다. uptime(가동 시간)이 지속되는 기간을 time between breakdowns(고장 사이의 시간), 이 기간의 장기적 평균을 'mean time between failure' (MTBF)라고 부른다. 고장이 발생할 때마다, 보통 Work Center가 다시 가동되어 새로운 작업을 받아 들일 수 있게 준비되기 전까지 어느 정도의 지연이 있기 마련이다. 이런 지연은 보통 수리를 위해 필요하기 때문에 평균 수리시간은 'mean time to repair' (MTTR)이라고 불린다.

Availability라는 용어는 여러 산업 분야에서 utilization(활용)과 유사한 일종의 시스템 결과로 이해되고 있다. 이 2개의 용어를 혼동하지 않도록 해야 한다. Simulator에서 availability는 단순히 Work Center의 인수의 하나일 뿐이다.

소프트웨어의 기본 설정에 따라 Work Center는 Work Center의 calendar 시간에 따라 고장이 나도록 되어 있는데, 이는 작업 시간의 경우와는 매우 다른 것이다. 즉 Work Center가 work item이나 resource의 부족으로 가동되고 있지 않더라도 여전히 고장 난 상태에 있을 수 있다.

Work Center는 장비나 사람이 100% 이하의 효율성으로 일하는 상황을 시뮬레이션 할 수도 있다. 'Availability'는 기계 고장 비율에 관련된 것이지 프로세스 상에서의 제품의 손실에 관한 것이 아니다. 이는 Work Center에서 Route Out 옵션을 활용하여 처리하여야 한다. 일반적으로 percent 룰이 적당하다. Simulator에서는 다음 방법으로 고장을 시작할 수 있다.

Breakdown triggers (고장을 가져오는 계기/유인)	
No breakdown (Default)	어떤 체크박스도 선택되지 않은 경우에는, 고장이 없게 됨.
After "N" operations	지정한 수의 아이템 (operation)이 처리된 후에 고장이 시작됨.
After working time	Work center의 누적 작업시간을 추적함. 기준에 도달하면 고장을 시작함.
Using inter-breakdown time	이는 'mean-time-between failures' (MTBF)를 설정하는 것과 유사함. 시간에 대해서 맞춤 분포를 지정할 수 있음.

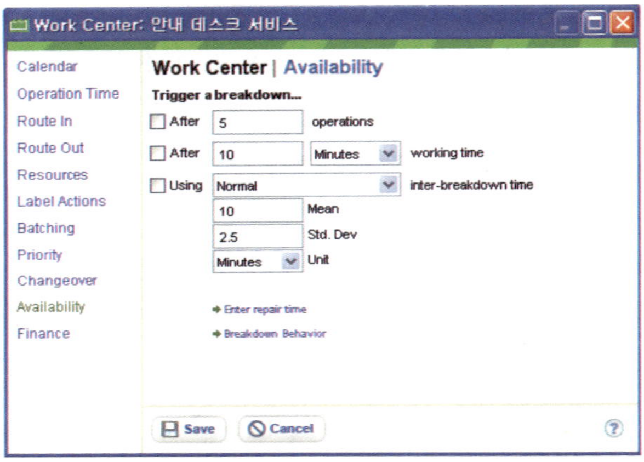

● Enter Repair Time

일단 고장이 시작되면, "Enter repair time" 링크를 활용하여 수리 시간 인수를 설정할 수 있다. 수리 시간에 대해서 원하는 맞춤 분포를 활용할 수 있다. Work center가 수리를 위해 가동을 멈추는 시간의 양을 나타내기에 적합한 분포를 설정한다.

"Close feeding queues during repair" 옵션을 선택하면 work item이 Work Center가 고장 중인 동안 흐름 상 위에 있는 storage에 들어 가는 것을 방지한다. 이는 "Breakdown Behavior"가 "Empty feeding queues"로 설정되어 있는 경우에 특히 도움이 된다. 그렇지 않으면 Work Center는 결코 고장나는 경우가 없다는 것을 의미하기 때문이다.

"Select Resources" 링크는 수리에 활용될 수 있는 resource(자원)를 지정

한다. 이 resource는 Work Center가 정상적으로 가동 중인 때에 활용되는 resource와는 전혀 다른 것일 수 있다. Work Center가 고장 났을 때에는 수리 프로세스를 시작하기 전에 모든 필요한 resource를 활용할 수 있게 될 때까지 기다려야 한다. Resource를 선택하는 것은 Work Center의 프로세싱 시간을 선택하는 것과 같다. 필요한 resource가 활용할 수 없는 경우에는 Work center가 resource가 활용할 수 있게 되었는지를 자동적으로 계속해서 점검한다. 만일 활용할 수 있는 상태가 되지 않으면 Work Center는 결코 수리되지 않으며 계속 정지 상태에 있게 된다.

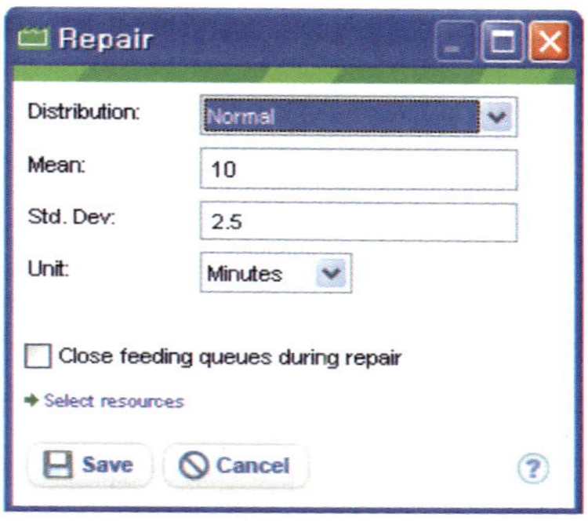

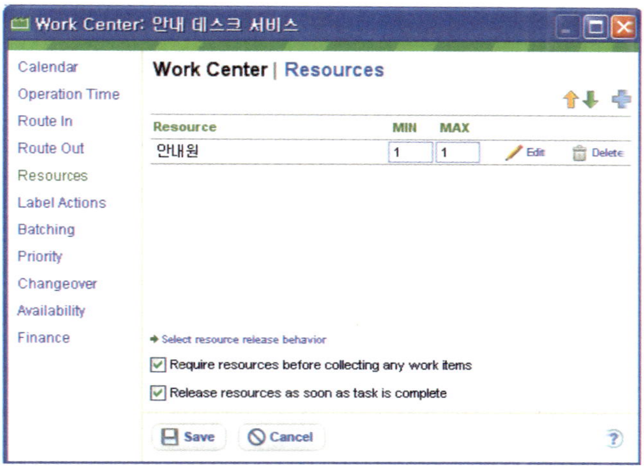

Work center가 고장 나면, Work Center가 보유하고 있는 모든 resource는 즉시 방출된다.

- Breakdown Behavior:

Breakdown behavior는 Work Center에서의 현행 work item의 행태를 설정한다.

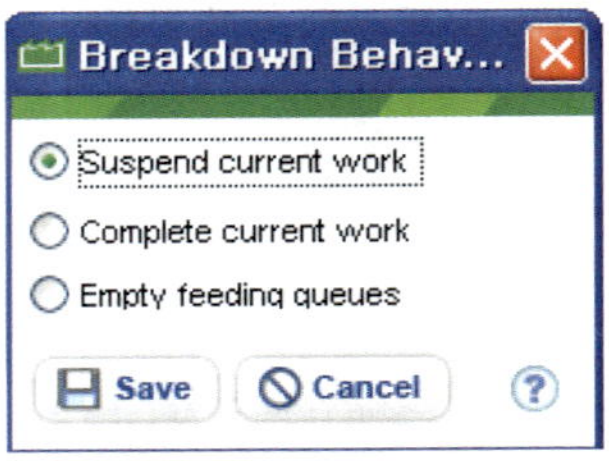

- Suspend current work: 시스템 기본 값으로, Simulator는 고장이 나면 현재의 work를 중지한다. 즉, Work Center에 있는 현재의 work item을 보관하고 즉시 가동을 중단한다.
- Complete current work: 모델로 하여금 Work Center가 고장 상태로 진입하기 전에 Work Center에 있는 현재의 Work item을 완료하도록 한다. 현재의 item에 대한 작업이 가동 중단 상태 동안 지연되는 경우에는, 모든 resource가 Work Center 내에 그대로 있게 되면 이 시간은 resource에 대해 완전히 활용되는 것으로 기록된다.
- Empty feeding queues: Work Center가 고장 상태로 진입하기 전에 작업을 제공하는 대기열에 있는 모든 work item을 완료하도록 한다.
- nterruptible Storage: Work Center가 중단된 경우 중단된 아이템이 보내질 storage를 선택한다.

일반적으로 Work Center는 항상 두 번째 work item에 대해 작업을 시작하기 전에 작업하고 있는 과제를 완료한다. 그러나 어떤 경우에는 낮은 우선순위의 과제가 다른 보다 중요한 일에 의해 중단될 수도 있다.

Work Center의 Simulation Data 과제 창에 있는 드롭다운 옵션에서 "Interruptible Storage(중단 가능한 storage)"를 선택하여 Work Center를 "interruptible"하게 설정한다. 이 Storage는 우선순위가 낮은 아이템이 보다 우선순위가 높은 아이템에 의해 중단될 경우 가야 할 곳을 정의한다. 모든 중단 가능한 Work Center는 자동적으로 중단된 work item을 받아 들이는 "storage" object를 가지고 있어야만 한다. 그런 아이템은 정규의 "routing out" 기재를 활용하여 Work Center를 떠나는 것이 아니라는 점을 인식해야 한다.

"priority label"에서 처리되고 있는 work item의 값보다 큰 값을 가진 work item 만이 실제 작업을 중단시킨다. Work Center가 interruptible하기 위해서는 work를 능동적으로 밀어 내는 object(Work Center와 같은)에 의해 일을 제공 받아야 한다. Storage object는 work를 능동적으로 앞으로 나아가게 밀어내지는 못한다. 단지 work가 다른 주체에 의해서 가져가 지기를 기다릴 뿐이다. Storage에 있는 work item이 어떤 Work Center에 있는 작업을 중단시키게 하려면 work item을 중간 단계 Work Center에 보내면 된다. 이는 처리하는 데 시간이 소요되지 않으며 interrupted work center에 직접 제공한다.

Work Center는 다른 Work Center로부터 도착하는 work item 때문에 work item에 대한 작업이 중단될 수도 있다. 다음과 같은 상황에서 work item "X"는 다른 work item "Y"를 "interrupt(중단)"할 수 있다.

❶ X가 Work Center에서 완료되고, Y가 작업되고 있는 Work Center에 직접 연결된다(즉, storage 빈을 통하지 않고).

❷ X의 우선순위 label의 값이 Y의 것보다 높다.

❸ Y의 Work Center가 "interruptible"로 설정된다(Interruptible Storage가 "None"으로 설정됨).

중단된 work item은Work Center에서 제거되고 storage에 놓이게 된다. "Due" label의 work item은 그 과제가 중단된 시점에 남아 있던 시간으로 설정된다. 두 번째 Work Center(중단될 work center)가 resource를 필요로 하면, Y가 중단되기 전에 Y에 의해 현재 활용되고 있는 resource를 빼고 X에 대한 작업을 시작하는데 활용할 수 있는 resource가 충분히 있어야 한다.

- Segregate Results: label 별로 결과를 구분한다. Content 통계량에만 적용된다.
- Collect Chart Data: Content chart에만 적용된다. Utilization chart 데이터는 항상 활용 가능하다.

- Finance: 3가지 유형의 비용을 나타낸다.

  - Capital Cost: Work Center가 활용되자 마자 한번만 발생하는 비용. "# of Work Centers"의 인수를 수정하는 경우에는 capital cost를 조정해야만 한다. 이 비용은 work center를 통과하는 work item의 수에 영향받지 않는다.
  - Cost/Time: work center의 시간 시리즈 데이터를 활용하여 cost/minute를 계산하고 Work Center에 의해 처리되는 각 work item의 동적 비용을 제공한다.
  - Cost/Unit: Work Center에서 처리되는 각 work item에 적용되며 원재료나 공급물의 소비에 따른 비용을 처리하는데 유용하다.

Wait Until Exit Clear (출구가 열릴 때가지 기다림)

때때로 Work Center가 두 storage 간의 작업 흐름을 통제하도록 하여 work center에서 작업을 잠시도 보유하지 않도록 하는 것이 유용할 수 있다.

Storage 1 → Work Center → Storage 2

Work Center가 0 시간을 소비하도록 설정함으로써 위 사항이 달성되는데, 이 때에 2가지 상황이 발생할 수 있다.

- 만일 Storage 2가 용량의 한계가 없다면, Storage 1에 있는 모든 작업이 Storage 1에 들어 간 직후 Storage 2로 갈 것이다.
- 만일 Storage 2에 용량 한계가 있다면, work item이 Storage 1을 떠나 Storage 2가 받아 들일 때까지 Work Center에서 대기해야 한다. 그러나, Work Center는 작업을 보유할 수 없으므로, Storage 2가 받아 들일 준비가 될 때까지 아이템이 Storage 1을 떠나지 않도록 하려면 "Wait until exit clear" 옵션을 체크하면 된다.

Work Center Simulation Results (작업 센터의 시뮬레이션 결과)

Work Center Simulation Results는 Storage objects의 Simulation

Results 과제 창에서 볼 수 있다. Work Center의 기본 결과는 2개의 범주로 나누어진다.

- Contents: 시간에 걸쳐 처리되는 work item의 수
- Percent of Time: 여러 가지 상태(Waiting, working, blocked, stopped, changeover)의 시간의 비율

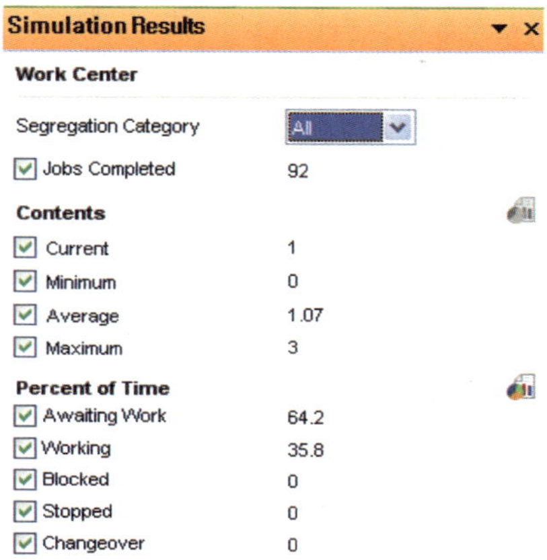

결과 창에는 다음과 같은 내용이 나타난다.

- Checkboxes: 체크박스는 선택한 결과를 simulation report에 보낼 때 활용한다. Report에 새로운 내용을 추가하고자 할 때에는 포함할 정보 옆에 있는 체크박스를 선택한다. 선택한 정보가 즉시 simulation report에 추가되며 report에 나타나는 값은 시뮬레이션 실행이 끝날 때마다 자동적으로 경신된다.
- Segregation Category: 필요 시에는 결과 수집을 label에 따라 구분할 수 있다. "Simulation Data" 과제 창에 있는 Segregate 결과 드롭다운 목록에서 원하는 label을 선택한다.
- Contents: 시간에 걸쳐 Work Center에 의해 처리되고 있는 work item의 수를 보여준다.

  [참고] Process Results when Batching: batch가 처리될 때, Simulator는 특정 시간에 work center 내에 있는 batched item의 최소, 평

균 및 최대 수에 관련된 정보를 보여준다.

Work Center 재고 통계량 (Inventory Statistics)	
Current	현재 처리되고 있는 work items의 수
Minimum	시뮬레이션 전 과정에서 Work Center에 의해 보유된 work item이 가장 적을 때의 수. 이 수치는 아래의 경우를 제외하고는 항상 0임: 1. work item이 batch로 처리되는 경우 2. Work Center의 반복이 1보다 크게 설정된 경우
Average	Work center에서의 시간에 따라 시간에 걸쳐 가중평균된, work center에 의해 보유된 아이템의 수.
Maximum	시뮬레이션 전 과정에서 Work Center에 의해 보유된 work item이 가장 많을 때의 수.
Jobs Completed	시뮬레이션을 통해 Work Center에 들어 온 work items의 총 수

Work Center에 있는 아이템의 수에 대한 시간 그래프는 예를 들어, 시뮬레이션 전 기간 동안의 어느 순간에 Work Center에 있는 work item의 수의 패턴을 보여 준다. 원하는 Work Center를 클릭하고 Simulation Results 과제 창에서 그래프 단추를 누르면 볼 수 있다.

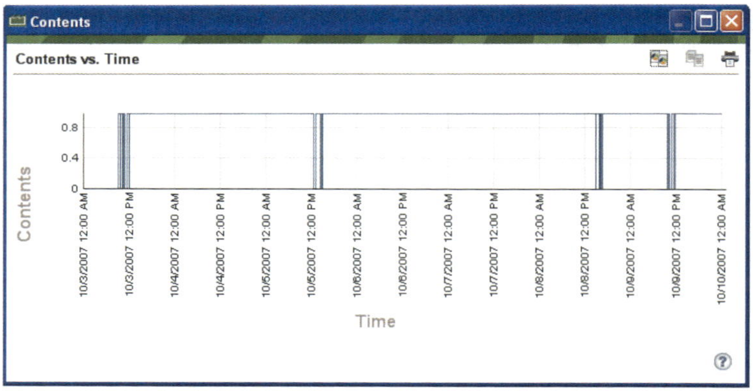

- Percent of Time: 여러 가지 상태(Waiting, working, blocked, stopped, changeover)의 시간의 비율.

Work Center의 상태	
Awaiting Work	Work Center가 work items, resources 등을 기다리는 시간의 비율.
Working	Work Center가 work item을 처리하는데 보내는 시간의 비율.
Blocked	Work Center가 work item을 보낼 object(다른 Work Center 등)가 바쁘거나 용량이 꽉 차서(Storage) work item을 보유한 시간의 비율.
Stopped	Work Center가 실패했거나 고장난 상태에서 보내는 시간의 비율.
Changeover	Work Center가 전환(change over)하거나 준비(set up)하기 위해 보내는 시간의 비율.

파이 차트를 활용하여 Work Center가 working, waiting, blocked, broken 되었던 시간의 양을 나타낼 수 있다. Simulation Results 과제 창에서 chart 단추를 클릭한다.

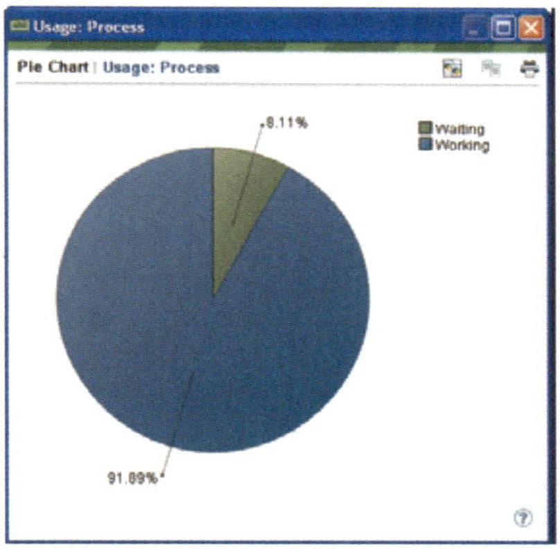

Work Center Storage (작업 센터 스토리지)

이 통합 object는 Simulator가 제공하는 매우 유용한 기능으로 프로세스 지도 그리기를 간단하게 하는데 기여한다. 이 object에서는 Work Center와 Storage/Queue 속성이 결합되어 Work Center 특성을 나타내면서도 queue 분석을 가능하게 한다. 두 개의 object가 하나로 존재하므로 나중에 queue에 관련된 정보를 추가하기 위한 재작업의 필요성을 없애 준다.

여러 storage가 하나의 Work Center에 아이템을 보내거나 하나의 Work Center가 여러 storage에 아이템을 보내는 경우에는 Work Center Storage object를 사용할 수 없다. 그런 경우에는 storage와 Work Center object를 각각 만들어야 한다.

[중요 참고] 매우 중요하지만 종종 무시되는 사항: Work Center Storage를 활용할 때에는 과제 창의 맨 위에 있는 링크를 활용하여 Work Center 또는 Storage/Queue의 속성 중에서 하나를 먼저 선택해야 한다.

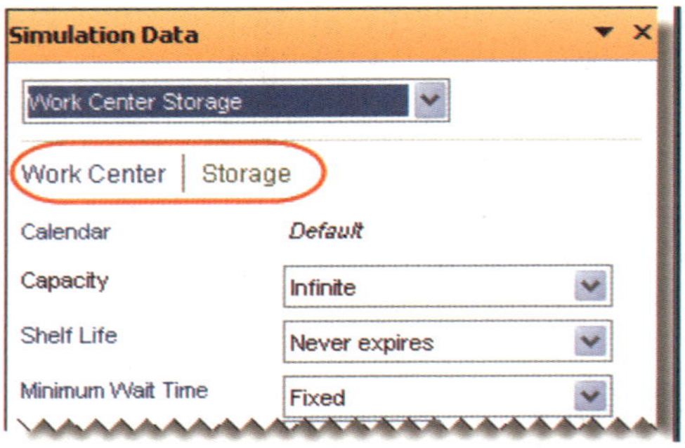

Work Center Storage Simulation Data (작업 센터 스토리지 시뮬레이션 데이터)

Work Center Storage는 "Storage"와 "Work Center"를 결합한 것이므로, 각각에 대한 "Simulation Data" 부분을 참조.

Work Center Storage Simulation Results (작업 센터 스토리지 시뮬레이션 결과)

Work Center Storage는 "Storage"와 "Work Center"를 결합한 것이므로, 각각에 대한 "Simulation Results" 부분을 참조.

Resources (자원)

"Resources"는 Work Center가 work item에 대해 작업을 하기 위해 Work Center에서 필요로 하는 아이템이다. Work Center는 work item과 필요한 resource가 모두 활용 가능할 때가지 작업을 시작할 수 없다. "Resources"의 예는 다음과 같다.

- 프로세스 단계 또는 기계에서 일하는 사람
- 기계의 특정 도구
- 병실의 침대

Resource는 또한 Work Center 간에 공유될 수도 있다. 이런 자원은 필요로 하는 Work Center 사이를 "float(떠 다니다)"하기 때문에 "shared" 또는 "floating" resource라고 불리기도 한다. 활용 가능한 특정 유형의 resource의 수는 resource 대화 상자에서 설정된다.

Resource는 Shift(교대 작업조) 패턴을 활용하여 가용성을 정한 경우에는 시뮬레이션 모델이 실행되는 시간의 일부 동안만 활용될 수 있다. Fitter는 fit하고 Operator는 operate하되 Operator나 Fitter 중 하나만 윤이 나도록 Resource를 그룹으로 묶을 수도 있다. Resource 대화 상자에서 shift에서의 resource의 가용도을 설정하고 resource pool 대화 상자에서 구체적 pooling 방법을 설정할 수 있다. 어떤 Work Center에서는 최소한의 resource를 요청하고, 다음으로 추가 resource가 작업을 촉진하도록 정할 수도 있다.

Assigning Resources to Work Centers (작업장에 자원 할당)

Simulation Data 과제 창에서 "Resources" 링크를 클릭하면 Work Center에서 필요한 resource를 정할 수 있다.

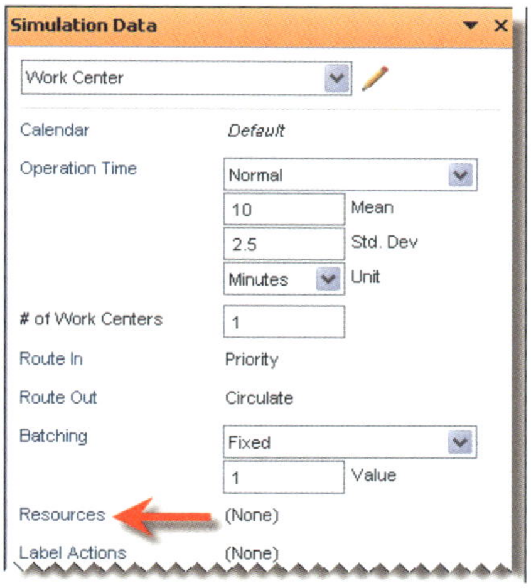

아래 대화 상자에서 "+" 아이콘을 클릭하여 활동에 필요한 resource 유형을 정할 수 있다.

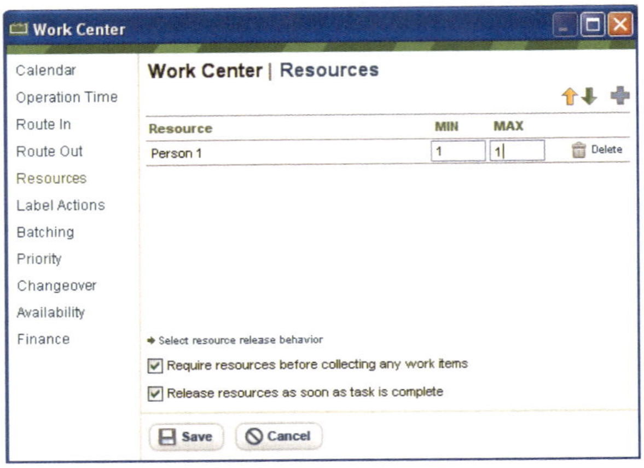

- MIN / MAX: work center에서 어떤 과제를 위해 특정 resource의 하나 이상이 필요하다는 것을 정하려면 MIN과 MAX 상자를 활용한다. MIN 상자에서, 필요한 최소한을 지정한다(시스템 기본 값으로 1이 설정되어 있는데, work center에서 지정된 각 유형의 resource 하나만을 필요로 하는 경우에는 이를 사용할 필요가 없음). 추가 resource를 활용하여 과제를 수행하기 위해 소요되는 시간을 줄일 수 있다면, MAX 상자에 활용할 수 있는 최대치를 입력한다. 과제를 수행하기 위해 소요되는 시간은 다음과 같이 자동적으로 조정된다.

실제 시간 = MIN 숫자 시간 * (MIN 숫자/획득된 resource의 실제 숫자)

*Actual Number of Resources Obtained*는 언제나 작업이 시작되는 시점에 가용한 것으로 Simulator가 찾아낸 것(MAX 상자에 있는 숫자에 따라 달라짐)만큼의 resource 유형이 있다.

또는 Work Center로 하여금 resource가 활용 가능하게 될 때까지 work item을 불러 오지 말도록 할 수 있다.

Select resource release behavior: Work Center로 하여금 작업이 끝나자

마자 resource를 방출하도록 하거나 work item이 work center를 떠날 때까지 resource를 보유하고 있도록 할 수 있다. "*Select resource release behavior*" 링크를 활용하여 추가적인 resource release behavior를 정의할 수 있다. Behavior 탭은 Shift의 종료 시 resource가 제거될 때 그 resource를 활용하는 Work Center에 무슨 일이 일어나는지를 알려준다.

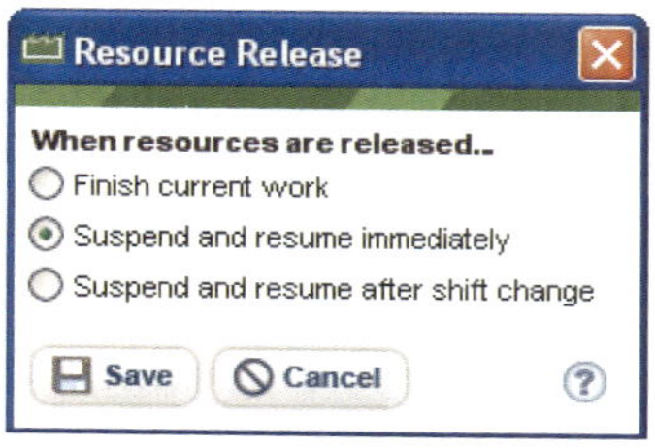

Shift의 종료 시에는 가용한 resource의 숫자가 줄어들었을 수 있다. 제거된 resource의 일부 또는 전부가 현재 Work Center의 작업에 투입되어 있다면 behavior 탭은 무엇이 일어 났는지를 설명한다. Simulator가 resource를 발견할 수 없는 경우에는 어떤 resource도 실제 보유하지 않게 된다. 모든 것이 활용 가능하게 될 때까지 기다리게 된다.

- Finish current work: 마치 resource가 여전히 Work Center에 있어(또는 shift의 종료 후에도 머물러 있어) 진행 중인 과제를 완료하는 것처럼 한다. 이 후 다른 일을 시작하지는 않는다. Vehicles는 언제나 shift 종료 시 resource가 방출되기 전까지 맡고 있는 과제를 완료한다.
- Suspend but resume immediately: 다른 resource가 발견될 때까지 작업을 중지하고 Work Center를 중단 상태로 유지한다.
- Suspend and resume after shift change: 위와 같으나, 남아 있는 resource가 중단된 Work Center에서 활용되지 못하도록 한다. 중단된 Work Center는 다음 shift 변경 시까지 재 시작 대상이 되지 않는다.

● Release resources as soon as task is complete: 보통은 Work Center의 과제가 완료되자마자 resource가 Work Center에 의해 방출

된다. 그러나 Work Center가 봉쇄된 경우, 이는 Work Center가 다른 작업을 할 수 있기 전에 resource가 방출되는 것을 의미한다. 여러 Work Center들과 함께 시뮬레이션 되고 있는 실제 어떤 한 Work Center에서 일련의 과제를 통제하기 위해 Resource가 활용되고 있을 때, 이 것은 바람직하지 않을 수 있다. 그래서 이 '즉시 방출되는' 기능을 특정 Work Center에 대해서 배제할 수 있다. 'Release resources as soon as task is complete' 의 체크를 해제하면 된다.

- Require resources before collecting any work items: resource는 Work Center가 작업을 시작하기 전에 Work Center에 있어야만 하며 work item은 보통은 작업을 시작하기 전에 Work Center로 이동하지 않는다. 그러나, Work Center에 여러 work item을 모으기 위해 "collect" routing이 활용된 경우에는, 시스템 기본 값인 "Require resources before collecting any work items"의 체크박스의 선택을 푸는 것도 가능하다.

Resource Simulation Data (자원 시뮬레이션 데이터)

Resource는 shift에서 언제든지 활용할 수 있다. 시스템의 기본 값으로는, 정의된 shift가 없기 때문에 정의된 resource의 수는 시뮬레이션 전 기간 동안 항상 활용 가능하다.

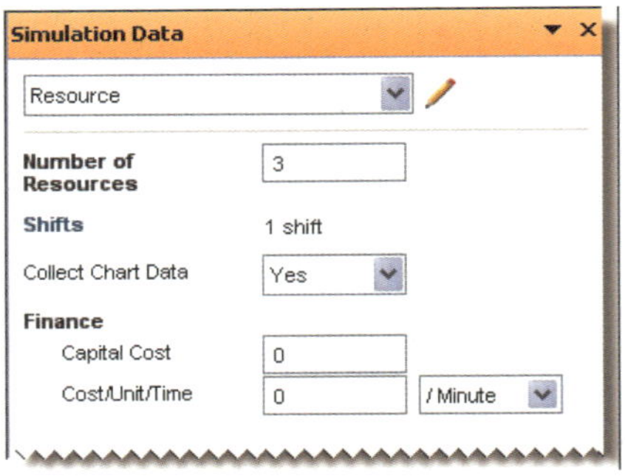

- Shifts: "Shifts" 링크를 활용하여 각 shift 동안 이런 유형의 resource가 얼마나 활용 가능한지를 나타낸다. "Shifts" 링크를 클릭하고 "Amount" 숫자 상자를 클릭한 다음 이 숫자를 해당 shift 동안 활용 가능하기를 원하는 자원의 양으로 바꾼다. "✚" 아이콘을 클릭하여 새로운 shift를 추

가한다. Shift가 "on" 상태가 되는 때를 조정하려던 "Name" 열에 있는 shift의 이름을 클릭한다.

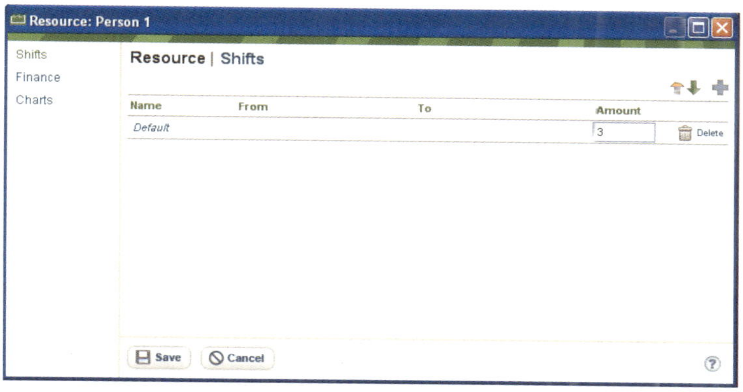

- Collect Chart Data: "yes"를 선택하여 resource에 관한 차트 데이터를 수집한다.
- Finance: resource에는 2가지 유형의 비용이 관련된다.

  - Capital Cost: resource가 활용되자 마자 한번만 발생하는 비용. Resource 단위의 수는 시뮬레이션 동안 어떤 한 시점에서 활용되는 이런 유형의 resource의 최대 수로써 계산된다. 예를 들어, Resource A의 Capital Cost/Resource 단위가 $10이고 모델이 최대 6단위의 Resource A를 활용한다면, 발생 비용은 $60이 된다.
  - Cost/Unit/Time: Work Center가 resource를 필요로 하는 경우, Work Center에 의해 처리된 각 work item은 Work Center에 대한 비용뿐만 아니라 각 resource에 대한 시간 당 단위 비용을 누적 합산한다.

Resource Simulation Results (자원 시뮬레이션 결과)

Resource results는 Work Center가 활용할 수 있는 resource의 비율을 나타낸다. 10개의 resource가 있고 10개가 지속적으로 활용되고 있으면 활용도는 100%가 되는 것이다. 만일 10개가 항상 활용되고 있고 때대로 10개가 가용한데, shift 패턴이 때때로 20개를 가용하게 한다면 활용도는 100% 미만이 될 것이다.

Resource의 Simulation Results는 "Simulation Results" 과제 창을 통해

볼 수 있다. 시계열 그래프는 시뮬레이션에 걸쳐 사용 중인 resource의 숫자를 나타낸다.

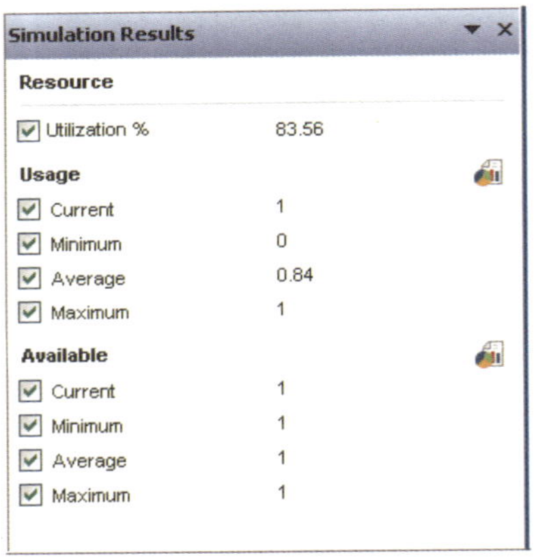

Simulation Results 과제 창은 다음과 같이 구성되어 있다.

- Checkboxes: 체크하면 선택한 결과를 simulation report로 보낸다. Report에 새로운 요소를 추가하려면, 원하는 정보 옆에 있는 체크박스를 선택한다. Simulation report에 즉시 추가되며 report에 있는 값은 시뮬레이션 실행이 끝날 때마다 자동적으로 경신된다.
- Utilization %: 1차적 결과는 resource의 utilization(활용도)이다. Resource가 활용된 시간의 비율이다.
- Usage: 시간에 걸쳐 Work Center에 의해 활용되고 있는 resource의 숫자를 나타낸다.

Resource Usage Statistics (자원 활용 통계량)	
Current	현재 활용되고 있는 resource의 숫자.
Minimum	시뮬레이션을 통해 work center에 의해 보유된 resource 중 가장 작은 수.
Average	work center에 의해 보유된 resource의 평균치.
Maximum	시뮬레이션을 통해 work center에 의해 보유된 resource 중 가장 큰 수.

- Graph: 시뮬레이션 전 과정 동안 활용된 resource의 수에 대한 시계열 그래프. 해당 object를 클릭하고 Simulation Results 과제 창에 있는 그래프 단추를 클릭한다.

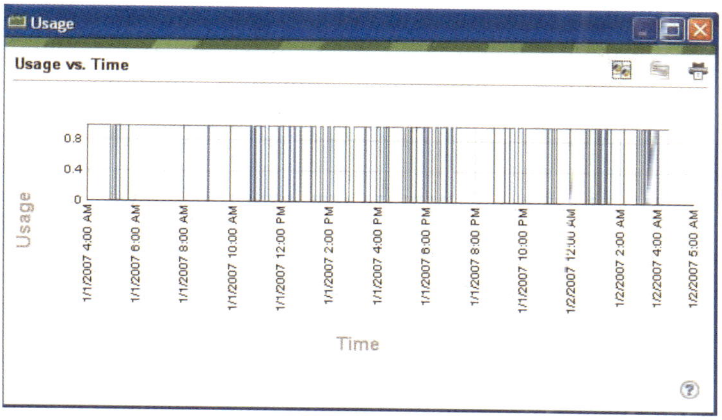

- Available: 가용 자원의 수가 보통은 일정하기 때문에 일반적인 경우에는 활용되지 않는다. 그러나, shift calendar가 24/7으르 설정되어 있지 않은 경우에는 그 것이 커졌다 작아졌다 하는 것을 볼 수 있다(이 경우엔 0~2 사이).

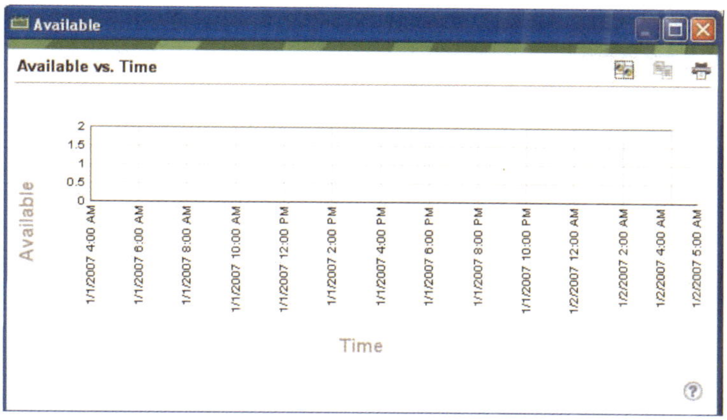

Modeling Traveling Resources (유동 자원 모델화)

시그마플로우 시뮬레이터(SigmaFlow Simulator) 소프트웨어에서는 "Resource Release As" 기능을 활용하여 Traveling Resource를 모델화할

수 있다. 이를 통해 시뮬레이션 모델 내에서의 workflow를 제어하는 강력한 장치를 확보하게 된다. 처리 시간의 막판에 Work Center가 resource를 방출할 준비가 되었을 때, Work Center는 resource를 다른 resource 유형으로 변환할 수도 있다. Resource가 변환하면 활용할 수 있는 원 resource의 수는 감소하는 반면, 활용할 수 있는 목표 resource의 수는 증가한다. 이런 변환은 다른 work center가 resource를 다시 변환하지 않는 한 영속적이다. 이 기능은 다음과 같은 2 시나리오를 모델화하는데 유용하다.

❶ 모델에 있는 work item의 수를 관리

❷ Work item에 resource를 연계. 예를 들어, 환자와 간호사, 들 것과 환자, 차와 운전자 등.

- Problem: 공항과 회사 사이를 차로 이동하는 한 그룹의 운전자를 시뮬레이션 해본다. 여기에는 2개의 관련 프로세스가 있다. 공항에서 회사까지 차를 운전한다. 회사에서 공항까지 버스를 탄다.

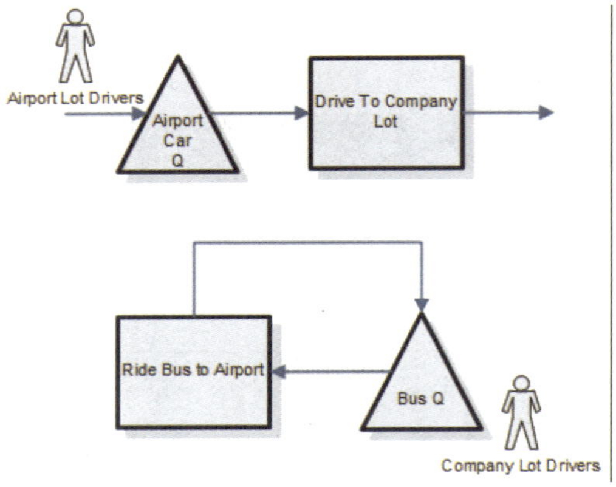

이 문제에 대한 좋은 해결책은 traveling resource를 활용하는 것이다. “Drive to Company Lot” Work Center로 하여금 “Airport Lot Drivers”를 “Company Lot Drivers”로 방출하도록 하고, “Ride Bust to Airport” work center로 하여금 “Company Lot Drivers”를 “Airport Lot Drivers”로 방출하도록 한다.

Traveling resource를 지원하는 기능은 resource 목록에 있는 "Edit" 단추와 팝업 메뉴에 있는 "Release resource as" 옵션을 포함한다.

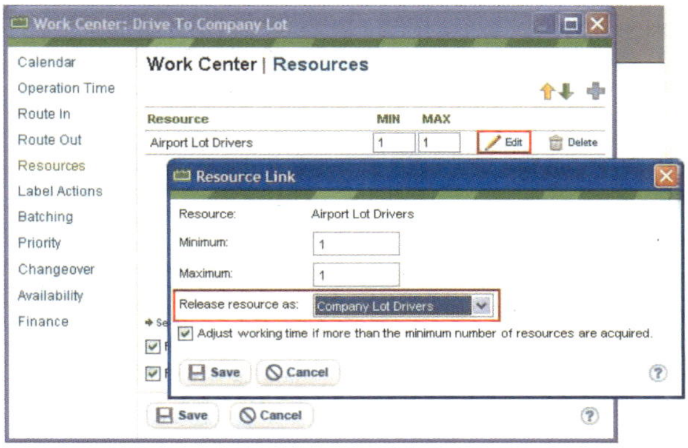

"Airport Lot Drivers" resource는 통상적인 방법으로 설정된다.

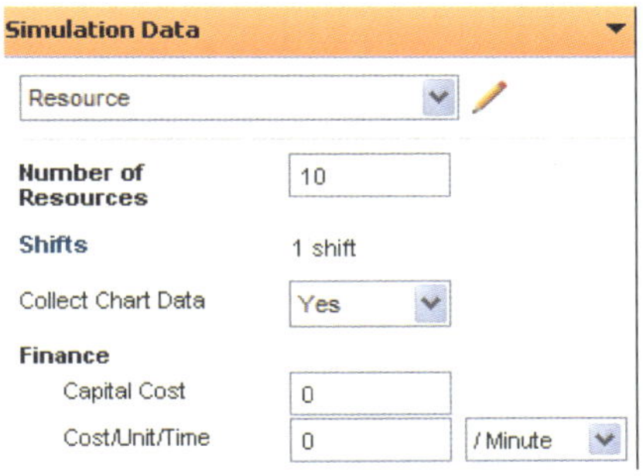

"Company Lot Drivers" resource는 Number of Resources의 수를 0으로 설정했다. 이는 모든 운전자가 공항에서 출발하기 때문이다.

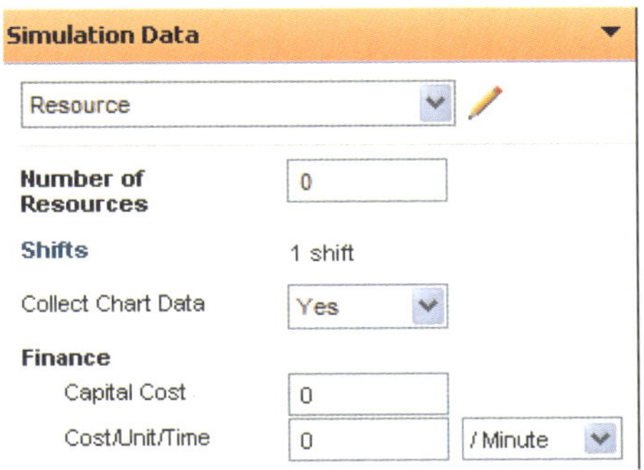

Results

"Airport Lot Drivers" resource가 되었다 "Company Lot Drivers" resource가 되었다 하는 운전자가 10명이 있을 경우를 가정한다. 먼저, 두 resource의 그래프를 본다.

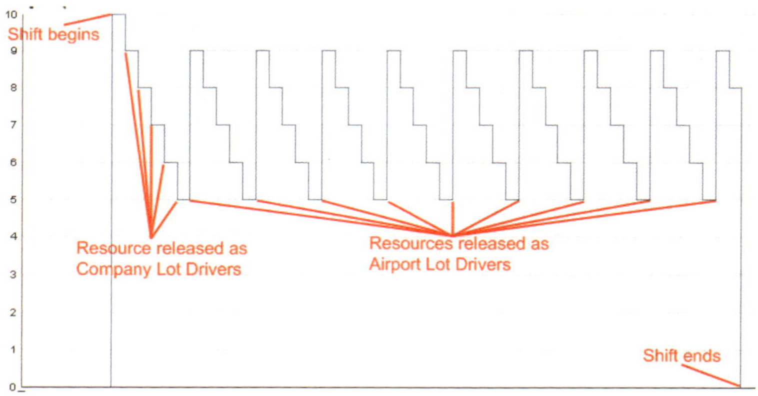

그림에서 볼 수 있는 바와 같이, Drive to Company Lot 프로세스에서 운전자가 활용됨에 따라 공항에서 가용한 운전자는 점차 감소한다. 그런 다음 여러 운전자가 Ride Bus to Airport Lot 프로세스를 통해 돌아 오면 갑자기 그 수가 늘어난다.

그림에서 볼 수 있는 바와 같이, Company Lot Drivers 그래프는 정반대이다. resource는 Drive to Company Lot 프로세스를 통해 점진적으로 추가되며, 그런 다음 양이 Ride Bus to Airport Lot 프로세스를 통해 갑자기 감소한다.

사실, resource가 옮겨 다닐 때, 특정 시점에서의 각 resource의 가용 양의 합은 그 기간 동안 shift에서의 양과 같다. 예를 들어, 시점을 선택해서 Airport Lot Driver와 Company Lot Driver의 가용 양을 측정하면 그 합이 항상 10이 된다(이는 Simulation Data 창에서 설정한 Resource의 양임).

Resource Utilization (자원 활용)

Traveling resource에 대한 일반적 공식은 다음과 같다.

Overall utilization = Overall Average Usage / Overal Average Available = (Resource1.Average Usage + Resource2.Average Usage + … + ResourceN.Average Usage) / (Resource1.Average Available + Resource2.Average Available + … + ResourceN.Average Available)

즉, 전체 활용 = 전체 평균 활용 / 전체 평균 가용 양 = (Resource 1의 평균 활용 + Resource 2의 평균 활용 + … + Resource N의 평균 활용) / (Resource 1의 평균 가용 양 + Resource 2의 평균 가용 양 + … + Resource N의 평균 가용 양)

앞의 예:

Overall utilization = (Airport Lot Drivers Average Usage + Company Lot Drivers Average Usage) / (Airport Lot Drivers Average Available + Company Lot Drivers Average Available)

Pool Resources (결합 자원)

Pool Resource는 가상의 resource이다. 즉 pool resource는 실제로는 존재하지 않는 다른 resource의 결합이다. "OR" 기능을 활용하여, Work center의 요구에 맞춰 한 resource를 다른 resource로 대체할 수 있도록 하며 교차-훈련을 모델화하는데 매우 효과적이다. Pool resources는 다음과 같은 특성을 갖는다.

- Resource는 결합뿐만 아니라 결합되지 않은 활동에서 동시에 활용할 수 있다.

- Pool resource는 shift 패턴이나 가용성을 직접 활용하지 않는다.
- Pool resource는 개별 resource의 결합이다. 결합에 있는 숫자는 결합된 모든 자원의 합이다.
- Pool resource는 다른 유형의 resource로 방출될 수 없다.
- 과제가 Work Center에서 소비하는 시간은 결합에서 발견되는 resource의 실제 유형에 따라 달라질 수 있다.
- 결합에 있는 resource는 우선순위에 따라 나열된다.

예: 과제 A가 사람 A에 의해 수행되고, 과제 B는 사람 B에 의해 수행되며, 과제 C는 사람 A나 B에 의해 수행될 수 있다면, resource C를 만들어 resource 대화 상자에서 Pooled 체크박스를 활용하여 Work Center가 resource C를 구할 때마다 A나 B가 활용되도록 설정한다.

Work center가 특정 resource를 필요로 하고 그 resource가 pool resource이면, Simulator는 결합 자원 내부를 살펴 보고 결합에 있는 resource 중 하나를 찾아낸다. SigmaFlow Simulator 소프트웨어는 "Pool Resource"에 대한 Simulation Data 속성에서 "Members" 링크에서 resource가 나타나는 순서를 살펴본다.

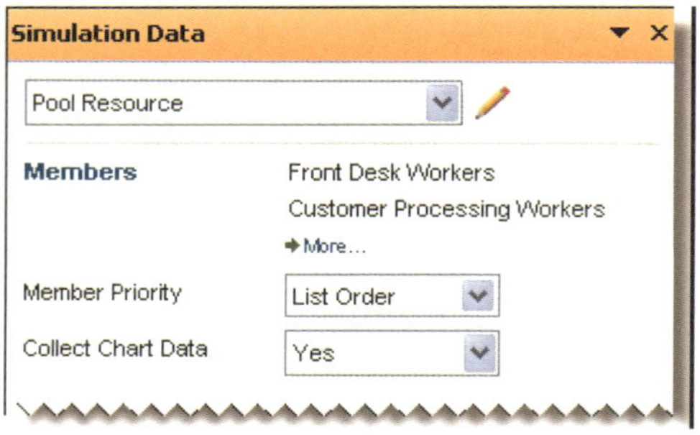

Pool Members (결합 자원 멤버)

Pool members는 특정 Work Center에서 필요로 하는 resource의 목록을 보여준다. 각 resource는 Work Center가 작업을 시작하기 전에 활용할 수 있는 상태에 있어야 한다. "Members" 대화 상자에서 "Select Resources to Add" 드롭다운 목록에서 해당 resource를 선택한다. "Delete" 링크를 클릭하면 Work Center에서 필요로 하는 목록에서 그 resource를 삭제한다.

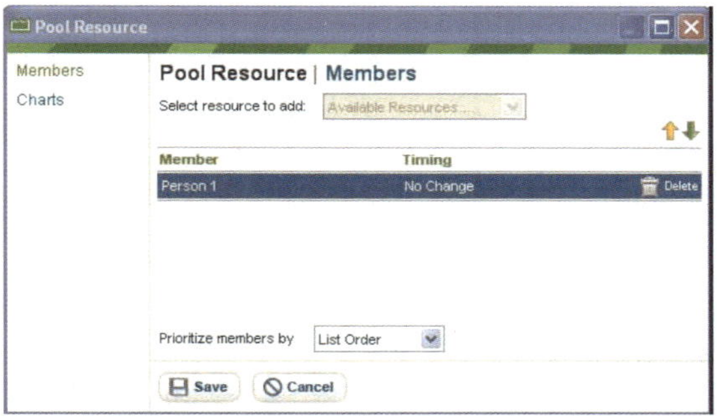

Resource Dependent Timing (자원 기반 시간)

이는 어떤 resource가 resource pool에 있는 resource 중 하나에 대한 수요를 충족하기 위해 활용된 경우, 과제를 수행하기 위해 소비하는 시간을 정의할 수 있는 표준 대화 상자이다. Members 대화 상자에서 "Timing" 열 밑에 있는 텍스트를 클릭하면 나타난다.

특정 과제에 대한 처리 시간은 누가 그 것을 수행하는가에 따라 크게 변할 수 있다. 예를 들어, pooled resource를 활용하여 기술적 지원 문제를 해결한다고 가정하자. 만일 그 pool이 전문가와 신참내기 직원으로 구성되어 있다면, 전문가 직원이 신참 직원보다 더 빠르게 그 문제를 해결할 것으로 기대하는 것은 합당한 것이다. 달리 말하면, 기술 지원 Work Center에서의 처리 시간은 pooled resource member 중 누가 작업을 수행하게 되는가에 따라 달라진다.

과제에 대해 획득한 resource, 즉 누가 그 일을 하게 되었는가에 따라 처리 시간이 변하도록 할 수 있다. 목록에 있는 resource 이름 옆에 있는 "Timing" 옵션을 활용하여 이를 설정할 수 있다. 시스템에서는 기본적으로 "No Change"로 설정되어 있다. Resource에 대한 시간을 바꿀 경우에는, "No Change" 링크를 클릭하면 된다. 각 resource에 대해 이름이 부여된 분포나 고정 요소에 따른 척도를 입력할 수 있다.

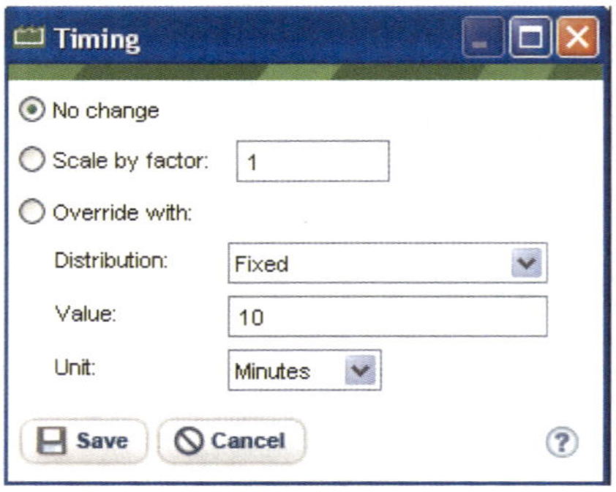

- "Scale by factor" 옵션을 활용하는 경우에는 지정된 고정 값이 Work Center에 포함되어 있는 표본 processing time(처리 시간)에 곱해진다. 따라서 2라는 값은 Work Center의 processing time을 2배 하는 것이고 0.5라는 값은 processing time을 반분하는 것이다.
- "Override with" 옵션을 활용하는 경우에는 분포에 포함된 processing time이 resource pool이 참조하고 있는 Work Center에 의해 지정된 분포를 대체하게 된다

Resource Priority (자원의 우선순위)

Pooled resource의 경우, resource의 우선순위(또는 resource가 선택되는 순서)는 "Prioritize Members by" 드롭다운 옵션을 활용하여 정의할 수 있다. 목록에 있는 resource의 순서를 up/down 화살표 아이콘을 활용하여 변경할 수 있다. Simulator는 2가지 우선순위 방법을 가지고 있다. ① List Order와 ② Circulate. List Order는 resource 선택을 목록에 있는 순서대로 한다. Pool이 요청 사항을 충족시키려 할 때마다, 우선 목록에서 첫 번째 resource를 선택한다. 두 개 이상의 resource가 필요한 경우에는 가용한 자원 중에서 가능한 한 많이 선택하여 목록을 찾아 내려간다. 이 것이 시스템에서 기본적으로 정한 옵션이다.

Circulate는 pool에 있는 모든 자원 중에서 돌아가며 선택한다. 이 경우, Simulator는 pool에서 선택되었던 마지막 resource를 기억한다. 다음 번에 선택할 때에는 목록에서 다음 번 resource로부터 시작한다. Resource의 무작위적인 가용성에 따라, circulate 옵션이 실제 가용한 resource에 걸쳐 수요를

매끄럽게 충족하거나 하지 못할 수 있다.

Pool Resource Simulation Results (결합 자원 시뮬레이션 결과)

Pool Resource의 결과는 Pool Resource의 Simulation Result 과제 창에서 볼 수 있다.

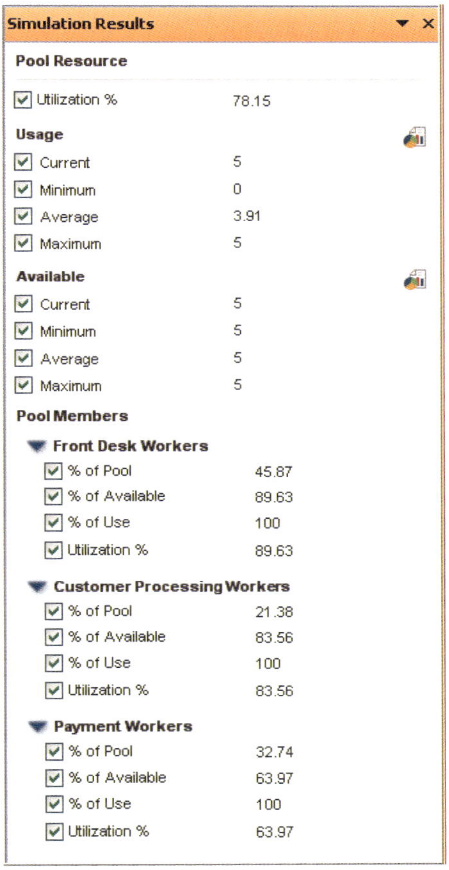

Simulation Results 과제 창은 다음 요소로 구성되어 있다.

- Checkboxes: 체크하면 선택한 결과를 simulation report로 보낸다. Report에 새로운 요소를 추가하려면, 원하는 정보 옆에 있는 체크박스를 선택한다. Simulation report에 즉시 추가되며 report에 있는 값은 시뮬레이션 실행이 끝날 때마다 자동적으로 경신된다.

- Utilization %: Pool Resource의 전반적 활용도를 나타낸다. Pooled resource의 활용은 자세한 pool 결과를 통해 가장 잘 설명된다. Pooled resource에 대한 주요 resource 결과 대화 상자에 나타나는 활용도는 pool에 포함된 각 resource의 활용의 가중평균 값이다. Pool에 있는 모든 요소가 똑같이 pool에 기여했다면, 전반적 활용도는 자세한 결과(detailed results)에 나오는 "% of Available" 열의 평균이 된다. 그러나 "% of Pool" 열은 각 resource의 pool에 대한 기여에 따라 평균에 가중치를 적용하기 위해 활용된다. 전반적 pool 활용도는 pool이 얼마나 가용한가를 나타내는 것이 아님에 주의해야 한다. 이는 pool이 구성하고 있는 요소들이 다른 pool에 의해 많이 활용되고 있거나 Work Center에 의해 직접 활용되고 있을 수 있기 때문이다. 자세한 pool 결과를 보면 pool이 어떻게 활용되고 있는지에 대한 더 자세한 정보를 얻을 수 있다.
- Usage: 시간에 걸쳐 woWork Center에 의해 활용되고 있는 pool resource의 숫자를 나타낸다.

Resource Usage Statistics (자원 활용 통계량)	
Current	현재 활용되고 있는 pool resource의 숫자.
Minimum	시뮬레이션을 통해 work center에 의해 보유된 pool resource 중 가장 작은 수.
Average	work center에 의해 보유된 pool resource의 평균치.
Maximum	시뮬레이션을 통해 work center에 의해 보유된 pool resource 중 가장 큰 수.

- Graph: 시뮬레이션 전 과정 동안 활용된 resource의 수에 대한 시계열 그래프. 해당 object를 클릭하고 Simulation Results 과제 창에 있는 그래프 단추를 클릭한다.
- Checkboxes: 체크하면 선택한 결과를 simulation report로 보낸다. Report에 새로운 요소를 추가하려면, 원하는 정보 옆에 있는 체크박스를 선택한다. Simulation report에 즉시 추가되며 report에 있는 값은 시뮬레이션 실행이 끝날 때마다 자동적으로 경신된다.
- Utilization %: 1차적 결과는 resource의 utilization(활용도)이다. Resource가 활용된 시간의 비율이다.
- Usage: 시간에 걸쳐 Work Center에 의해 활용되고 있는 resource의 숫

자를 나타낸다.

Resource Usage Statistics (자원 활용 통계량)	
Current	현재 활용되고 있는 resource의 숫자.
Minimum	시뮬레이션을 통해 work center에 의해 보유된 resource 중 가장 작은 수.
Average	work center에 의해 보유된 resource의 평균치.
Maximum	시뮬레이션을 통해 work center에 의해 보유된 resource 중 가장 큰 수.

- Graph: 시뮬레이션 전 과정 동안 활용된 resource의 수에 대한 시계열 그래프. 해당 object를 클릭하고 Simulation Results 과저 창에 있는 그래프 단추를 클릭한다.
- Available: shift calendar가 24/7으로 설정되어 있지 않은 경우에만 이 차트에 대한 차이가 그림으로 표시된다. 이는 구성 resource가 다른 shift 패턴을 가지고 있고 그 shift 패턴이 어떻게 상호작용하는지를 볼 때 특히 유용하다.

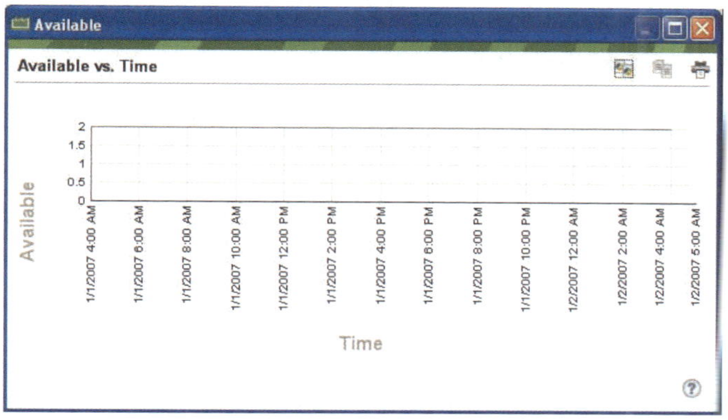

- Pooled Members: 대표적 pool 결과는 Pool Resource Simulation Results 과제 창에 나타난다. Pool Members 부분은 시뮬레이션에서 활용된 각 pool에 대한 자세한 resource results를 제공한다. Pooled resources는 간단한 활용비율과 자세한 통계량을 제공한다. 다음 표와 도표에 어떤 pool에서의 resource의 상대적인 노력(기여)에 대한 분석 결과가 나타나 있다. 이 도표는 또한 결과에 포함된 고장 비율의 일부도 설명하고 있다.

Resource	% of Pool	% of Available	% of Use	Utilization %
Doctors	49.06	6.25	6.25	86.73
Nurses	50.94	4.69	25.68	18.25

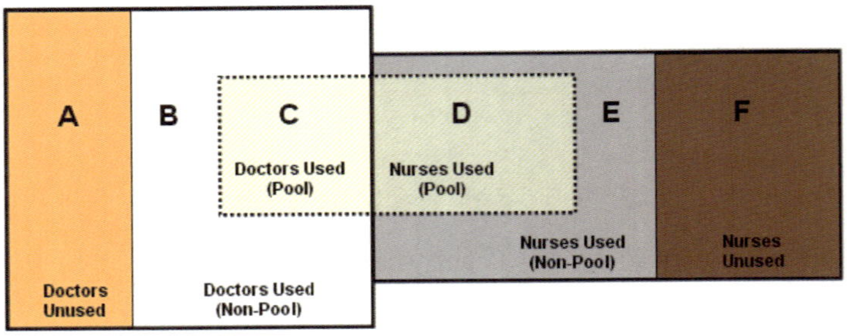

위 도표에서 각 상자는 Doctor(의사)와 Nurse(간호사)에 대한 어떤 수요를 충족하기 위해 활용되었거나 가용한 노력의 양을 나타내고 있다. 이 모든 resource에 걸친 결합 노력(가용 및 활용)이다. 도표의 왼쪽에 있는 상자 A, B, C는 Doctor에 대한 총 예정시간을 나타낸다. 이는 pooled와 non-pooled 활동 둘 다에 대해 가용한 시간을 나타낸다. 똑같이, D, E, F의 결합된 합은 가용한 Nurse의 총수를 나타낸다. 총 가용시간은 교대 작업조 패턴이 활용되고 있는 경우에는, 자원의 교대 작업조 패턴으로부터 취합된다. 각 상자는 총 사람-시간 단위로 표시되어 있으며, 따라서 시뮬레이션이 시간 단위로 분을 사용하고 있다면 노력은 사람-분 단위로 표시된다.

각 pool에 대해 다음 통계량이 산출된다.

- % of Pool: resource가 기여한 pooled 노력의 %. 위 그림에서 [C/(C+D)]에 해당한다. 모든 % of Pool의 합은 100%가 된다.
  예) 총 100분이 pooled 노력에 있는 resource에 의해 소비된다면, Doctor가 49.06 분, Nurse가 50.94 분을 소비하는 것이다.
- % of Available: Pooled 활동을 위해 resource가 활용된 시간의 %. 이는 pool 수요를 충족하기 위해 resource가 활용된 시간의 양으로써 그 resource에 대해 가용한 총 양의 비율이다. 위 그림에서 [C/(A+B+C)]에 해당한다. 총합이 100%이 되어야 하는 것은 아니다.
  예) Doctor가 총 8시간이 가용한 데 어떤 pooled 활동에 30분을 소비한다면, % of Available은 6.25%가 된다.

- % of Use: 동일한 resource가 Pooled와 Non-pooled 활동에 대해 활용된다면, 이는 pooled 활동에 대해 쓰여진 시간의 %가 된다. 위 그림에서 [(C/(B+C)]에 해당한다.
- Utilization %: 이는 pooled와 non-pooled 활동 모두에 활용된 각 resource의 전반적 활용도이다. 이는 각 resource에 대해 보고된 활용도와 동일하다. 위 그림에서 [(B+C)/(A+B+C)]에 해당한다.

Work Finish (작업 종료)

Work Finish는 완료된 작업이 모델을 떠나는 장소이다. 각 작업 아이템이 떠나는 시점에, 그 것이 모델에서 얼마나 많은 시간을 보냈는지에 대한 데이터가 기록된다. 이 정보는 Work Finished의 Simulation Results 과제 창 또는 Results Summary에서 볼 수 있다. Work Finished에 대한 Results는 work item의 유형에 따라 구분될 수 있다. Work Finished는 1차적으로 Throughput과 Cycle time과 같은 결과를 기록하는데 활용된다. 또한 시스템에서 더 이상 필요하지 않은 아이템을 "내버리는" 데에도 활용된다.

Work Finished Simulation Data (작업 종료 시뮬레이션 데이터)

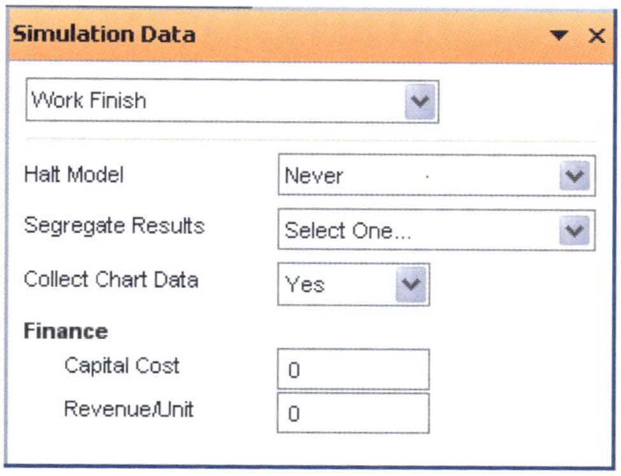

- Halt Model: 미리 정해진 수의 아이템이 완료된 후에 모델을 정지한다.
- Segregate Results: 아이템의 label(속성)에 따라 완료된 작업의 결과를 분리한다. 특정 label에 따라 시스템에서의 시간 결과를 범주화하도록 해준다.

Work item priorities, products, colors 등에 따라 시스템에서의 시간을 비교할 수 있다. 이는 시스템 내에서의 우선순위 부여 방법을 활용할 때 특히 유용하다.

- Collect Chart Data: "Yes"를 선택하면 cycle time 히스토그램 데이터를 수집한다.
- Finance: 이 활동과 관련된 capital cost와 함께 아이템 당 수집된 수익을 정의한다. 2개 이상의 수익(Work Finished 시점)을 가지고 있는 경우, 손익계산서(Profit and Loss statement)는 각 수익의 원천을 독립된 항목으로 보여준다.

  - Capital Cost: Work Finished가 활용되자 마자 단 한번 발생하는 비용. 이 비용은 Work Center를 통과하는 work item의 수에 영향 받지 않는다. Simulation Results Collection 기간에 걸쳐 상환되는 Work Finished의 자본 비용이다.
  - Revenue/Unit: 수익 숫자가 Work Finished Points에서 수집됨. 완료된 각 아이템에 수익 숫자를 연계할 수 있다.

Work Finished Simulation Results (작업 종료 시뮬레이션 결과)

Work Finished로부터의 대표적 결과는 다음과 같다.

- Work Completed (Throughput)
- Time in System (Cycle Time)
  - 시작부터 끝까지
  - 이는 storage에서의 대기 시간(waiting time)과 Work Center에서의 처리 시간(processing time)을 포함한다.
- 시스템 통계량에 있는 시간은 시스템 통계량에 있는 Storage 시간과 유사한다.

Work Finished object의 결과는 Work Finished의 Simulation Result 과제 창에서 얻을 수 있다.

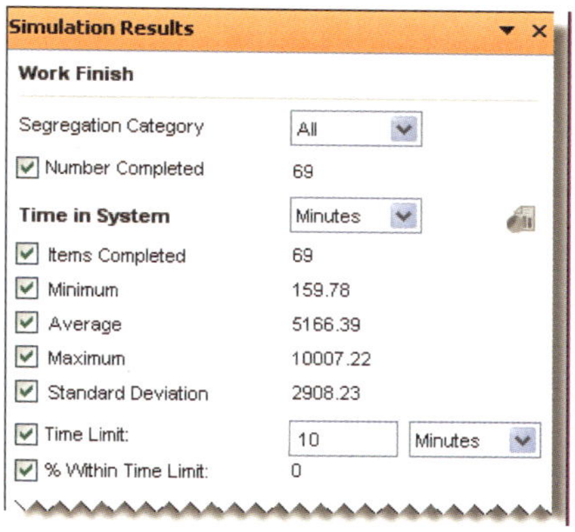

결과 창은 다음 요소를 가지고 있다.

- Checkboxes: 체크박스를 체크하면 선택한 결과를 simulation report로 보낸다. Report에 새로운 내용을 추가할 때에는 추가할 정보 옆에 있는 체크박스를 선택한다. Simulation Report에 즉시 추가되고 시뮬레이션 실행이 끝날 때마다 Report에 있는 값들이 자동으로 경신된다.
- Segregation Category: 필요 시에는 결과 수집을 label에 따라 분리할 수 있다. "Simulation Data" 과제 창에 있는 Segregate 결과 드롭다운 목록에서 원하는 label을 선택한다. 예를 들어, work item에 "illness"(병원에 있는 환자에게 어떤 일이 일어나는가에 따라 여러 가지 다른 값을 가짐)라는 label을 붙인 경우, 이 label을 선택하여 결과를 구분함으로써 다른 범주의 환자들이 얼마나 오랫동안 병원에 머물러 있었는지를 알 수 있다.

모델 실행 후 각 결과 대화 상자를 보면 하나의 콤보 상자가 나타나는데, 여기서 ALL을 선택하여 모든 범주에 대한 결과를 보거나, 어떤 값을 선택하여(각 label 값이 여기에 나타남) 개별 범주에 대한 결과를 볼 수 있다. 어떤 범주를 선택하면 대화 상자의 일부에 있는 결과에는 그 범주에 관한 것만 나타난다. 범주화된 결과를 Results Summary에 추가할 수 있다.

[참고] 구분 범주(Segregation category)는 "Time in System"과 "% Within Time Limit" 통계량에만 적용된다.

- Time in System: Work Finish는 모든 중요한 통계량을 수집한 후에는

아이템들을 버린다.

Work Finish Time Statistics	
Items Completed	시스템을 떠난 아이템의 수.
Minimum	어떤 아이템이 시스템에 머물렀어야만 하는 가장 짧은 시간.
Average	아이템이 시스템에서 보낸 가중평균 시간.
Maximum	어떤 아이템이 시스템에 머물렀어야만 하는 가장 긴 시간.
Standard Dev.	아이템이 시스템에서 보낸 시간의 표준편차.
Time Limit	"Queuing Time within limit" 결과에 대한 목표 시간. 이 결과는 목표치 보다 짧은 시간 동안 시스템에 있었던 아이템의 비율.
% Within Time Limit	지정된 "Time Limit"동안 시스템에 있었던 아이템의 %.

Work item이 대기열에서 대기했던 시간과 모델 전체에서 보낸 시간을 보여주는 히스토그램을 활용할 수 있다. 해당 queue나 완료된 작업 object에 대한 Simulation Results 과제 창에서 차트 아이콘을 클릭하면 된다.

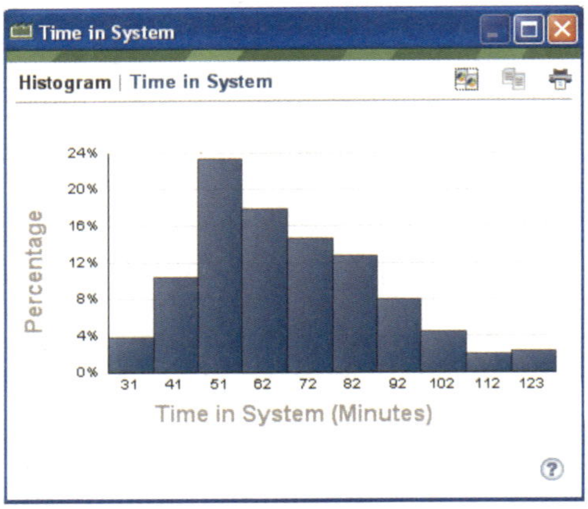

Y-축은 work item의 비율을 보여주며 X-축은 시스템에서의 Cycle time을 보여준다. 이 히스토그램은 10개의 막대로 구분되어 표시된다(최대 시간이 10개의 시간 계층으로 균등하게 나누어진다).

Collecting and Batching (수집 및 일괄처리)

"batching"은 작업을 개별적이 아니라 그룹으로 처리하는 것을 말한다. 여러 work item을 그룹으로 처리하기 위해서는 그룹으로 묶어야 한다(그룹으로 처리하는 것을 끝낸 경우에는 그룹을 푼다).

여러 work item을 그룹으로 묶어 Work Center에서 하나의 work item이 되도록 하기 위해서는 "Route in"과 "Collect" 옵션을 선택한다. Collect는 보통 여러 queue로부터 work item을 수집할 때 활용한다. 그러나, 또한 하나의 위치로부터 여러 work item을 수집하여 그들을 하나의 work item으로 그룹화할 때에도 활용한다.

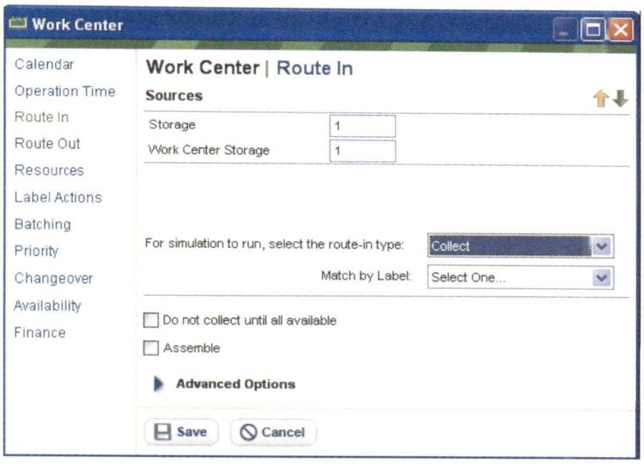

이런 방법으로 work item을 그룹화하는 경우에는, 또한 같은 Work Center에서 "Batching" 단추를 활용하여 work item을 여러 개별 work item으로 분할하는데에도 활용할 수 있다. 이 옵션을 Work Center의 과제 창에서 이용할 수 있다.

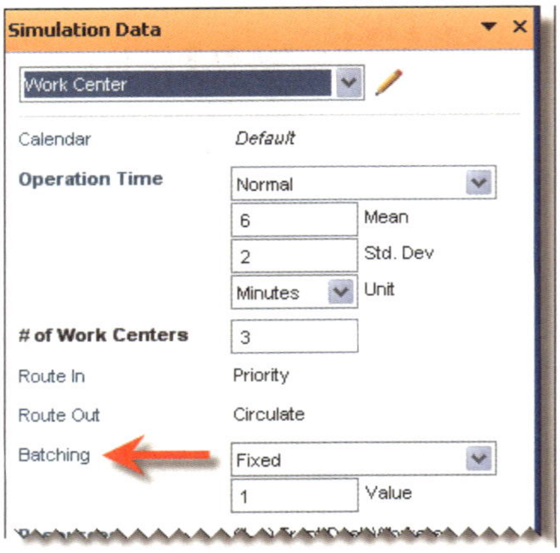

여러 work item을 하나의 Work Center로 가져와서 그것들 모두를 독립된 work item으로 계속 유지시키면서도(그래서 동일한 개별 item으로 Work Center를 떠남) 하나의 과제처럼 함께 처리하기 위해서는 "Route In" 대화 상장에 있는 "Label Batching" 링크를 활용한다. 특별한 경우, batch가 모델에서 하나의 batch로 시작하지만 즉시 여러 개별 work item으로 분리될 수도 있다. 보다 자세한 내용은 "Label Batching"에 나와 있다.

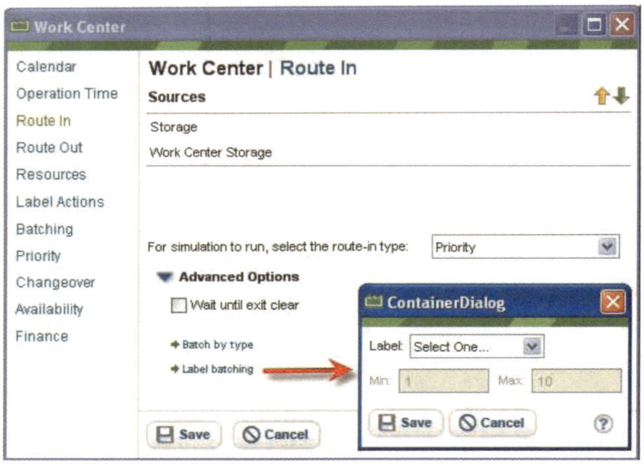

"Label Batching"은 "Collect" route-in 유형에서는 활용할 수 없다.

Routing-Route In/Route Out (경로-들어가기/나가기)

Routing은 시뮬레이션 모델에서 개별 work item이 취하는 경로를 통제한다. Work item이 object에 들어오고 나갈 때 경로를 통제할 수 있다. Routing은 여러 object 간에 놓여진 화살표에 따라 자동적으로 정의된다. Routing 흐름을 그리는 방법은 다음과 같다.

❶ "Line Connector Tool" 단추를 클릭한다.

❷ 경로 상 FROM이 될 시뮬레이션 object를 클릭한다.

❸ 경로 상 TO가 될 시뮬레이션 object로 마우스를 끌어 놓는다.

❹ 연결선을 클릭하고 〈Delete〉를 클릭하면 route가 제거된다. 또한 route를 선택하고 마우스 오른쪽 단추를 누르면 나타나는 메뉴에서 "Delete"를 클릭한다.

Routing In to a Work Center (작업 센터로 가져오기)

Routing In 대화 상자는 Work Center의 Simulation Data 과제 창에서 "Route In" 링크를 클릭하면 나타난다. 여기서 Work Center가 과제를 수행할(즉 작업할) work item을 어디서 얻을 것인가를 정할 수 있다.

- 상자의 맨 위쪽에 있는 소스 목록은 Work Center에 들어 가는 모든 투입 요소를 나타내는 Priority 목록이다.
- 일부 route 방법에 대해서는 목록에서의 위치가 중요한 의미를 갖는다.

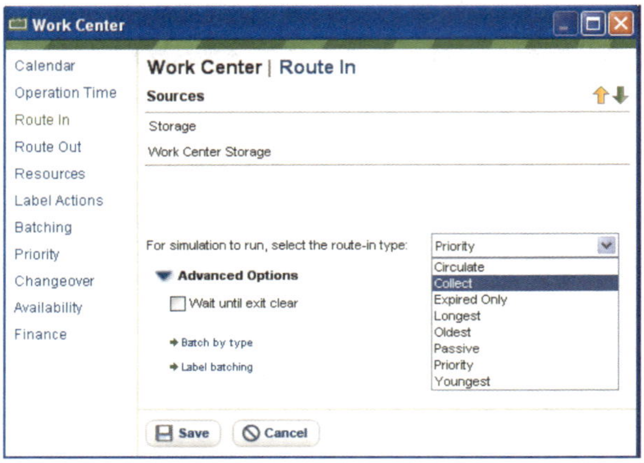

Sources (소스)

이들은 시뮬레이션 창에서 경로(routing)를 그릴 때 설정된다. 목록은 기본적으로 프로세스 지도에서 여러 object를 연결하는데 활용되는 화살표에 의해 결정된다. 목록은 들어 오는 화살표로 Work Center에 연결된 모든 object를 보여준다.

지정된 Routing에 따라, routing out 목록에 있는 object들의 순서가 상당히 중요할 수 있다. 예를 들어, "priority routing"은 목록에 있는 첫 번째 object로부터 work item을 얻으려고 시도한다.

Route-in Types (가져오기 유형)

시그마플로우 시뮬레이터(SigmaFlow Simulator) 소프트웨어에는 여러 가지 route-in 유형을 활용한다.

Circulate

목록에 있는 위치의 순서에 따라 Work item을 취한다. Work Center에 대한 투입요소가 적절한 아이템을 얻지 못한 경우, 그 아이템은 무시되고 목록에 있는 다음 위치로 계속 찾아 간다.

Ignore Starved Routes: "Ignored Blocked Routes"의 반대로서, 위 단계에 있는 storage에 적용되며, 어떤 storage에서 아이템을 찾지 못하면 아이템

을 갖고 있는 storage를 찾을 때까지 다음으로 진행한다.

Collect

Work center에서 Collect rout-in 유형은 여러 장소에서 여러 work item을 수집할 수 있도록 해준다. 예를 들어, 위스키 12병과 상자 1가 필요한 경우, 모든 것이 수집될 때까지 작업이 시작되지 않는다. 시스템 기본 값으로, work center는 필요한 모든 자원을 보유하고 있을 때까지 필요한 아이템의 수집을 시작하지 않는다.

Work center가 각 소스로부터 하나의 work item만을 수집하고 각 소스는 storage와 같이 단순히 수동적 object인 경우, Wait for All 옵션 (Do not collect until all available)을 활용할 수 있게 된다.

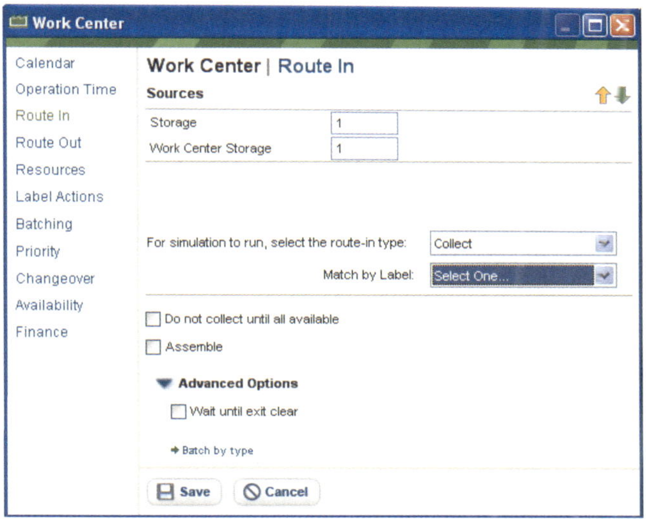

Match by Label

Matching은 Work Center로 하여금 동일한 label 내용을 가진 아이템만을 수집하도록 한다. "Match by Label" 옵션은 동일한 Label 값을 가진 여러 queue, 특히 주문에 맞추어 문서작업의 순서를 정하는데 유용한 queue를 찾는다.

- 여러 아이템에 걸쳐 특정 label에 있는 동일한 값을 찾아 아이템들을 결합

하도록 해준다.

- 각 소스 object를 정렬하여 일치하는 것을 찾아낸다.
- Match가 작동하기 위해서는, 모든 소스 object들이 Storage (queue)가 되어야 한다.
- Match 옵션은 Assemble 옵션과는 별도로 작동한다.
  - 연결된 아이템이 단 하나의, 결합된 아이템으로 남도록 하려면 Assemble을 체크한다.
  - 연결된 아이템이 함께 처리되지만 별도의 아이템으로 남아 있도록 하려면, Assemble의 체크를 푼다.

Matching은 일반적으로 시스템에서 과거에 병렬 처리하기 위해 분리되었던 아이템들을 다시 결합하기 위해 활용된다. 예를 들어, 빨간색 페이지, 노란색 페이지, 파란색 페이지를 포함하고 있는 3부분으로 구성된 작업 주문서 양식이 있다고 할 때, 작업 주문서의 각 페이지는 추적 관리를 위해 동일한 시리얼 번호(Label)로 표시되어 있다. 프로세스의 시작 단계에서 그 양식은 개별 부분으로 나누어지고 모든 부분은 동시에 각각의 처리를 위해 이송된다. 그 양식의 각 부분은 각자 일련의 조건을 충족하여야 하므로 처리 과정에 따라 지연될 수 있기 때문에 각 부분은 각기 다른 시간에 다음 단계에 도착하게 된다. 그러나 작업이 완료되었다고 판단하기 전에 작업 지시서에 있는 모든 과제가 완료되었는지를 점검하고, 같은 시리얼 번호 (label)을 가지고 있는 완료된 빨간색, 노란색, 파란색 양식을 결합하여 문서화 해야만 한다.

Do not collect until all available

"Do not collect until all available" 옵션은 Work Center가 모든 필요한 work item이 준비될 때까지 필요한 work item을 수집하지 못하도록 한다.

- 체크하면, 목록에 있는 모든 것이 준비될 때가지 storage에 있는 모든 것을 그대로 놔둔다.
- 체크를 풀면, Work Center가 work item이 준비되는 데로 가져오기 시작한다. 목록에 있는 모든 것이 수집된 후에야 처리를 시작한다.

Assemble

"Assemble"은 수집된 모든 아이템을 함께 묶어 하나의 work item으로 만든다. 모든 work item을 개별로 유지하려면 체크를 풀면 된다. Assemble을 체크하면 2개 이상의 아이템을 하나의 제품 아이템으로 조립한다. 체크를 풀면, 조립 프로세스는 발생하지 않으며 수집된 것과 같은 수의 아이템이 생산된다.

- 체크하면, Work Center가 여러 queue에서 아이템을 수집하고 그 것들을 하나로 결합한다.
- 체크를 풀면, Work Center는 여러 queue에서 아이템을 수집하고 그 것들을 동시에 처리하지만, 아이템들은 분리된 상태로 남아 있게 된다.

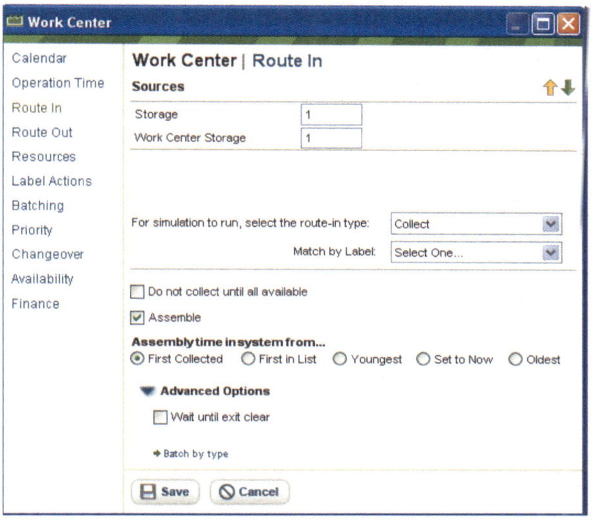

Assembly time-in-system

"Work Finish" 결과 "Time in System"은 Collect 옵션에 의해 영향 받는다. 적절한 Time in System을 가지고 있는 work item을 포함하는 옵션을 선택해야 한다.

- Collect/Assembly Route in 옵션이 선택된 경우에만 활용 가능하다.
- 조립된 아이템에 대한 time in system 통계량을 계산하는 방법을 지정한다.
- Assembly time in system의 계산 방법

First Collected	조립된 아이템의 Entry time = 최초 수집된 아이템의 Entry time 다른 것에 대한 Entry times은 무시됨.
Youngest	조립된 아이템의 Entry time = 최근 수집된 아이템의 Entry time
Set to Now	조립된 아이템의 Entry time = 조립 시간 (조립이 완료된 시간)
First in List	조립된 아이템의 Entry time = 수집 목록에서 첫 번째 소스로부터 온 아이템의 Entry time
Oldest	조립된 아이템의 Entry time = 시스템에서 가장 오래 있었던 아이템의 Entry time

Expired Only

Work Center로 하여금 최소한 storage의 수명 동안 기다린 "Storage" object에 있는 work item만을 받아들이도록 한다.

Longest

Work Center로 하여금 가장 많은 work item을 가지고 있는 queue에서 아이템들을 가져오도록 한다. Work Center는 가장 긴 queue를 가진 storage에서 아이템을 수집한다.

Oldest

Work Center로 하여금 queue의 맨 앞 부문을 점검하여 가장 오래 있었던 아이템을 선택하도록 한다.

Use Queue Time

Oldest와 Youngest는 아이템을 선택할 시점에서 work item이 시스템에 있었던 시간을 활용한다. Use Queue Time 옵션을 활용하면 Oldest의 경우에는 가장 오랫동안 queue에 있었던, Youngest의 경우에는 가장 짧게 queue에 있었던 아이템이 선택된다. 체크를 풀면, Queue Time 대신, 가장 오랫동안(Youngest의 경우에는 가장 짧게) 시스템에 있었던 아이템이 선택된다.

Passive

Work Center들은 보통 작업이 끝나야 작업을 가져오거나 내보낸다. 이는 routing in과 routing out 대화 상자에서 선택적으로 결정할 수 있다. Passive routing은 object를 가져오거나(passive routing in의 경우) 내보내지(passive routing out의 경우) 않는 것을 의미한다.

Passive 룰은 Pull into the Work Center를 활용할 수 없게 한다. 이는 Work Center가 더 이상 storage로부터 아이템을 가져오지 못하며, 다른 Work Center나 Work Start로부터 work item이 보내지기를 기다려야 한다는 것을 의미한다. Passive는 보통 Work Center들이 서로 연결된 경우 Routing 충돌을 예방하기 위해 활용된다.

Priority

Work Center에 work item을 제공하는 object의 목록에서 첫 번째 위치에 있는 object에서 work item을 가져온다. 첫 번째 위치에 있는 object에 활용할 수 있는 work item이 없는 경우에는 두 번째 object에서 가져온다.

Youngest

Work Center로 하여금 queue의 맨 앞 부분을 점검하여 가장 짧은 동안 시뮬레이션에 있었던 아이템을 선택하도록 한다.

Batch by Type (유형별 배치)

"Select by Label"이라고 불리기도 하는데, label에 따라 아이템을 선정한다. 이 방법은 label에서 특정 값(고정 값 또는 비고정 값)을 가진 work item만을 받아들이도록 한다. 이는 값을 포함하고 있는 label을 선택하도록 함으로써 설정되는데, 모델에서 작업의 유형(예, 제품 코드, 병의 유형)을 의미한다. 이를 통해 Work Center는 처리할 아이템을 선택할 수 있도록 한다.

Work item에 고정 label 값을 부여하지 않은 경우, Work Center는 마지막으로 처리한 아이템과 같은 label 값을 가진 다음 work item을 선택한다. 이런 유형의 작업을 더 이상 찾을 수 없는 경우에는 자동적으로 새로운 유형을 찾는다. 동일한 유형의 work item을 찾을 때, Work Center는 queue의 모든 곳(단순히 queue의 맨 앞 부분만이 아니라)을 찾는다. 요약하면, "Batching by Type"는 다음과 같은 특징을 가지고 있다.

- Work center로 하여금 고정 label 값 또는 비고정 label 값을 활용하여 처리하는 아이템을 선정하도록 한다.

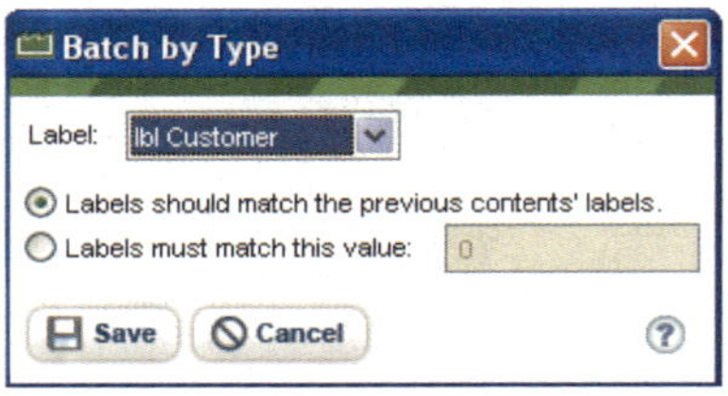

- 고정 label 값이 부여되지 않은 경우, Work Center는 단순히 마지막으로 처리했던 아이템과 같은 label 값을 가진 다음 work item을 선택한다.
  - 예, Work Center에 들어 오는 첫 번째 아이템이 빨간색일 경우, Work Center는 모든 빨간색 아이템을 처리한다. 빨간색 아이템이 더 이상 없는 경우에, Work Center는 다른 색(queue에 있는 첫 번째 아이템의 색)을 선택한다.
- 고장 값을 부여하면, WorkCenter는 특정 고정 값을 갖지 않은 모든 아이템을 배제한다.
  - 예, 고정 값을 활용하여 Work Center가 빨간색 아이템만 선택하고 다른 모든 색을 무시하도록 할 수 있다.
- 같은 label 값을 가진 work item을 선택한다.

Label Batching (라벨 배칭)

Label batching을 활용해 Work Center에서 수행될 과제에 대한 work item을 함께 묶을 수 있다. 모든 work item이 알 수 있는(예, "Volume") label을 선택한다. 작업이 Work Center에 도착하면 Simulator는 label에 있는 모든 값을 더한다(최소 batch 크기보다는 크고, 최대 batch 크기보다는 작게).

예를 들어, Work Center가 최대 200리터의 "volume"을 취할 수 있는 상황에서 최소 50리터의 batch를 가지고 작업하고자 할 때, batching 인수를 50과 200으로 설정하고 label "volume"을 활용한다. "Label Batching"의 특징은 다음과 같다.

- 여러 work item을 하나의 조립된 아이템으로 결합하지 않고도 동시에 처리할 수 있게 한다.
- Assembled 상자의 체크를 푼 상태의 Collect route-in에서와 같은 방법으로 기능하다(단, 하나의 중요한 차이는 있음).
- Label Batching을 활용하여 수집된 아이템의 수는 아이템의 label 값의 결합 값의 함수이다(Collect는 일단 아이템이 수집되면 label 값을 버림).
- Label Batching 기능을 이용해, Simulator는 일정 범위 내에서 어떤 label의 값의 총계를 나타내는 충분한 아이템을 수집한다.

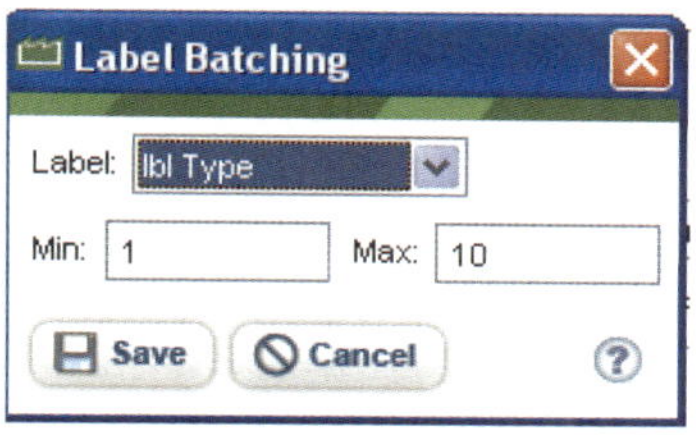

Label Batching (몇 가지 주요 사항)

❶ 미리 결정된 범위 내에서 다양한 크기의 batch를 생성할 때 label batching을 활용한다.

❷ Simulator는 올바른 batch 크기를 생성하기 위해 특정 label의 값들의 합계를 낸다. Work Center가 (label 값 대신) 특정 수의 work item을 수집하게 하려면, label 하나를 생성하고 그 값을 각 work item에 대해 1로 설정한다.

❸ Work Center에서 동시에 수행될 과제에 대한 work item들을 함께 묶을 수 있도록 한다.

❹ Label 별 최소 및 최대 batch 크기를 정할 수 있도록 한다.

⑤ 특정 label의 값을 모두 더해 그 값이 최소한 최소치에 이르도록 하되 지정된 최대 batch 크기를 넘지 않도록 한다.

Wait until exit clear (출구가 열릴 때까지 기다림)

Work Center가 폐쇄된 상태로 들어가는 것을 막기 위해 "Wait until exit clear"를 체크한다(Work Center의 Route In 대화 상자에 있는 "Advanced Option"에서 활용할 수 있다). 즉 work center가 아이템을 내보낼 object가 다음 work item을 수용할 수 있을 때까지 작업을 선택하지 않도록 한다. 이는 작업이 가져와 지는 시점에서만 수행되면 work item이 가져와 지는 시점에서는 아직 내보낼 route가 결정될 수 없기 때문에 route out에서는 활용될 수 없다.

Routing Out of a Work Center (작업 센터에서 내보내기)

"Route Out"은 어떤 work center에서 처리된 후 보내질 다음 장소를 정한다. Work center가 다음 장소에 단일의 연결로 연결되어 있을 경우, routing 대화 상자는 옵션을 가지고 있지 않게 된다. 내보내 질 수 있는 곳이 2개 이상 있을 경우 routing 대화 상자를 활용하여 routing 룰을 바꿀 수 있다.

- 상자의 중앙에는 Work Center로부터의 모든 산출 요소를 보여주는 Priority 목록이 있다.
- 일부 route out 방법에서는 목록에서의 위치가 중요한 의미를 갖는다.

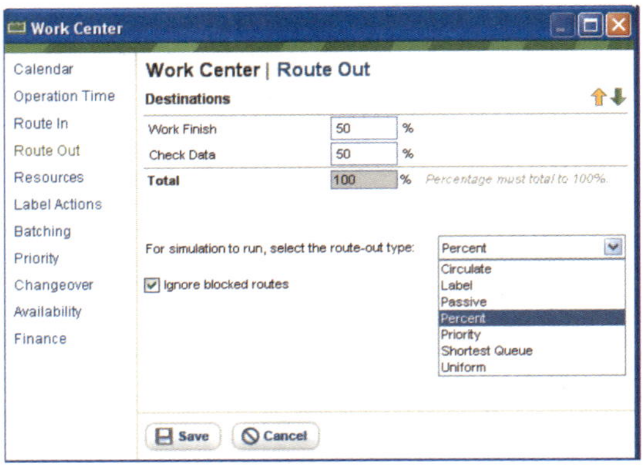

Destinations (목적지)

이는 시뮬레이션 창에서 routing을 그리면 설정된다. 목록은 기본적으로 프로세스 지도 상에 있는 여러 object들을 연결할 때 활용하는 화살표에 의해 결정된다. 이 목록은 들어오는 화살표로 이 Work Center에 연결된 모든 object를 보여준다.

Routing out 원칙에 따라, routing out 목록에 있는 object들의 순서가 중요할 때가 있다. 예를 들어, "priority routing"은 work item을 목록에 있는 첫 번째 object로 보낸다. 순서를 바꾸려면, 목록에 있는 object 이름을 클릭하고 UP과 DOWN 단추를 이용하여 순서를 바꾼다.

각 목적지로 가는 work item의 비율을 바꾸려면 원하는 목적지를 클릭하고 percentage 상자에 새 비율을 입력한다.

Route-out Types (내보내기 유형)

다음과 같은 route-out 유형이 있다.

Circulate

첫 번째 work item은 목록에 있는 첫 번째 목적지로 보내지고, 두 번째 work item은 두 번째 목적지로 보내진다. 이런 과정이 계속 반복된다. N+1 번째 아이템은 다시 첫 번째 목적지로 보내진다. 이런 순환 방식으로 아이템이 목적지로 보내진다.

Label

Label에 근거한 routing은 work item에 포함된 label의 값에 해당하는 route를 따라 work item을 보낸다. 예를 들어, Work Center가 2개의 가능한 route를 가지고 있는 경우, label 값이 1인 work item은 목록에서 첫 번째 목적지로 할당되며, label 값이 2인 work item은 두 번째 목적지로 할당된다. Label 값이 0 또는 3인 경우에는 work item에 포함된 값에 가장 가까운 route에 따라 보내짐 – 앞의 경우에는 각각 route 1과 2.

"Ignore Blocked Route"는 이 유형의 routing 규칙에는 적용되지 않는다.

Passive

Passive routing은 object가 work item을 가져오거나 내보내지 않는다는 것을 의미한다. Work Center는 일반적으로 work를 가져오거나 내보낸다. 대화 상자에서 Routing in과 routing out 사이를 전환할 수 있다.

"Ignore Blocked Route"는 이 유형의 routing 규칙에는 적용되지 않는다.

Percent

Destination Work Center는 각 destination으로 가는 정확한 비율을 지정할 수 있는 점 외에는 무작위로("uniform"과 같이) 결정된다. 아래의 예에서 70%의 일은 Assisted Service로 가고 나머지 30%는 Self Service로 간다.

Priority

First Destination = First Choice. Priority routing 규칙은 모든 work item을 목록에 있는 첫 번째 destination이 봉쇄되지 않은 한 첫 번째 destination으로 보내고, 다음으로 두 번째, 세 번째 .. destination이 시도된다.

"Ignore Blocked Route"는 이 유형의 routing 규칙에는 적용되지 않는다.

Shortest Queue

이 routing 방법은 Work Item들을 가장 짧은 queue로 보낸다. Work item이 보내질 장소가 Work Center이면 work item은 Work Center가 현재 더 많은 작업을 취할 수 있다면 그 Work Center로 간다. 즉 작업을 즉시 취할 수 있는 Work Center는 그 장소를 아무 것도 가지고 있지 않은 queue와 같은 것으로 취급한다. 다시 말해 Work Center는 목록에서 현재 대기하고 있는 work item을 가장 적게 가지고 있는 장소로 보낸다.

"Ignore Blocked Route"는 이 유형의 routing 규칙에는 적용되지 않는다.

Uniform

Destination은 각 destination이 선택될 가능성이 동일한 상태에서 무작위로 결정된다.

Ignore Blocked Route

선택한 route가 막힌 경우 어떻게 해야 할 지를 정할 수 있다. "Ignore Blocked Route"는 원하는 route가 막힌 경우에는 동일한 규칙을 적용하여 다른 route를 찾도록 한다. "Ignore Blocked Routes"를 끄면 route가 일단 선택되면 Work Center를 떠나는 특정 work item은 선택된 route를 따라 내려가되 router가 활용 가능하게 될 때까지 기다린다는 것을 의미한다.

Ignore Blocked Routes는 규칙을 덮어 쓴다. 그러나 꺼진 경우에는 규칙이 준수되어야만 한다. 이는 Circulate, Uniform, Percent 규칙에만 적용된다.

Labels (라벨)

Label은 "Attributes"와 같다. Label은 시뮬레이션 모델을 통과하는 모든 "work item"에 붙일 수 있다. 예를 들어 "Patients"라는 work item 유형에 "Illness"라는 label을 붙이고 work item들이 병원에 대한 시뮬레이션으로 들어 갈 때 이 label에 코드 숫자를 설정할 수 있다. 각 코드 숫자는 illness의 유형을 나타내도록 하여 시뮬레이션 모델에서 다른 "Work Center"를 통해 patients를 보낼 때 활용할 수 있다. Label은 텍스트나 숫자를 포함할 수 있다. **Label은 work item의 특성에 기초한 동적 의사결정을 할 때 주로 활용된다. Label은 다음과 같은 특성을 가지고 있다.**

- Work Center로 하여금 Work Center 대화 상자에 있는 LABEL ACTION 단추를 활용하여 label의 값을 바꿀 수 있도록 한다.
- Label은 Work Center로 하여금 work item을 표본 추출할 때 어떤 분포를 활용할 것인지를 지정한다.
- Label은 work item들이 queue에 들어 갈 때 work item들의 우선순위를 정한다.
- Label은 work item들이 Work Center에 들어 갈 때 작업을 묶을 수 있도록 한다.
- 기타 다음과 같이 활용된다.

Label 유형	대표적 활용
Set to; add to; multiply by in Label Actions	Work item이 work start, process, decision, transport, inspect object 등을 통과할 때 item의 label 값을 수정함.
Probability profile	확률(퍼센트)에 따라 Product Mix의 유형을 설정함.
Named distribution	Label의 값을 무작위 분포에 따라 설정함.

Label의 작동 방법

- Label은 "Type"이나 "Color" 등과 매우 흡사하다.
- 각 work item은 "Type"이라는 label과 "Color"라는 label을 갖는다.
- 각 work item은 다른 label 값을 가진 동일한 label을 공유한다.
- Label 이름은 모든 work item에 적용된다(global 용어).
- Label 값은 개별 work item에 개별적으로 적용된다(local 용어).
- 예를 들어, Work Item 1은 "Red"라는 Color 값을 가지는 반면, Work Item 2는 "Green"이라는 Color 값을 가질 수 있다.

Work Item	Label: Color	Label: Type
Product 1	Red	1
Product 2	Green	2

Attaching a Label (라벨 붙이기)

Work Item이 Work Start object를 통해 모델에 들어오는 순간 work item에 붙일 수 있다. "Work Start" object의 경우, "Label Actions"를 클릭하여 대화 상자를 연다. "Select label to add" 드롭다운 메뉴에서 label을 선택하여 label을 추가한다. 원하는 label이 목록에 없는 경우에는, 드롭다운에서 "+New" 옵션을 선택하고 이름을 입력한다. 기존 label을 수정하려면, 드롭다운 메뉴에서 "Edit List" 옵션을 선택한다.

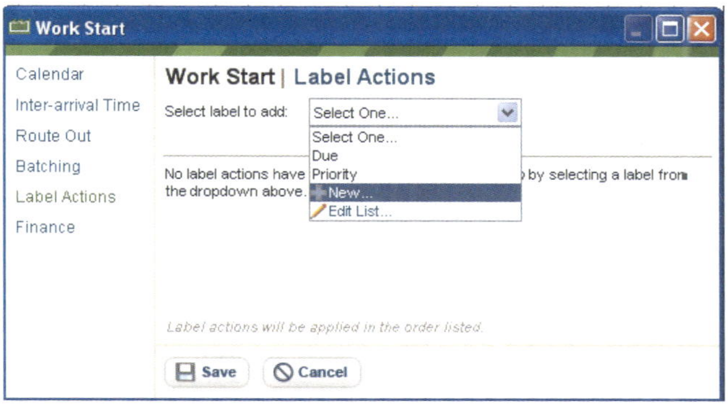

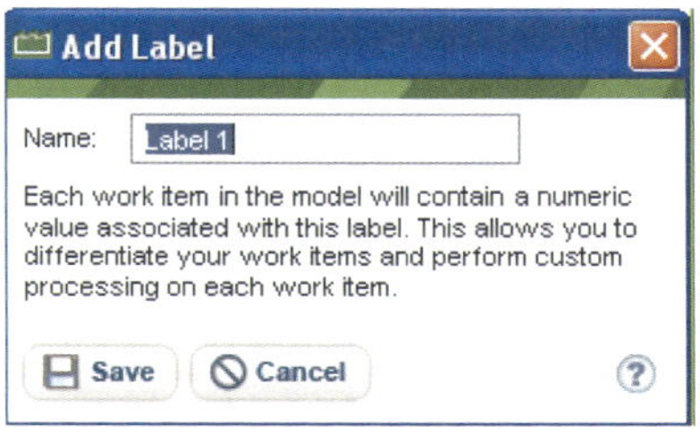

Label List (라벨 목록)

Label list 대화 상자를 이용하여 원하는 label을 선택할 수 있다. 또한 "✚" 단추를 누르면 새로운 label을 만들 수 있다. 여기서 활용 가능한 label들은 "Label Actions" 대화 상자에 있는 드롭다운에서도 활용 가능하게 된다. Label은 어떤 work item이나 Work Center에서도 사용되고 있지 않은 경우에만 삭제할 수 있다. [Simulation]-[Simulation Settings]-[Labels] 메뉴에서 label 목록을 볼 수 있다.

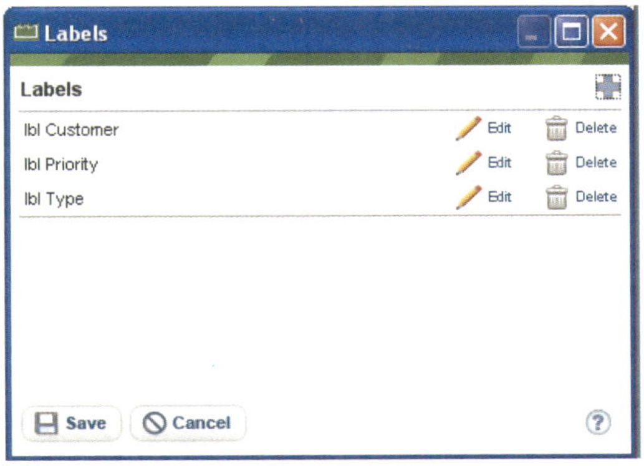

Label Actions (라벨 활동)

이 대화 상자에서 Work Center로 하여금 work item들이 Work Center(또는 다른 object)를 통과할 때 work item의 label을 바꿀 수 있도록 한다. **Action blocks는 Work Center에 있는 work item 과제가 완료되는 즉시 (work item을 Work Center로부터 나오기 전에) 실행된다.**

Label을 추가하려면 "Select label to add" 드롭다운 메뉴에서 label을 선택하고, label을 지우려면 label 목록에서 "Delete" 링크를 선택한다. "Action" 드롭다운에서 옵션 중 하나를 선택하여 현재 음영으로 표시된 label에 취할 행동을 정한다.

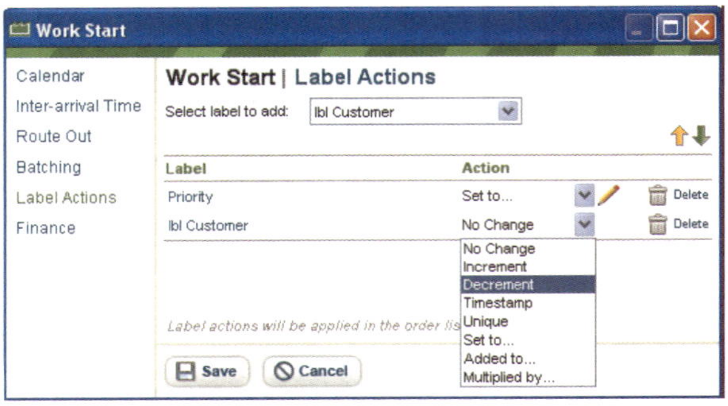

- No Change: label 값에 어떠한 변화도 발생하지 않는다.
- Increment: 새로운 work item의 모든 label은 0이다. 이는 work start 시점에서 "Increment"를 활용하면, 들어 오는 work item에 대해 이 이름을 가진 모든 label에 +1을 한다(0 + 1 = 1).
- Decrement: 이 work item에 있는 이 label의 현재 값에서 1을 뺀다.
- Time Stamp: label을 현행 시뮬레이션 시간을 나타내도록 한다. 이는 실제 수치(예, 60.1)로써 시뮬레이션 시작 후 경과한 시뮬레이션 시간 단위의 수를 나타낸다. 60.1은, 예를 들어, 시계 시간 단위가 분인 경우 1시간 6초를 나타낸다.
- Unique: label 값이 부여될 때마다 label 값이 중복되지 않도록 한다.
- Set to…: 현행 work item에 대하여 음영으로 표시된 label의 값을 value 단추에 나타난 값으로 바꾼다.
- Added to…: 값이 기존 label에 더해지도록 한다.

- Multiplied by…: 곱해 질 값을 정한다.

"Set to…", "Added to…", "Multiplied by…" 옵션에서, Action 이름 옆에 연필 아이콘이 있다. 이를 클릭하면 label 값을 정할 수 있다. 이 값이 어떤 분포를 활용하여 label의 값을 정할 수 있다.

Label Values (라벨 값)

Label 값은 분포로부터 추출되거나 계산의 결과 산출된 고정된 숫자일 수 있다. 예를 들어, label에 숫자를 활용하여 work item이 모델에서 택하는 route에 영향을 미칠 수 있다. 이 것이 label 값을 활용하는 가장 일반적인 방법이다.

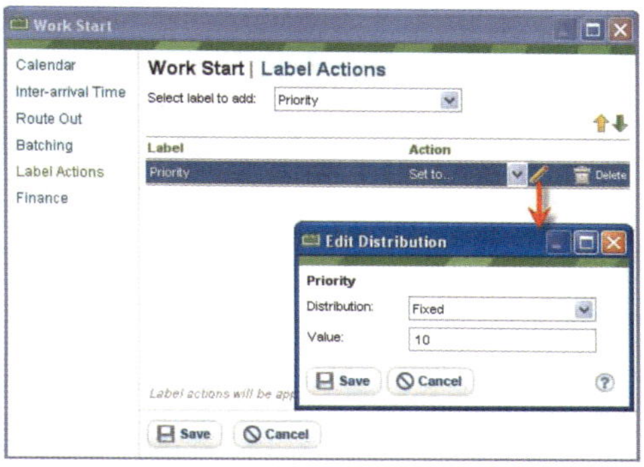

System Labels (시스템 라벨)

시스템 기본 설정으로 2개의 시스템 차원의 label이 있다. "Priority" label과 "Due" label.

Priority Label (우선순위 라벨)

어떤 work item이 Work Center에서 다른 work item을 차단할 필요가 있을 때 활용된다. Priority label은 또한 work item 유형에 따라 결과를 구분할 때 활용된다. Priority label은 "Priority"라고 불리며 다른 label과 같은 방법으로 모델에 추가할 수 있다. Work item이 이 label을 가지고 있지 않은 경우에는 0 priority(즉 label이 0인 work item과 같은 priority)를 가졌다고 한다. Priority의 값이 높을수록 work item은 높은 priority를 가진 것이다. 이

label은 우선순위를 정하는 다른 방법과 혼동하지 말아야 한다. 예를 들어 label을 활용하여 queue에 있는 work item의 우선순위를 정할 수도 있다.

Queue와 Work Center의 우선순위를 정하기 위해 label 이름을 참조할 수 있지만, "중단할 수 있는 Work Center(interruptible Work Center)"와 함께 Priority label을 활용해야만 한다. 이런 맥락에서, 우선순위가 높은 work item이 도착하면 Work Center는 어떤 아이템에 대해 하던 일을 멈추고, 보다 높은 우선순위를 가진 아이템에 대한 작업을 시작한다. 높은 우선순위의 아이템이 완료되면 중단했던 아이템에 대해 작업을 재개한다. 남은 시간의 양은 "Due"라는 시스템 label에 기록된다.

Due Label (잔존 라벨)

어떤 work item이 "중단할 수 있는 Work Center"에서 보다 높은 우선순위를 가진 work item에 의해 중단된 경우 남아 있는 시간의 양을 나타낸다. "Due" label에 대한 단위는 항상 "Seconds(초)"이다. "Due" label을 사용하지 않으면, 각 시도에서 중단된 work item의 작업시간은 처음부터 다시 시작할 때 필요한 작업시간으로 돌아가게 된다.

어떤 work item의 작업시간이 10분인데 중단되기 전에 9분 동안 작업이 이루어졌었다면, 그 work item은 단지 1분의 작업만 더 이루어지면 되므로, Work Center의 운용시간을 "Due" label을 활용하여 60초로 설정해야 한다. 그러나, 다음 시도가 완전히 10분을 필요로 한다면, "Due" label을 활용해서는 안된다.

Label Based Routing (라벨 기반 경로)

Label 값에 따라 work item을 보내려면 "Route Out"을 클릭하고 아래 그림과 같이 "Label" route-out 유형을 선택한다. 보내질 work item은 이 label을 가지고 있어야만 한다. Work Center를 통과할 work item 유형에 Label이 없는 경우에는 기본적으로 정해진 규칙(circulate)이 적용된다.

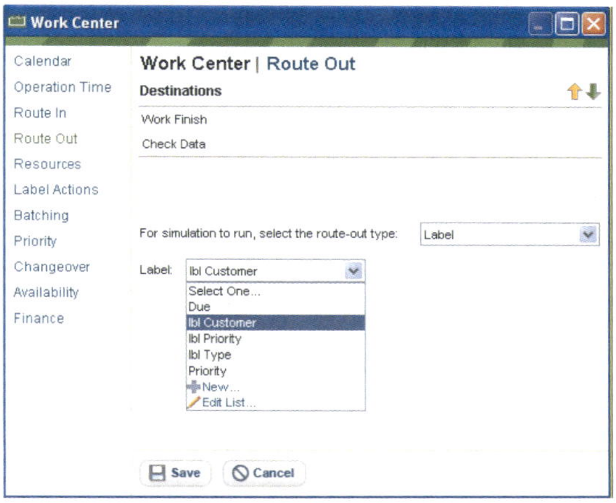

Label의 값은 1과 N 사이에 있어야 하는데, 이 때 N은 routing destination의 숫자이다. 값이 N보다 큰 경우에는 N 번째 destination이 활용된다. 비슷한 방법으로 label이 0 또는 그 보다 작은 수인 경우에는 첫 번째가 활용된다.

Label Based Route-out 예

- Label 값을 활용하여 처리가 끝난 후 work item이 보내질 곳을 결정한다.
- 규칙은 매우 간단함: 목록에서 첫 번째에 있는 destination이 destination 1; 두 번째는 2, 등. Label이 1 값을 가진 경우, Label based routing은 목록에서 첫 번째에 있는 destination으로 작업을 보낸다.
- 시스템 기본 설정으로 목록에 있는 label 값은 1, 2, 3 등이다. 실제 work item의 label 값이 기본 설정 숫자와 일치하지 않는 경우, work item들은 마지막 destination으로 보내진다.

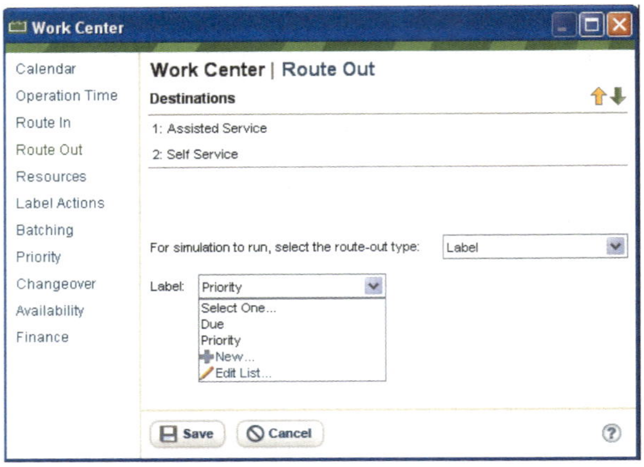

Destination 목록의 오른쪽 위에 있는 up/down 화살표를 활용하여 destination 목록을 재조정할 수 있다.

Label	Destination	Label	Destination
1	1	1	1
3	2	2	2
5	3	5	3

Label Based Distributions (라벨에 기초한 분포)

Label Based Distribution을 활용하여 work item label에서 표본 추출할 때 활용할 분포에 관한 정보를 정의할 수 있다. 예를 들어, 병원에 있는 모든 환자가 의사의 진찰을 받아야 하는데, 의사와 보내는 평균시간이 각자의 병에 따라 다르다면, 병의 유형에 따른(예, "SOAR THROAT", "YELLO FEVER" 등) label(예, "ILLNESS")을 설정할 수 있다. Simulator에서는 이들 문구가 숫자값을 갖도록 설정할 수 있다(예, SOAR THROAT = 1, YELLO FEVER = 2 등). 따라서 ILLNESS=1인 경우에는 그 것이 SOAR THROAT이며, ILLNESS=2인 경우에는 그 것이 YELLOW FEVER임을 알 수 있다. 그런 다음, 의사에 대한 Work Center에서 해당 work item의 label을 찾아 볼 분포를 활용하여 의사와 보낸 시간에 대한 표본을 추출할 실제 분포(의 이름)를 찾도록 할 수 있다. Label을 Work Center의 operation time 필드에서 processing time이나 operation time으로 직접 활용할 수 있다.

Priority (우선순위)

시뮬레이션 모델의 우선순위를 정하는 방법에는 여러 가지가 있다.

Prioritizing Work in Queues (대기열에 있는 작업의 우선순위 정하기)

이 기능은 queue(Storage)에 있는 작업들의 우선순위를 정한다. 보통 모든 work item은 queue(Storage area)에서 동등한 우선순위를 갖는다. Storage의 과제 창에서 "Work Priority"라는 우선순위화 옵션을 활용할 수 있다. 이는 FIFO(First In First Out, 선입선출), LIFO(Last In Fist Out, 후입선출), 또는 label based일 수 있다. Label based인 경우, label을 선택해야 하며 label 값이 work item을 우선순위화하는데 활용된다. Work item의 label 값이 높으면 높을수록, 우선순위는 높은 것이 된다(queue의 앞쪽에 높이게 됨).

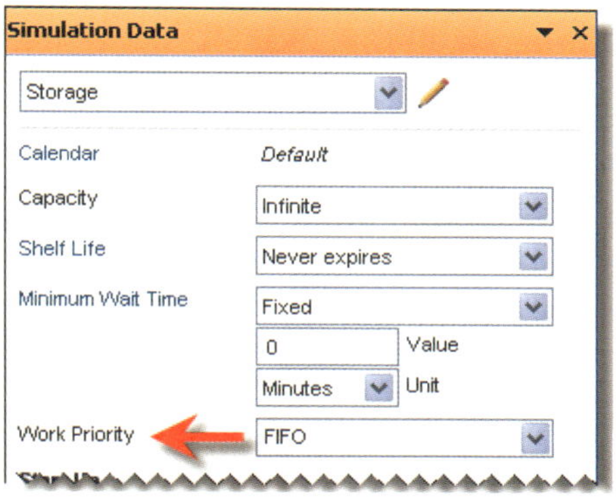

0은 가장 낮은 우선순위이다(음수는 0과 같은 우선순위를 가짐). Label이 없는 work item은 0의 우선순위를 가진 것으로 처리된다. 이 label은 "priority label"과 혼동하지 말아야 한다.

Prioritizing Work Centers (Work Center의 우선순위 정하기)

두 개 이상의 Work Center가 작업을 시작할 준비가 되어 있지만(작업 할 work item이 있지만) 노동과 같은 floating(shared) resource를 활용할 수 없어 작업을 시작할 수 없는 경우에는 이 resource를 차지하기 위해 경쟁해야만 한다. Resource가 활용할 수 있게 된 때에 그 것을 얻는 Work Center는 Work Center의 우선순위에 의해 결정된다.

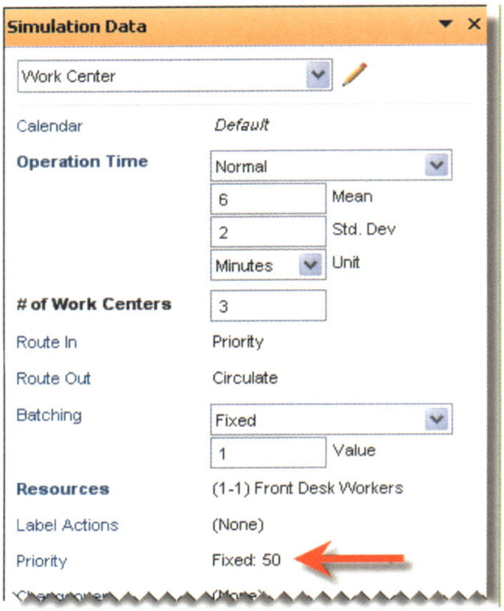

시스템 기본 설정으로 모든 Work Center는 동일한 우선순위를 갖는다. 우선순위 값이 높을수록 resource를 획득하는데 있어 Work Center의 중요도가 높은 것이다. 우선순위는 0 ~ 100 사이의 값을 갖는다.

Work Center의 우선순위는 동적으로 조정될 수 있다. Work Center의 우선순위화 방법을 "Label"로 설정하고 활용할 label 이름을 선택하면 된다. Work Center에 아이템을 공급하는 queue의 머리 부분에 있는 모든 work item에 대해 이 label의 값을 체크하여 가장 큰 것이 Work Center의 resource에 대한 요청을 우선순위화하는데 활용된다. 이 label 값은 0 ~ 100 사이에 있어야 한다. Work item이 label을 가지고 있지 않은 경우에는 0의 값을 가진 것으로 간주된다.

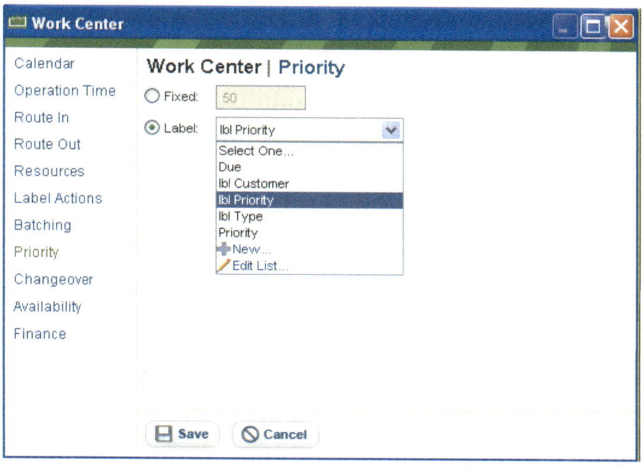

Random Numbers (무작위 수)

Random numbers는 시뮬레이션 모델이 실제 생활에서 발생하는 변동성을 반영할 수 있도록 해준다. Random numbers가 활용되는 각 장소에서 독립된 random number 스트림이 활용된다. 이를 통해 다른 부분에서 발생할 무작위 사상에 영향을 주지 않으면서 모델의 각 국면에 변화가 일어날 수 있게 한다. 시스템 기본 설정으로, 시계가 시뮬레이션 시간의 처음으로 다시 설정되면 모든 무작위 스트림이 각자의 starting seed(시작 시드)로 재설정된다. 이는 동일한 모델을 다시 실행하면 똑같은 결과가 생성되도록 한다.

❶ Simulator가 모델을 생성하는 동안에 자동적으로 무작위 수를 부여한다. "Change random numbers and run" 옵션을 선택하면, Simulator는 모델을 실행할 때 자동적으로 다른 무작위 수를 활용한다.

❷ 모든 무작위 수가 모델과 함께 저장되어 동일한 모델을 다시 실행하면 동일한 결과를 생성하게 된다.

❸무작위 수는 ① 분포("fixed"로 설정되지 않은 경우) ② Routing Out(uniform과 percent options) 등에서 활용된다.

Distributions (분포)

Simulator에서는 많은 시간과 숫자 정보가 "Distribution"의 관점에서 주어진다. Distribution은 모델에 변동성을 반영하기 위해 활용되며 유일한 목적은 실제 시스템에서 관찰되는 무작위성을 요약하고 반복하기 위한 것이다. 일반적으로 이를 통해 프로세스가 얼마나 오래 걸리는지를 알게 된다. 그러나 때때로 label의 값을 정하거나 다른 숫자를 설정하기 위해 활용된다. SigmaFlow Simulator 소프트웨어 자체는 데이터에 맞는 distribution을 찾지는 않지만 Statistica, Expertfit, Bestfit 등과 같은 도구에서 실제 데이터를 모델링할 때 생성하는 distribution을 활용할 수 있다. Simulator에서 나타나는 대표적 distribution은 아래와 같다.

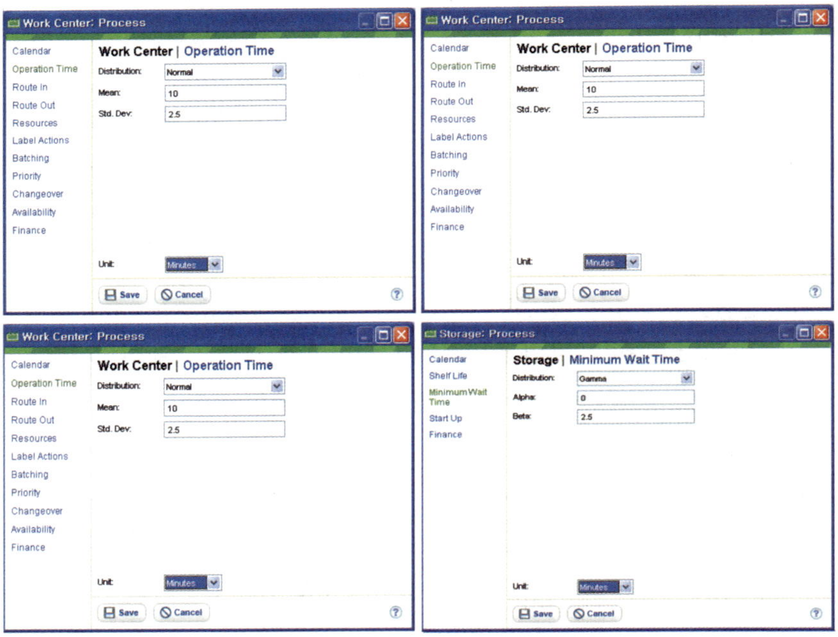

"distribution"은 실제 생활에서 발생하는 자연스런 변동성을 나타내는 통계적 도구이다. Discrete Event Simulations에서, distribution은 값을 생성하는 원천이다. 값이 필요한 거의 모든 곳에서 Simulator는 많은 distribution 중에서 원하는 분포를 선택할 수 있게 해준다. 주요 특징은 다음과 같다.

Object	Distributions이 필요한 기능들
Work Starts	Inter-arrival Time Batch Size Label Actions
Storage Bins	Label Actions for Start-up Inventory
Work Centers (Process)	Process Time (Operation Time) Changeover time Availability (time between breakdowns) Availability (time to repair) Route-out batching Label Actions
Resource Pools	Timing depends on Resource

Distribution Types (분포 유형)

2가지 유형의 distribution이 있다; ① Standard Distributions(표준 분포) ② Custom Distributions(맞춤 분포). Standard distributions는 알맞은 분포를 찾아 주는 어플리케이션에서 가장 흔히 활용되는 분포이다. Custom distributions는 Simulator에만 있는 분포로써 자신만의 갖춤 분포를 정의할 때 활용한다. 다음은 Simulator에 있는 모든 분포의 목록이다. 보다 자세한 내용은 다음 절 "Standard Distribution" 과 "Custom Distribution"에서 볼 수 있다.

번호	분포 이름	유형
1	Bernoulli	Standard
2	Beta	Standard
3	Binomial	Standard
4	Combination	Custom
5	Erlang	Standard
6	Exponential	Standard
7	External Spreadsheet	Custom
8	Fixed	Standard
9	Gamma	Standard

10	Geometric	Standard
11	Log Normal	Standard
12	Negative Binomial	Standard
13	Normal	Standard
14	Poisson	Standard
15	Probability Profile	Custom
16	Rounded Uniform	Standard
17	Time Absolute	Custom
18	Time Dependent	Custom
19	Triangular	Standard
20	Uniform	Standard
21	Weibull	Standard

Standard Distributions (표준 분포)

통계 분포는 사람이나 기계 또는 자연에 있는 어떤 것을 포함하는 프로세스에서 시간(과 다른 숫자)에서 발생하는 변동성을 시뮬레이션 할 수 있게 해준다. Simulator는 자신만의 distribution을 만들 수 있지만, 16개의 기본적 통계 분포를 제공하고 있다.

분포	인수 1	인수 2	인수 3
Bernoulli	P1: Probability of success		
Beta	P1: Alpha 1	P2: Alpha 2	
Binomial	P1: Trials	P2: Probability	
Erlang	P1: Mean	P2: K	
Exponential	P1: Mean		
Fixed	P1: Fixed Value		
Gamma	P1: Alpha	P2: Beta	
Geometric	P1: Probability		

Log Normal	P1: Mean	P2: Standard Deviation	
Negative Binomial	P1: Trials	P2: Probability	
Normal	P1: Mean	P2: Standard Deviation	
Poisson	P1: Mean		
Rounded Uniform	P1: Lower Bound (Min.)	P2: Upper Bound (Max.)	
Triangular	P1: Lower Bound (Min.)	P2: Mode (Most Likely)	P3: Upper Bound (Max.)
Uniform	P1: Lower Bound (Min.)	P2: Upper Bound (Max.)	
Weibull	P1: Alpha	P2: Beta	

Bernoulli Distribution (베르누이 분포)

주어진 확률에 따라 0과 1을 생성한다. 예) 동전 뒤집기 등.

Beta Distribution (베타 분포)

어느 한 쪽으로 기운 종 모양, 끝 부분에서 곡선의 형태를 가진 거의 직선 모양, 무한정 뻗지 않고 고정된 한계를 가진 종 모양 등 매우 다양한 모양을 취하는 매우 융통성 있는 분포

예) 특정 크기의 로트에서 발견되는 결함 아이템의 비율. 활동이 얼마나 오래 가는지에 대한 정보가 없거나 거의 없는 상황에서 활동을 완료하는 시간 등.

Binomial Distribution (이항 분포)

여러 시행과 성공 확률 하에서 성공의 총수를 제공한다. Binomial Distribution은 특정 횟수의 동전 던지기에서(동전의 앞 뒤 균형이 맞지 않은 상황에서도) 머리부분이 몇 번이나 나올 것인가를 모델화할 때 활용할 수 있다.

예) n 번의 시행 중 성공의 횟수

Erlang Distribution (어랑 분포)

Erlang은 반복적인 지수 표본의 합성이다. 따라서 Erlang 1 (K=1)은 지수와 같다. Erlang 2는 왼쪽으로 크게 기운 종 모양 분포이다. K가 증가함에 따라 정규분포에 가까워진다. 그러나 결코 0보다 작아지지는 않는다.

Exponential Distribution (지수 분포) *Negative Exponential로 불리기도 함.

어떤 도착이 다음 도착과 독립적인 경우, 도착 시간에 대해 활용되는 대표적 분포이다. 가게에 도착하는 고객, 병원에 도착하는 환자 등이 좋은 예이다. 또한 때때로 고장에도 적합하다. Simulator의 "Work Start" object에서 기본적으로 활용되는 분포이다.

이 분포는 0에서 최고 높은 모양을 갖는다. 이는 대부분의 표본이 평균보다 작은 값을 갖지만 몇 개의 표본은 매우 큰 값을 갖는다는 것을 의미하므로 흥미로운 결과를 창출한다. 따라서 몇 개의 큰 값을 갖는 표본들이 많은 작은 값을 갖는 표본들과 균형을 유지하는 것이다. 이는 실제 연구 결과, 실제 고객의 도착의 행태에 적합한 것으로 나타났다. 예를 들어, 시간당 60명의 고객이 가게에 들어온다 하더라도, 이를 1분당 한 명의 고객으로 볼 수는 없는 것이다. 반대로 몇 명이 그룹으로 함께 들어온 후, 긴 시간 간격을 두고 다른 고객이 들어와서 평균 시간당 60명이 되는 수도 있다.

예) 무작위 도착

Fixed Distribution (고정 분포)

"Fixed Distribution"은 변하지 않는 고정 숫자를 사용하는데, 이는 무작위가 아니기 때문에 사실상 분포가 아니다. 그러나 이를 활용하여 필요 시 고정된 숫자를 부여할 수 있도록 해준다. 또한 이 것은 값(예, "Machine Speed(기계 속도)")에 "이름을 붙임"으로써(이는 모델의 여러 곳에서 활용할 수 있다), 기계의 속도를 바꾸고 싶을 때 하나의 "distribution"만을 바꿀 수 있게 해준다.

이 분포로부터의 표본은 항상 "Fixed Value" 필드에 값을 생성한다. 이 기능을 활용하여 모델의 어떤 요소로부터 무작위성을 제거할 수 있으며, 또한 "Named" distribution을 활용하여 고정 값을 생성하도록 할 수도 있다.

예) 무변동성(고정 값)

Gamma Distribution (감마 분포)

직접 사용되는 경우는 드물지만 보다 자주 활용되는 다른 분포(예, Beta, Pearson 등)를 생성하는데 활용되기 때문에 중요한 분포이다. Weibull과 비슷한 모양이다. 데이터가 gamma와 꼭 맞지 않으면 Weibull을 사용하면 된다. Weibull은 보다 빨리 생성할 수 있다.

예) 과제/일련의 과제들을 완료하기 위해 필요한 시간, 서비스 시간이나 수리 시간과 같은 손으로 하는 과제 등

Geometric Distribution (기하 분포)

각 시행의 성공 확률이 P1인 경우, 첫 번째 성공이 발생하기 전의 총 시행의 수를 보여준다.

Log Normal Distribution (로그 정규 분포)

보통 조립과 같은 수작업 활동, 검사나 수리, 실패 사이의 시간 등을 정의하는데 활용된다.

Negative Binomial Distribution (음수 이항 분포)

각 시행에서의 성공 확률이 P2인 상황에서 P1 성공이 발생하기 전에 일련의 시행에서 발생하는 실패의 수.

Normal Distribution (정규 분포)

Normal Distribution은 대표적 대칭형 종 모양 곡선으로써 평균으로부터 2 표준편차 내에 표본의 95%를 포함하고 있으며, 6표준편차를 초과하는 표본은 거의 없는 분포이다. 변동성이 낮은 때에 작업의 기간을 나타낼 때 활용된다.

예 1) (운용에 보통 24분이 소요되지만 가끔 짧게는 21분에서 길게는 27분까지 변동함). 95%의 표본이 +/- 2 "표준편차" 내에 있으므로, 위 경우 통계량은 다음과 같다.

평균: 24

표준편차: 1.5

예 2) 평균 +/−(3*표준편차)이 최대 변동성이 될 수 있다.
평균이 9이고 표준편차가 1이면, 100 중 99번의 경우에 표본의 값이 6과 12 사이의 범위에 있게 된다.

예 3) 평균 +/−(2*표준편차)
평균이 9이고 표준편차가 1이면, 100 중 95번의 경우에 표본의 값이 7과 11 사이의 범위에 있게 된다.

Poisson Distribution (포아송 분포)

주어진 시간 간격 또는 지정된 구역 내에서 성공적 결과의 수를 모델화할 때 자주 활용된다. '성공적 결과'의 일반적 형태는 도착이다. 이 분포는 지수(분포)와 밀접히 연관되어 있다. 포아송 분포가 주어진 기간 동안의 도착의 수를 올바르게 모델화한 경우에, 도착 간 시간(또는 inter-arrival time)은 지수적(기하급수적으로 늘어나는)이어야만 한다.

Rounded Uniform Distribution (반올림 균등 분포)

각 값이 동등한 확률을 가진 최소 값과 최대 값 사이의 정수 값을 생성한다.

Triangular Distribution (삼각형 분포)

모양은 최소치에서 모드 사이가 직선이며 또한 모드에서 최대치까지가 다시 직선의 형태를 띠고 있다. 이 분포는 역사적 데이터가 극히 한정되어 있는 경우에 유용하게 활용된다.

활용: 한정된 경험 데이터만 활용 가능한 경우, 3가지의 정보만이 알려진 상황 등(Min(최소치), 가장 가능성이 높은 수치(Most Likely), 최대치(Max)).

예) 생산 라인에 있는 조립자에게 업무를 수행하는데 얼마나 걸리는지를 문의할 경우, 응답은 다음과 같을 수 있다. "대부분의 경우 10분이지만, 짧으면 5분 길면 15분 정도이다" 삼각형 분포는 3개의 인수를 갖는다. Minimum(최소치), Modal, Maximum(최대치). 평균은 "(Min + Mode + Max) / 3"으로 계산된다.

Uniform Distribution (균등 분포)

Uniform distribution으로부터 추출된 표본은 하한과 상한 사이에 고르게 퍼져 있다. 최소치와 최대치는 있지만 다른 데이터가 없거나 거의 없는 경우에 활용된다. 분포로부터 모든 가능한 값들이 추출될 확률은 동일하다. Uniform distribution은 최소치와 최대치 사이의 정수 값을 동일한 확률로 생성한다. Rounded Uniform distribution과는 달리, 생성된 값들은 그 구간 내의 모든 실수(實數)가 될 수 있다.

표본 평균은 지정된 2개의 값의 중간이다. 어떤 표본 값도 이 범위를 벗어나지 않는다. 실제 상황에 대한 데이터를 수집할 수 없지만 넓은 범위의 데이터에 대한 지식을 가지고 있는 경우에 활용되는 경향이 있다.

활용: 시간에 대하여 최소의 정보만이 있는 경우, 최소치와 최대치만 알려져 있는 경우.

Weibull Distribution (와이블 분포)

이는 매우 융통성 있는 분포로써, Alpha 인수에 따라 여러 가지 모양을 띨 수 있다. Alpha 〈= 1이면 지수분포에 가까우며, Alpha 〉= 2이면 넓은 로그 정규 분포에 가깝다. Weibull distribution은 보통 object의 생애를 나타내기 위해 엔지니어링에서 활용된다.

활용: 어떤 장비의 고장 시간, 전자 부품의 평균 수명, 마모되는 아이템(베어링, 압형 등)에 기인한 고장까지의 시간 등.

Custom Distributions (맞춤 분포)

많은 분포(예, 활동이나 프로세스의 시간)는 표준적인 통계 분포이다(예, "정규 분포" 등). Simulator는 이 분포들을 "표준적" 분프로 제공하면서도 원하는 분포를 디자인하거나 어떤 분포에 이름을 부여할 수 있도록 한다(따라서 여러 장소에 있는 같은 분포를 참조할 수 있으며 변경해야 할 경우에 하나만 바꾸면 된다). 그러나 때때로 더 많이 통제할 수 있도록 시간을 지정할 필요가 있을 수 있다. 이 경우에 활용할 수 있는 옵션은 다음과 같다.

- Named Distributions(이름 붙인 분포)
- Probability Profile Distributions(확률 프로파일 분포)
- Time Dependent Distributions(시간 종속 분포)
- Time Absolute Distributions(시간 독립 분포)
- External Spreadsheet(외부 스프레드시트)
- Combination Distributions(조합 분포)

이들 분포는 distribution 드롭다운 목록에서 이용할 수 있다. 일부는 선택 시 그 분포에 해당하는 추가 데이터를 정의해야만 할 수도 있다.

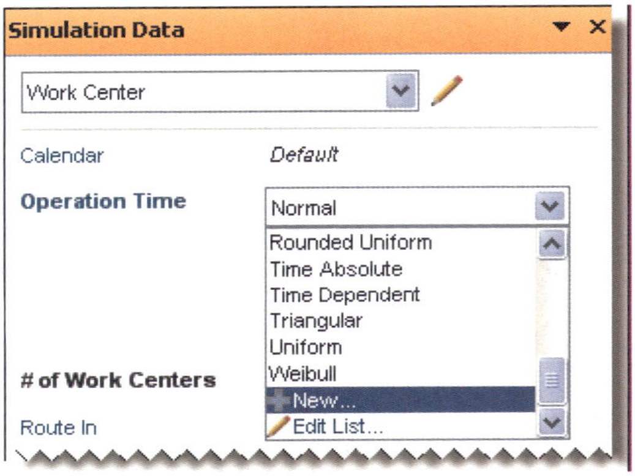

Named Distributions (이름 붙인 분포)

Named Distribution 창은 모델을 위해 특별히 만들어진 모든 분포의 목록을 보여준다. Simulator는 원하는 자신만의 분포를 디자인하여 모델이 필요로 하는 어떤 변동성이라도 반영할 수 있도록 해준다. 또한 분포에 이름을 붙여 여러 곳에서 활용할 수도 있다. 예를 들어, 50개의 다른 기계들이 주어진 비율로 작업하고 있는데, 그 비율을 간단히 바꾸고 싶다면 각 기계가 "Machine_Distribution"라는 분포를 활용하도록 한 다음, "Machine_Distribution"의 인수를 바꾸기만 하면 된다. 2가지 유형의 분포가 있음: ① Quantity Distribution, ② Duration Distributions.

- Quantity Distributions(양 분포): 이 분포들은 숫자나 양의 흐름을 생성한

다. 이 분포들은, 예를 들어, Work Center에 대한 batch 크기를 지정할 때 사용된다. 또한 label 값이 숫자들이므로 label action을 정할 때도 사용할 수 있다.

- Duration Distribution(기간 분포): 이 분포들은 quantity distributions과 매우 유사한데, 차이는 연관된 시간 단위를 가지고 있다는 점이다. 10의 inter arrival time은 이해할 수 없는 표현으로, 10 분의 arrival time과 같이 표현해야 한다. 이런 분포는 시간의 길이를 지정할 필요가 있는 곳에서는 어디서든 활용할 수 있다. 모든 quantity distribution은 시간 단위를 덧붙이면 duration distributions으로 전환할 수 있다.

Named distributions는 distribution 드롭다운 목록이나 메뉴에서 [Simulation] – [Simulation Settings] – [Distributions]에서 "+ New" 옵션을 선택하여 정의할 수 있다. 일단 named distribution이 정의되면, 모델의 어느 곳에서든 활용할 수 있다. named distribution을 수정하려면, named distribution 옆에 있는 "Edit" 링크를 클릭하면 된다. Timing/distribution panels에 있는 "Edit" 링크를 활용하여 모델을 위해 특별히 만든 분포의 인수를 점검하고 바꿀 수 있다. "Edit" 링크는 distribution selection 상자가 정의했던 분포에 접속되어 있는 경우에만 활용할 수 있다.

Distribution 드롭다운 목록에서

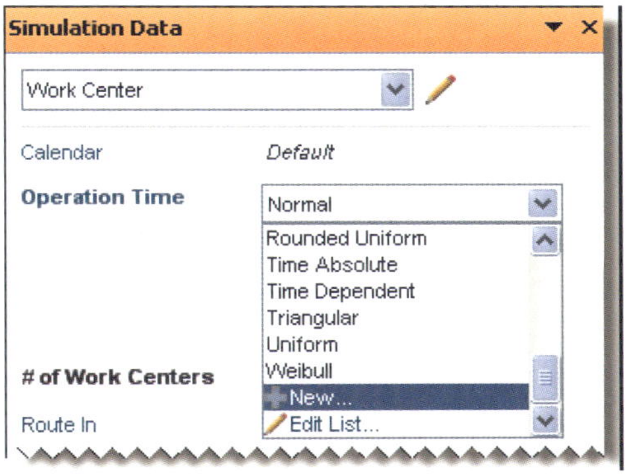

메뉴 [Simulation] – [Simulation Settings] – [Distributions]

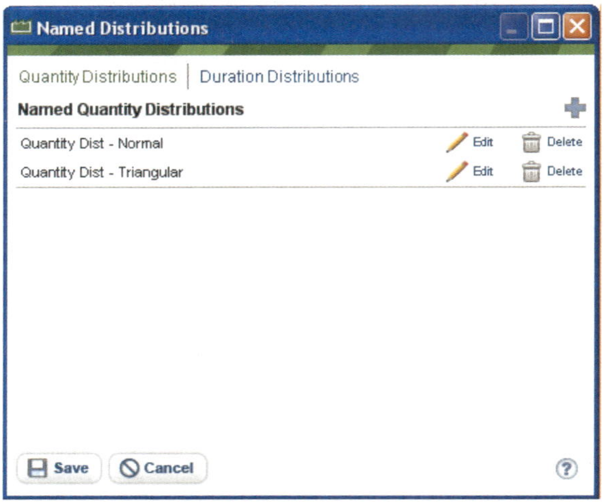

Probability Profile Distributions (확률 프로파일 분포)

이 분포들은 완전한 통제 하에서 설정함으로써 어떤 분포의 모양이라도 만들 수 있다. Probability profile distribution을 만들려면, distribution 드롭다운에서 "Probability Profile" 옵션을 선택하면 된다.

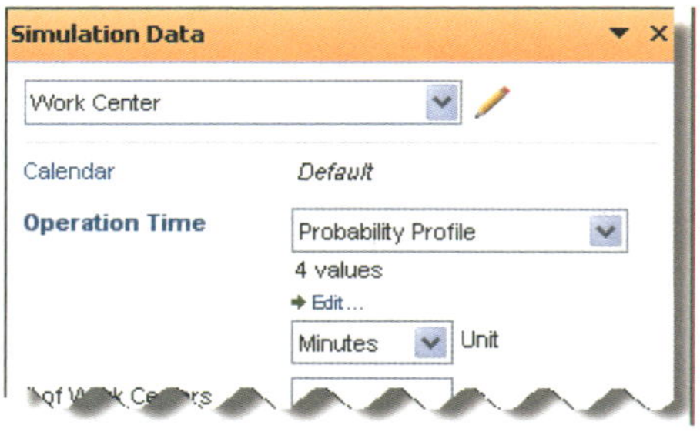

그런 다음, "Edit" 링크를 클릭하여 probability profile 값을 수정/추가/제거할 수 있다.

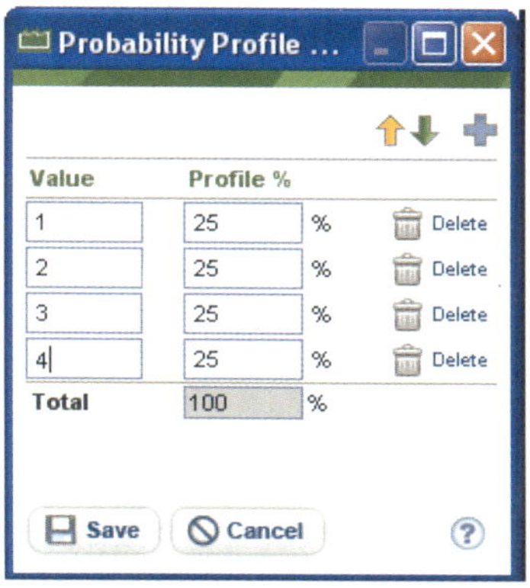

" " 아이콘을 클릭하면 행을 추가할 수 있다. "Delete" 링크를 클릭하면 현재의 행을 제거할 수 있다. "Value"와 "Profile %"는 각각의 상자에서 직접 수정할 수 있다. 행을 위나 아래로 옮기려면, 먼저 상자 사이의 빈 공간을 클릭하여 음영으로 표시되도록 한 다음, up/down 화살표 키를 활용하면 된다.

Value

이는 특정 "percentage chance"가 발생하면 표본 추출될 값이다. 해당 value 상자를 클릭하면 값들을 바꿀 수 있다.

Profile %

"Profile %" 상자에 있는 숫자는 분포로부터 표본 추출되는 특정 값의 percentage chance(비율 확률)이다. Percent 상자는 방금 전 클릭한 막대에 대한 정확한 percentage chance를 보여준다. 해당 Profile % 상자를 클릭하면 percentage를 바꿀 수 있다.

Combination Distributions (조합 분포)

Combination distribution은 여러 개별적인 분포로부터 추출된 표본들을 더한다. 이는 특수한 모양의 분포를 만들거나 비통상적인 조건을 정규 성과에 추가할 때 활용된다. 예를 들어, 어떤 기계는 작업을 수행하는데 보통 5분이 걸리지만(표준편차는 1분), 10% 정도의 경우에는 추가로 1시간이 더 걸릴 수도 있다. (10%에 대해서는 60분을 가진 probability profile distribution을 이름 붙인 정규 분포와 조합하여 사용하고 나머지 90%에 대해서는 0분을 활용한다).

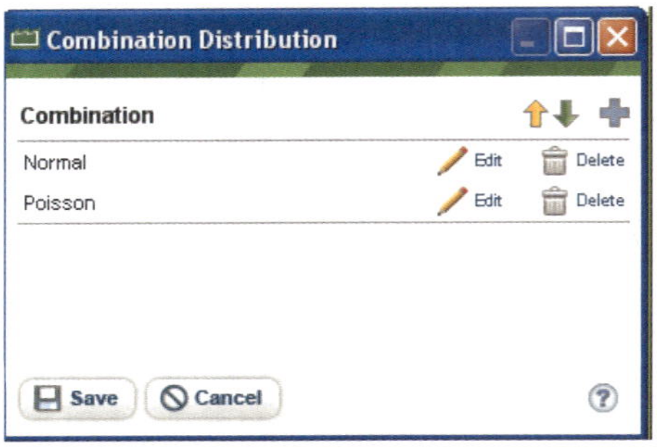

- Uses of Combination Distribution: 확률이 여러 점 주변으로 집중되어 있는 프로세스를 모델화할 필요가 있는 경우에 유용하다.
- Either/Or situation: 기계의 신뢰성은 각 부품의 신뢰성의 함수이다. 부품 중의 하나라도 결함이 있으면, 기계는 고장 난다. 각 부품에 각기 다른 고장 분포를 부여할 수 있다. Combination distribution을 활용하여 각 부품에 관련된 분포를 입력할 수 있다.
- Rare Events: 처리 시간이 평균 5분인데 10%의 경우에는 60분을 소요하기도 하는 Work Center가 있을 때, 평균이 5분인 분포 하나와 제 2의 probability profile을 만들어서 이런 현상을 표현할 수 있다. Probability profile은 2개의 열을 가지고 있는데, 첫 번째는 90%의 확률로 0의 값을 갖고, 두 번째는 10의 확률로 55의 값을 갖는다. 이 두 분포의 합은 90%는 5분을, 10%는 60분을 산출한다.

Time Dependent Distributions (시간 종속 분포)

많은 경우 시스템의 한 부분의 속도는 일/주/월/분기/년의 시간에 따라 달라질 수 있다. Time dependent distribution은 이러한 상황을 시뮬레이션 할 수 있게 해준다.

Time dependent distributions는 일련의 다른 calendar based distribution으로 구성된다. 다른 분포를 필요로 하는 것으로 밝혀진 시간(일/주/월 등)의 각각 다른 부분에 대하여 분포를 적용할 수 있다. 다음과 같은 방법으로 Time Dependent Distribution을 추가할 수 있다.

❶ 어떤 distribution 드롭다운 옵션에서 "Time Dependent Distribution"을 선택한다.

❷ 다음으로, distribution 드롭다운 아래에 있는 "Edit" 링크를 클릭한다.

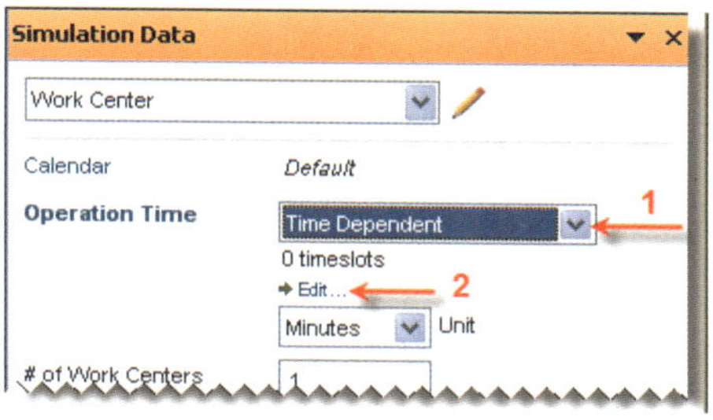

❸ 나타나는 창에서, "✚" 아이콘을 클릭하여 time slot과 분포를 추가한다.

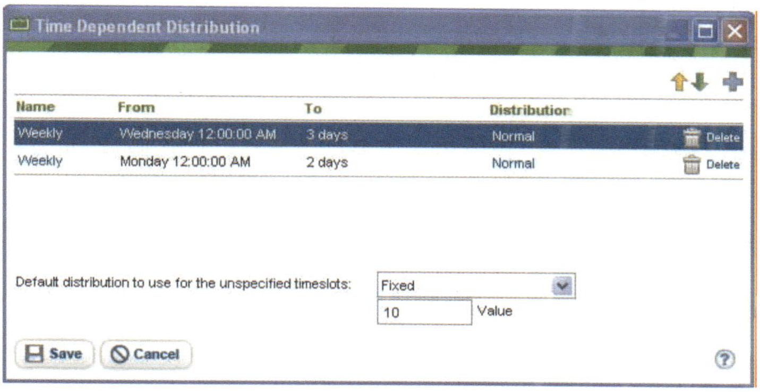

❹ 시스템 기본 설정으로 24/7 실행하는 time slot이 추가된다. 링크를 클릭하고 Daily나 Weekly 등 원하는 것으로 수정할 수 있다.

❺ Time slot 동안 활용될 분포를 수정하려면, Distribution의 이름을 클릭하면 된다.

❻ 어떠한 Calendar distributions도 정의되지 않은 time slot에 대해서는 "Default distribution to use for the unspecified timeslots"에서 시스템에서 기본적으로 설정해 준 분포가 활용되드록 정의할 수 있다.

⑦. Distribution을 제거하려면, "Delete" 링크를 클릭하기만 하면 된다.

활용:

- 하루 중에도 변하는(바쁜 시간 대 한가한 시간 등) 도착을 모델링하는데 유용하다.
- 계절적 요인에 의해 영향 받는 도착을 모델화하는 데 유용하다.
- 피로와 같은 요인의 의해 초래된 실제 생활 성과의 차이를 모델화하는 데 유용하다.

Time Absolute Distributions (시간 독립 분포)

Time absolute distribution은 무엇인가가 발생하게 하고 싶을 때를 지정할 수 있다(지금으로부터 얼마나 있다가 다음 번 것이 발생할 것인지를 지정하는 것이 보다 일반적인 방법이지만, 이와 다르게 지정할 때). 이 분포는 무엇인가가 동시에 또는 비슷한 시간에 발생하는 상황에 특히 유용하다. 예를 들어, 우편물 배송이 매일 오전 8시와 오후 2시에 발생하는 경우 등. Time absolute distributions을 활용하려면, distribution 드롭다운 옵션에서 "Time Absolute Distribution"을 선택한다. Distribution을 수정하려면, distribution 아래에 있는 "Edit" 링크를 클릭한다.

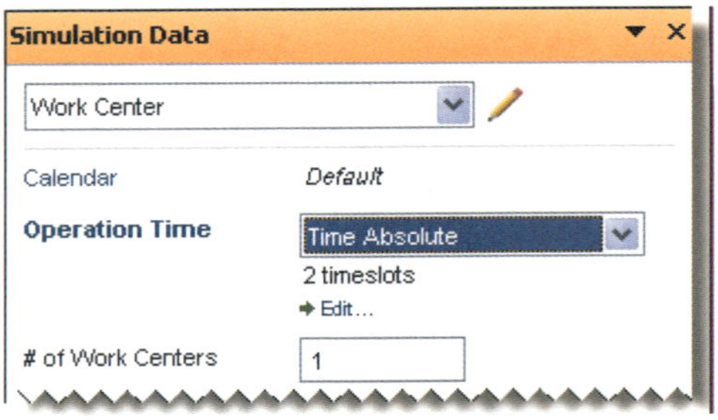

Time Absolute Distribution 대화 상자에서 무엇인가가 일/주/월/년 중 특정 시간에 발생하는 횟수를 추가할 수 있다. 또한 각 횟수에 다른 분포 이름을 부여할 수 있다 – 이를 통해 얼마나 큰 변동성이 하루 중의 어떤 시간을 중심으로 발생하는지를 지정할 수 있다. 예를 들어 아침 우편물 배달이 오전 8시에 발생하지만 우편 배달부가 최대 15분까지 늦는다면 오전 8시와 0에서 15가지의 값을 산출하는 분포(예, uniform)를 지정한다. 오후 우편물 배달이 보통 오후 2시에 있지만 조금 일찍 배달되거나 조금 늦게 배달될 수 있다면 오후 2시 더하기 평균 0과 표준편차 5분인 "정규" 분포를 지정할 수 있다.

이 대화 상자에서, 매일 사상이 발생할 시간들 중의 하나를 선택한다. 그런 다음 하루 중 이 시간을 중심으로 발생하는 변동성을 나타내는 분포를 선택한다. 예를 들어, 새 제품의 배달이 매일 오전 10시에 발생하지만 가끔 빠르거나 늦게 발생한다면, 오전 10시와 평균 0, 표준편차 10분인 "정규" 분포를 지정할 수 있음. 이는 평균시간을 오전 10시가 되게 하지만 배달의 95%는 오전 9:40과 10:20 사이에 있게 된다.

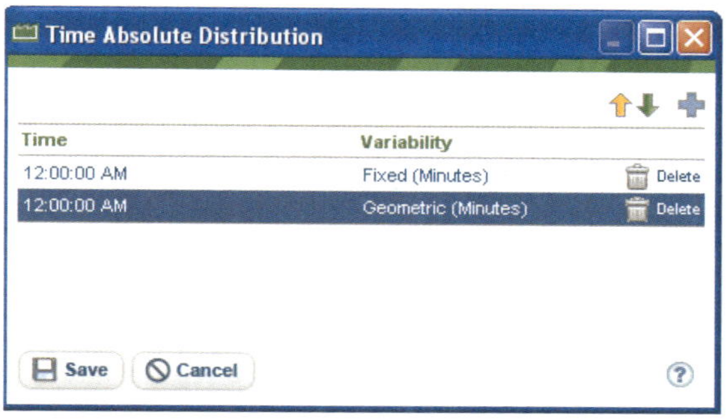

시간을 수정하려면, time 링크를 클릭함. 변동성을 바꾸려면, "Variability" 열에 있는 텍스트를 클릭한다. 분포를 삭제하려면, "Delete" 링크를 클릭한다.

External Spreadsheets (외부 스프레드시트)

External distribution을 활용하여 내장된 통계 distribution을 활용하는 대신 Microsoft Excel(보통은 Excel의 데이터 열)에 있는 시간 정보를 가져올 수 있다. 이 기능을 활용하는 대표적인 경우는 상당한 통계 분포를 사용하는 대신, 실제 상황에서 수집한 실제 데이터를 활용하고자 할 때이다. 이는 데이터가 어떤 분포와도 부합하지 않거나 모델에 어떤 무작위적 요소도 포함시키고 싶지 않을 때 유용하다.

외부 스프레드시트에 있는 데이터를 활용하려면, 다음 단계를 적용한다.

❶ Excel을 열고 열에 데이터를 입력하고 저장한다.

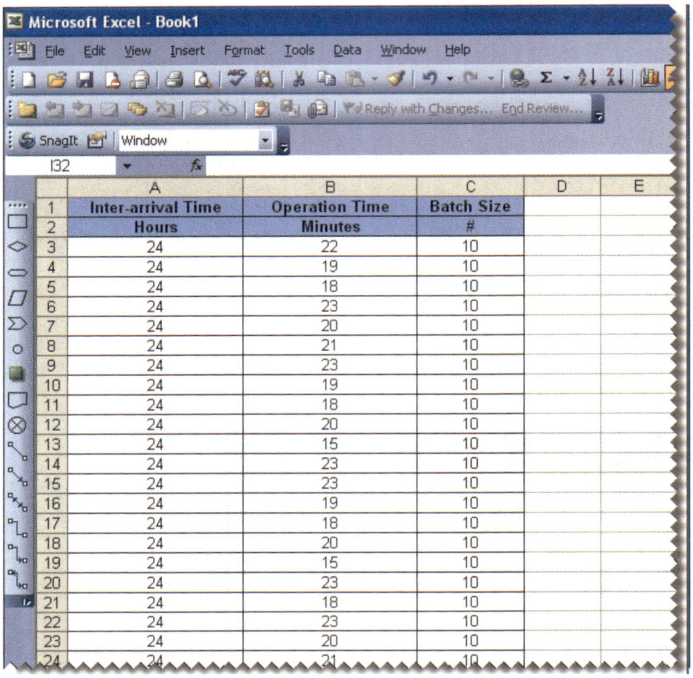

	A	B	C	D	E
1	Inter-arrival Time	Operation Time	Batch Size		
2	Hours	Minutes	#		
3	24	22	10		
4	24	19	10		
5	24	18	10		
6	24	23	10		
7	24	20	10		
8	24	21	10		
9	24	23	10		
10	24	19	10		
11	24	18	10		
12	24	20	10		
13	24	15	10		
14	24	23	10		
15	24	23	10		
16	24	19	10		
17	24	18	10		
18	24	20	10		
19	24	15	10		
20	24	23	10		
21	24	18	10		
22	24	23	10		
23	24	20	10		
24	24	21	10		

❷ Simulator에서 이 데이터를 활용할 대화 상자로 간다(예, Excel에 있는 데이터가 프로세스가 완료되기 위해 소요하는 시간을 나타내는 경우에는 work 과제 창). Distribution 드롭다운에서 "External Spreadsheet"를 선택한다.

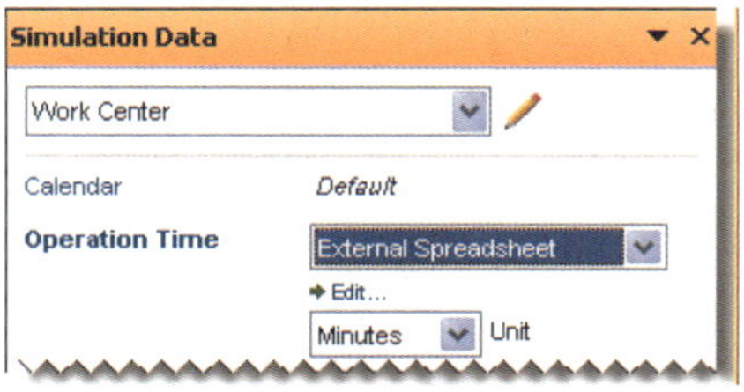

❸ "Edit"을 클릭하여 데이터가 있는 스프레드 시트를 지정한다.

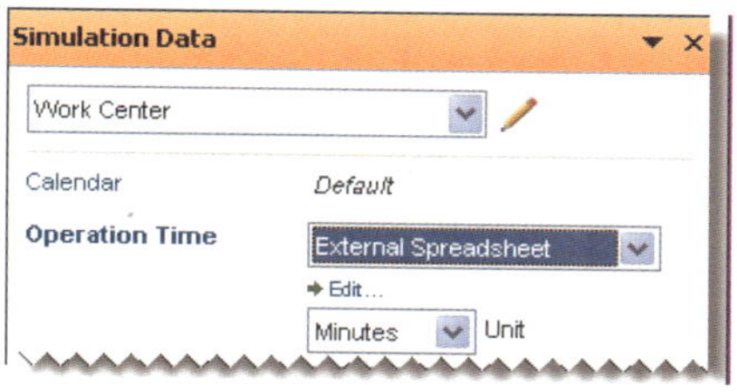

Path: 스프레드시트가 저장되어 있는 위치

Sheet: 데이터가 있는 Excel worksheet의 이름

Starting Cell: 숫자가 시작되는 셀. Simulator는 이 셀에서 시작하여 아래로 읽어 내려가며, 첫 번째로 나타나는 숫자가 아닌 셀에서 멈춘다. 예를 들어, 시작 셀이 "B3"인 경우, Simulator는 "B3", "B4", "B5", 등으로 숫자 데이터를 찾아 내려간다.

Simulator는 언제나 시뮬레이션을 시작할 때 목록의 맨 위에서부터 시작한다. 데이터의 끝에 이르면 데이터의 시작으로 다시 가서 다시 읽어 내려간다. 데이터의 끝은 빈 셀(또는 숫자가 아닌 다른 내용, 즉 텍스트 등을 포함하는 셀)로 표시한다.

이제 모델을 시작하면 Work Center 등은 Excel에 있는 자료를 활용한다.

Label Based Distributions (라벨 기반 분포)

실제 시스템에서는 처리되고 있는 아이템의 특성에 따라 Work Center의 처리시간이 달라지는 것이 매우 흔한 일이다. Label 값을 이용하여 처리되고 있는 아이템에 따라 처리시간을 바꾸도록 할 수 있다. 이 것이 올바르게 작동하도록 하기 위해서는 label 값이 work item이 Work Center에 들어가기 전에 설정되어야만 한다.

예를 들어, 병원에 있는 환자 모두가 의사의 진찰을 받아야 하는데 환자가 의사와 보내는 평균 시간이 환자의 병에 따라 달라진다면, 질병의 유형을 포함하는 label(예, "Illness")를 설정한다(예, "Broken Bone", "Yellow Fever", 등). 그런 다음, 의사에 대한 Work Center에서 해당 work item의 label을 살펴보고 의사와의 시간에 대한 표본을 추출할 실제 분포의 이름을 찾아내도록 할 수 있다.

Expressions in Fields (필드 수식)

몇몇 필드에서는 숫자 대신에 수식을 입력할 수 있다. 이는 특히 distribution(timing) 상자의 인수에 적용된다. 예를 들어, 13.5 대신에 "Machine Speed"를 입력할 수 있다(이 경우 "Machine Speed"는 Information Store에서 생성한 Global Data Item임). Information store spreadsheet가 활용될 수 있는 또 다른 예는 MySpreadsheet[8, Label 1]와 같은 참조이다(MySpreadsheet는 Information spreadsheet 변수의 이름임).

Shift Patterns (교대 작업 방식)

Shift pattern을 활용하여 하루 중 어떤 시간에 모델의 일부가 작업을 할 것인지를 정할 수 있다. 모델의 모든 요소가 동일한 시간에 시작하고 끝난다면 shift pattern을 활용할 필요가 없다. 대신 시계를 설정하여 시작 시간과 하루의 길이를 통제하기만 하면 된다. Shift는 Resources에만 적용된다. Shift patterns를 활용하려면 Shift Dependent resource를 만들고 적절한 Shift Work Pattern을 설정하면 된다. Shift를 정의하려면, Resource 과제 창에서 "Shifts"를 클릭한다.

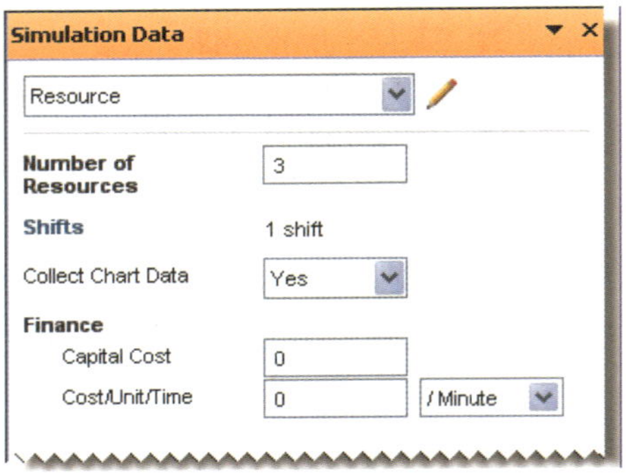

"Shifts" 링크를 클릭하면 다음과 같은 대화 상자가 열린다.

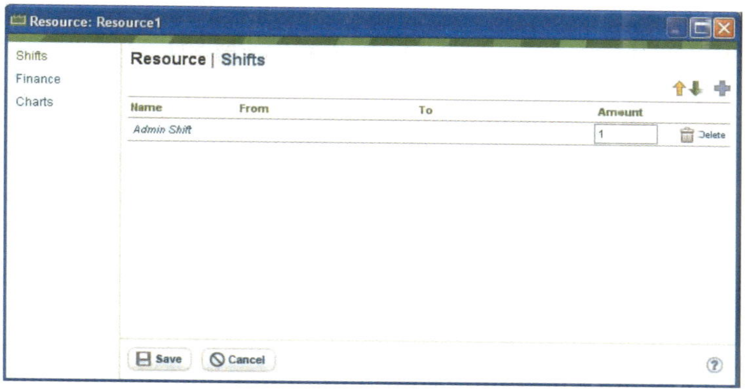

- "Default" 링크를 클릭하여 shift 속성을 정의한다. Shift property 대화상자를 활용하여 shift가 "on"이 되는 시간을 바꿀 수 있다. Start time과 duration을 입력한다. 일주일 중 어느 날에 각 shift가 작업을 할지를 정할 수 있다. Shifts가 중복(overlap)되는 경우, shifts를 활용하는 시뮬레이션 object는 보통 "Overlapping Shift Policy" 드롭다운을 활용하지 않는 한, 단지 하나의 shift만이 "on"이라고 가정한다. 다음과 같은 overlapping shift policy를 활용할 수 있다.
  - Sum: overlapping 기간 동안의 resource를 합한다.
  - Max: shift 목록에서 보다 큰 값을 활용한다. 만일 Shift 1에 2 resource가 있고, Shift 2에 5 resource가 있다면 Simulator는 overlapping 기간 동안 "5"를 활용한다.
  - First: 목록의 맨 위에 있는 resource의 수를 취한다.
- "Amount" 상자에 resource의 수를 입력한다. 이들은 이 시간 동안 활용 가능한 resource의 수이다.
- 이 resource에 새로운 shift를 추가하려면, 오른쪽 꽤 위에 있는 아이콘을 클릭한다.
- Shift를 삭제하려면, "Delete" 링크를 클릭한다.

Running Simulations (시뮬레이션 실행)

여러 장소에서 시뮬레이션을 실행할 수 있다; ① Simulation 메뉴, ② Simulation 헤더 아이콘 드롭다운, ③ 도구 바, ④ Simulation core 페이지.

From Simulation Menu:

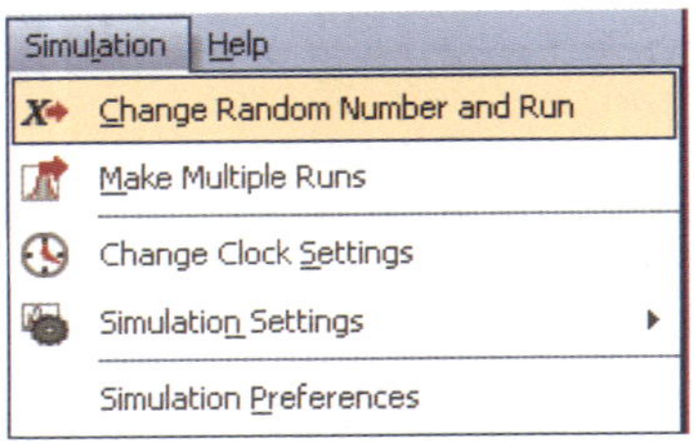

From Simulation Header icon:

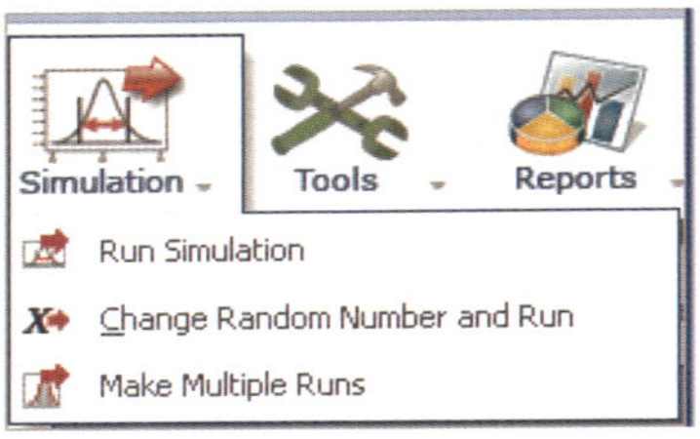

From Toolbar:

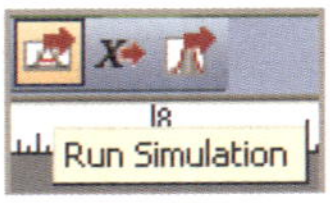

From Simulation Core Page:

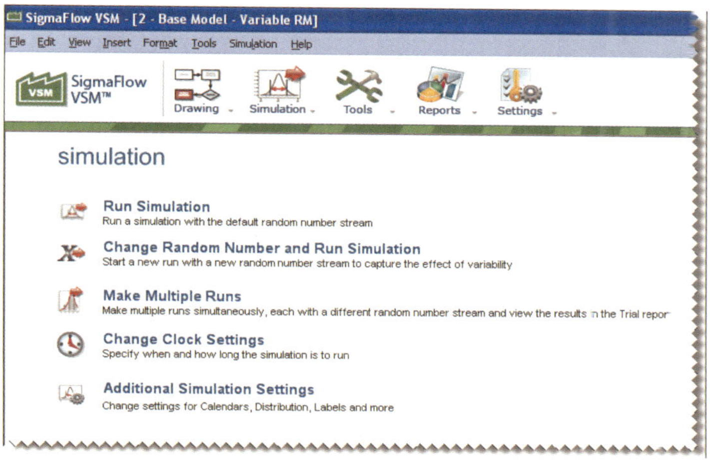

3가지 종류의 시뮬레이션을 실행할 수 있다: ① Run Simulation, ② Change Random Number and Run Simulation ③ Make Multiple Runs.

Run Simulation (시뮬레이션 실행)

"Run Simulation"은 시스템 기본 설정 무작위 수 시드를 가지고 시뮬레이션을 실행한다. 모든 결과는 활동 수준 Simulation Results 과제 창뿐만 아니라 Simulation Reports(Simulation Results 과제 창에서 체크 박스가 선택된 경우) 에서 수집된다. 시뮬레이션을 실행하려면, "Run Simulation" 옵션을 선택한다.

Change Random Number and Run Simulation (무작위 수 변경 및 시뮬레이션 실행)

정확한 모델 기반 권고 사항을 추출하기 위해서는 여러 번의 실행과 적절한 산출 데이터 분석을 하는 것이 절대적으로 중요하다. "Change Random Number and Run Simulation"은 새로운 무작위 수 스트림을 가지고 새로운 실행을 시작한다. 다른 무작위 수 스트림을 가지고 실행하면 다른 결과를 창출하게 된다. 여러 가지 다른 무작위 수 스트림을 가지고 시뮬레이션 모델을 실행하고 실행 결과를 수집하여 분석해 봄으로써 변동성의 효과를 파악할 수 있다. 시뮬레이션을 실행하려면, "Change Random Number and Run Simulation" 옵션을 선택한다.

Make Multiple Runs (여러 번 실행)

이는 또한 trial(실험 시행)이라고 부르기도 한다. Trial(또는 experiment, 실험)은 "random numbers"를 제외한 모델의 모든 인수를 동일하게 한 상태에서 수행하는 일련의 시뮬레이션 실행들이다. 좋은 날과 나쁜 날이 있는 것과 마찬가지로, 다른 무작위 수 seeds는 다른 결과를 창출한다. 각 모델을 여러 번 실행하여 '대표적인' 결과를 검토하고 신뢰구간을 설정하는 것은 매우 중요하다. 시스템 기본 설정으로 데이터는 95%와 99% 신뢰구간에 대해 수집된다.

시뮬레이션 모델은 실제 생활과 꼭 같기 때문에(변동성을 포함하고 있음), 모델을 여러 번 실행하는 것이 중요하다. 실험 실행을 통해 주(週)들이 얼마나 변동성이 있으며 성과측정지표(결과)가 얼마나 정확하리라고 예상할 수 있는지 등에 대한 정보를 얻을 수 있다.

"Make Multiple Runs" 대화 상자에서 각 실험 실행의 수를 정할 수 있다. 실행을 많이 하면 할수록 시험 실행의 결과가 더 정확해진다. 첫 번째 실험 실행에서 활용된 실제 무작위 수 스트림은 기본이 된다. 이는 실험 실행이 진행됨에 따라 점점 큰 수치가 된다. 실험 실행을 하기 위해서는 "Make Multiple Runs" 옵션을 선택하고, 실행의 횟수를 입력한 후, OK를 클릭한다.

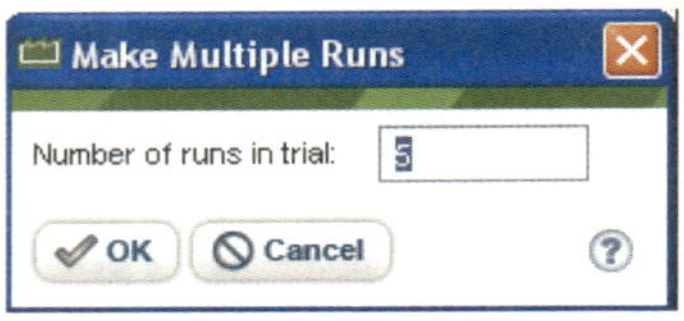

Simulation Reports (시뮬레이션 보고서)

Simulation results를 통해 성과측정지표를 수집하고 검토할 수 있다. 성과측정지표는 실제 시스템이 어떤 행태를 보일지를 예측한다. Simulator는 각 object에 대해 여러 다양한 결과를 수집한다. 공통적으로 중요한 결과와 이 결과가 수집되는 object는 다음과 같다.

주요 결과	Object
Number of items entered (들어온 아이템의 수) Number of items lost (소실된 아이템의 수)	Work Start
Queue lengths (graphs) (대기열 길이) Time in Queue (histograms) (대기열 시간) Can be segregated by type (유형별 구분 결과)	Storage
Items completed (완료된 아이템) Utilizations (활용도)	Work Center
Number completed (완료된 수) Time in system (histograms), overall or by type of item (시스템에서의 시간, 전반적 또는 아이템 유형별) Percent completed within limit (한계 내에서 완료된 비율)	Work Finish
Utilizations (활용도)	Resource

Simulation 결과는 전반적 프로세스 수준이나 개별 object 수준에서 볼 수 있다.

- **Object 수준:** 결과 정보는 개별 시뮬레이션 object에 대한 Simulation Results 과제 창에서 볼 수 있다. 예를 들어, object에 대한 시뮬레이션 결과를 보려면, storage object에 대한 Simulation Results 과제 창을 클릭하고 변수인 time 기간 내에서의 storage queue를 떠난 work item의 비율을 보면 된다. 과제 창에서 몇몇 결과는 보통 그래프 형태(pie charts, histograms 등)로 제공된다. 이들을 보려면 Simulation Results 과제 창에서 해당 chart 단추를 클릭하면 된다. Object 수준의 결과에 대한 보다 자세한 설명은 "Simulation Objects" 섹션에서 볼 수 있다.
- **Process 수준:** 시뮬레이션 결과는 "Reports" 섹션에서 볼 수 있다. 이는 전반적인 Results Summary, Compare Report, Trial Results, Profit and Loss Statement, Transaction Log Report 등을 프함하고 있다. Simulation Reports는 reports 코어 페이지나 'Reports" 헤더 아이콘을 이용하여 볼 수 있다.
- **"Reports" 코어 페이지를 이용하여 보고서 보기:** "Reports" 아이콘을 클릭하여 코어 페이지를 본다.

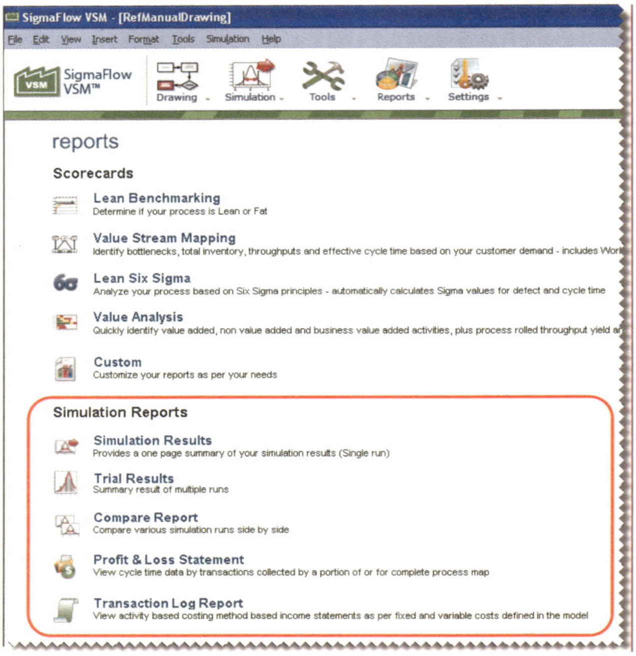

● "Reports" 헤더 아이콘을 이용하여 보고서 보기: 드롭다운 메뉴를 클릭한다.

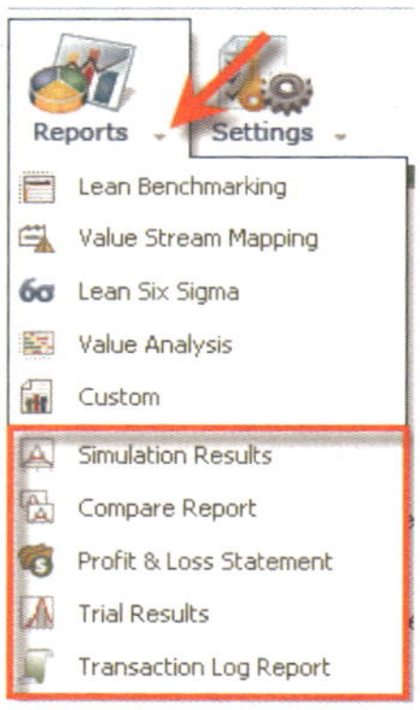

Simulation Results (시뮬레이션 결과)

Results summary는 중요한 결과 정보를 수집한 것이다. Object의 Simulation Results 과제 창에서 체크된 것들은 모두 보고서에 나타난다. Simulation Results 보고서는 모델에서 가장 중요한 결과와 선택한 모든 정보를 한 페이지로 보여준다. Results summary 창에 있는 정보부는 각 시뮬레이션 실행이 끝나면 경신된다.

보고서의 첫 행에는 언제나 시뮬레이션 실행의 시간과 소요 시간이 나타난다. Object에 대한 실제 결과는 2번째 행부터 나타난다.

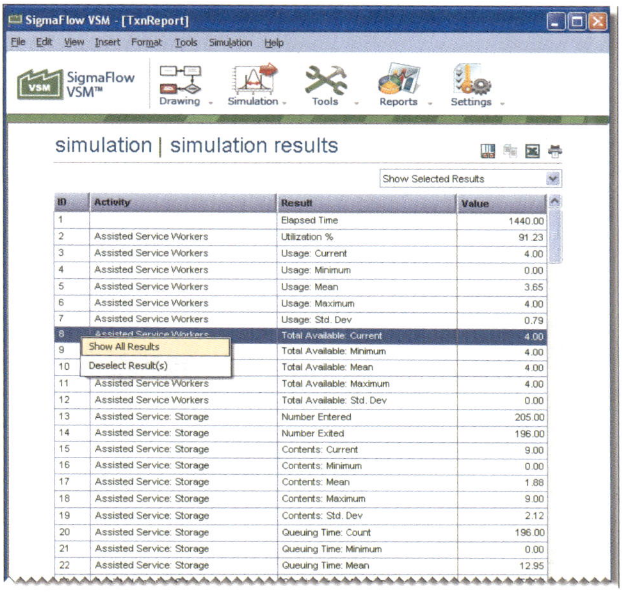

- Action Buttons: 모든 보고서는 일련의 활동 단추를 가지고 있는데 이는 보고서의 형식 조정(customize), 복사(copying), 내보내기(exporting), 인쇄(printing) 등을 할 때 활용된다.

Customize 아이콘: 보고서에서 열을 나타내거나 숨김 (자주 사용되지는 않음).
Copy data: 선택한 데이터를 클립보드에 복사함.
Export to Excel: 시뮬레이션 결과를 Excel로 내보냄.
Print: 보고서를 인쇄함.

Results summary 창에 나타나는 결과 정보는 실행되고 있던 중에 발생한 것들을 보여준다. 결과는 시뮬레이션 실행 동안 발견된 관련된 값이다. 예를 들어, 모델이 1주일 동안을 실행했으면, "average time in queue"와 같은 결과를 보면 그 결과 수치는 work item이 queue에서 보낸 모든 개별 시간의 평균이다.

- Show Selected Results: Simulation Results 과제 창에서 체크한 선택한 결과만을 보여준다. "Show All Results"를 선택하면 체크 여부에 관계 없이 모든 결과를 보여준다(단, 체크 안 된 결과는 회색을 조금 흐릿하게 표시됨).
- Removing selected results from reports: 선택한 내용을 보고서에서 삭제하는 방법에는 2가지가 있다.

❶ From Right Click Options: Simulation Results 그리드를 오른쪽 마우스로 클릭하면 결과를 보이거나 숨길 수 있는 옵션이 나타난다.

❷ From Simulation Results 과제 창: Results Summary 창에서 어떤 결과를 제거하려면, 각 개별 object의 Simulation Results 과제 창으로 가서 해당 결과의 체크박스의 선택을 해제하면 된다.

Trial Results (실험 실행 결과)

각 개별 시뮬레이션 실행에 대한 요약내용은 현재의 실행으로부터의 결과를 보여준다. 시뮬레이션 실험 실행에 대한(다른 무작위 수를 활용하는 여러 번의 시뮬레이션 실행) 결과는 평균과 신뢰구간 계산 값(95%와 99%에 대해)을 보여준다. 실험 실행의 목적은 결과의 신뢰성을 검토하는 것이다. 예를 들어, 어떤 조직의 1주일 간의 운영을 시뮬레이션 하는 경우, 첫 번째 실행의 결과는 조직에서의 1주일 간의 운영을 시뮬레이션 한 것인데, 이는 실제 생활에서와 똑같이 평균적인 주(週)이었을 수도 있으며, 나쁜 주(週)나 좋은 주(週)이었을 수 있다. 몇 번의 실행을 더 하지 않는 한 앞의 한 주(週)가 어떤 주(週)이었었는지 알 수 있는 방법이 없다.

실험 실행은 여러 주의 실행이며 결과는 이들 여러 주의 결과를 요약하여 보여준다. 숫자의 중앙 열은 실험 실행에서의 여러 주에 걸쳐 평균한 결과이다. 이는 장기적 평균이 무엇이 될 것인가에 대한 지침을 제공한다.

Trial Results 창에는 개별 실험 실행의 결과가 요약된 하한 95%, 하한 99%, 평균, 상한 95%, 상한 99% 결과와 함께 나타난다.

- Confidence Intervals(신뢰 구간): Simulator는 각 결과에 대한 신뢰구간을 자동적으로 산출한다. 시스템 기본 설정을 활용하여 95% 신뢰구간을 산출하면, 어떤 결과의 실제 값이 신뢰구간의 상한과 하한 사이에 있을 가능성이 95%라고 합리적으로 추정할 수 있다.

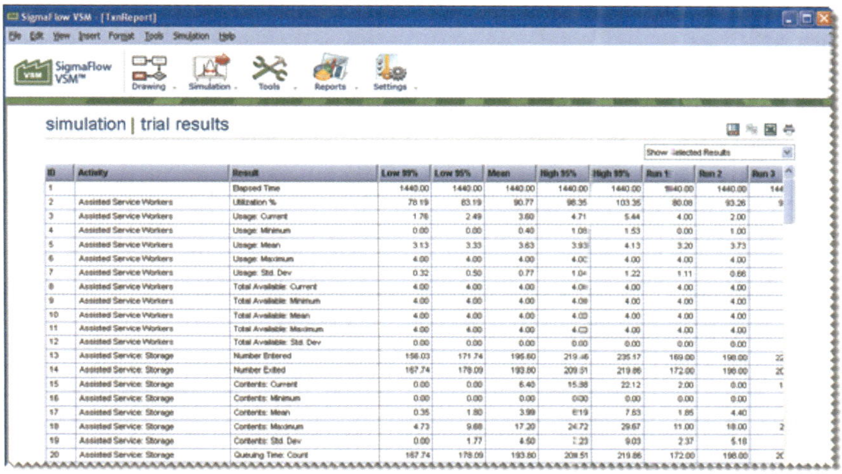

각 실험 실행 후의 결과는 각 실행 후의 결과와 다르게 표시된다. 왼쪽과 오른쪽 열은 중앙 값(평균)이 얼마나 신뢰할 수 있는지에 대한 힌트를 제공한다. 어떤 경우에는 주 사이의 변동성이 낮기 때문에 매우 신뢰할 수 있는 반면, 다른 경우에는 신뢰할 수 없는 경우가 있을 수 있다. 따라서 결과가 어떤 경우에 속하는지를 판단할 수 있어야 한다. 예를 들어, 주(週) 별 수치가 0 ~100인 경우의 평균 50은, 주 별 수치가 49 ~ 51인 경우의 평균 50과는 매우 다른 것이다.

왼쪽과 오른쪽 열은 1000번의 실행을 한 경우의 평균 수치의 범위에 대한 추정치를 제공한다. 시뮬레이션은 실제 생활에 존재하는 변동성을 포함하는 하나의 추정 방법이므로 결코 100% 정확할 수는 없다. 이들 왼쪽과 오른쪽 수치들은 95%(또는 99%)의 확률로 장기적 평균이 놓일 범위를 제시한다. 실험 실행에서 더 많이 실행하면 할수록, 추정은 더 정확해진다.

- Action Buttons: 모든 보고서는 일단의 활동 단추를 가지고 있는데 이는 보고서의 형식 조정(customize), 복사(copying), 내보내기(exporting), 인쇄(printing) 등을 할 때 활용된다.

Customize 아이콘: 보고서에서 열을 나타내거나 숨김 (자주 사용되지는 않음).
Copy data: 선택한 데이터를 클립보드에 복사함.
Export to Excel: 시뮬레이션 결과를 Excel로 내보냄.
Print: 보고서를 인쇄함.

- Show Selected Results: Simulation Results 과제 창에서 체크한 선택한 결과만을 보여준다. "Show All Results"를 선택하면 체크 여부에 관계 없이 모든 결과를 보여준다(단, 체크 안된 결과는 회색을 조금 흐릿하게 표시됨).
- Removing selected results from reports: 선택한 내용을 보고서에서 삭제하는 방법에는 2가지 옵션이 있다.

❶ From Right Click Options: Simulation Results 그리드를 오른쪽 마우스를 클릭하면 결과를 보이거나 숨길 수 있는 옵션이 나타난다.

❷ From Simulation Results 과제 창: Results Summary 창에서 어떤 결과를 제거하려면, 각 개별 object의 Simulation Results 과제 창으로 가서 해당 결과의 체크박스의 선택을 해제하면 된다.

Transaction Log Report (처리 기록 보고서)

Transaction log report는 프로세스 지도의 여러 다른 부분 사이의 여러 가지 처리에 대한 cycle time 데이터를 수집한다. Transaction log report를 생성하려면, cycle time 데이터를 수집하고자 하는 대상 부문을 먼저 정해야 한다. 이는 [Simulation] – [Simulation Settings] – [Transaction Log Settings] 메뉴에서 정할 수 있다.

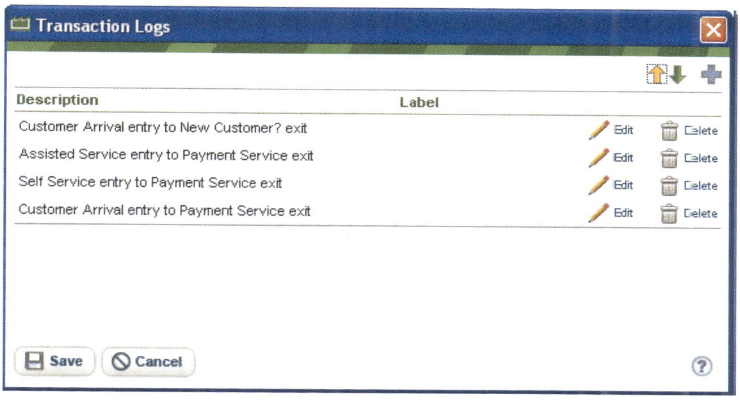

부분들이 정해지면, 시뮬레이션 실행이 끝나면 바로 transaction log report가 자동적으로 생성된다. 이 보고서는 시스템을 통과한 모든 처리를 보여준다.

Transaction log와 chart는 실험 실행에 대해서는 활용할 수 없다.

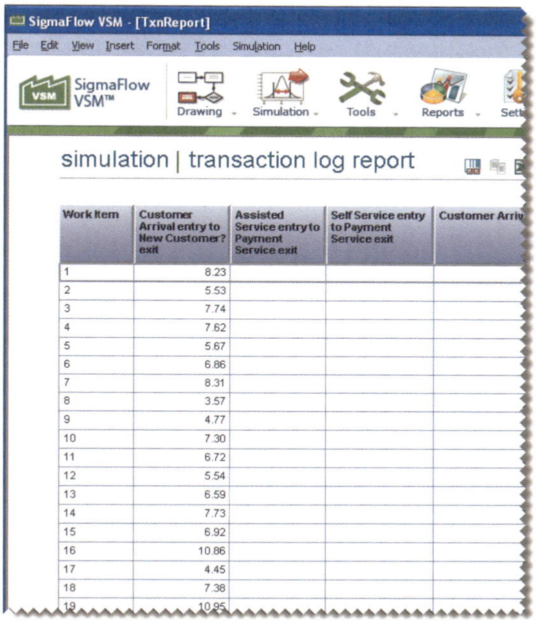

Work Item	Customer Arrival entry to New Customer? exit	Assisted Service entry to Payment Service exit	Self Service entry to Payment Service exit	Customer Arriv
1	8.23			
2	5.53			
3	7.74			
4	7.62			
5	5.67			
6	6.86			
7	8.31			
8	3.57			
9	4.77			
10	7.30			
11	6.72			
12	5.54			
13	6.59			
14	7.73			
15	6.92			
16	10.86			
17	4.45			
18	7.38			
19	10.95			

Profit and Loss Statement (손익계산서)

Simulator는 또한 시뮬레이션하고 있는 아이디어의 재무적 영향을 계산할 수 있다. 정규 시뮬레이션 모델을 실행하는 것은 여러 가지 목적에 유용하다.

이를 통해 얼마나 많은 장비와 자원이 필요하며, 얼마나 많은 제품을 생산해야 하며, 고객이 얼마나 오래 기다려야 하는지 등을 알 수 있다. 그러나 자금에 대해서는 무엇을 알 수 있을까? Simulator는 이미 구축한 시뮬레이션 모델을 활용하여 제안하고자 하는 작업으로부터 발생할 비용과 수익을 계산해낸다. 즉 새로운 아이디어가 조직에 얼마나 많은 수익을 가져다 줄 것인지를 보여준다. 최종 손익을 화면에 바로 보여주며, 모델에 변화를 주면 최종 손익에 어떤 영향이 있는지를 바로 보여준다.

또한 시뮬레이션 모델에 있는 object와 활동에 비용과 수익을 할당할 수 있다. Object에 직접 할당되지 않는 비용과 수익이 있는 경우에는, Overheads / Other Revenue 기능을 활용하여 입력한다. Simulator는 자본, 고정비용 및 변동비용의 활용을 지원한다. 각 object에 대해 다음 비용을 할당할 수 있다.

Work Starts	Capital Cost, Cost/Unit
Storage Bins	Capital Cost, Cost/Unit/Time
Work Centers	Capital Cost, Cost/Time, Cost/Unit
Work Finished	Capital Cost, Revenue (per Unit)
Resources	Cost/Unit, Cost/Unit/Time

SigmaFlow Simulator 소프트웨어에서는 무작위 처리 시간과 대기열 시간을 감안하여 work item에 비용을 동적으로 할당할 수 있다. 모델이 실행될 때, 모든 정보를 활용하여 활동과 resource에 의해 창출되는 돈의 흐름에 대한 데이터를 축적한다. 이 축적된 정보가 "Profit & Loss Statement"에서 요약된 형태로 나타난다.

Profit and Loss Statement는 여러 object에 관련된 비용/수익을 정의하고 시뮬레이션 모델을 실행한 후에 생성된다. 모델이 실행되면 바로 Profit & Loss Statement 보고서는 모델의 모든 요소가 최종 손익에 미치는 영향을 보여준다. 모델의 어떤 국면을 바꾸고 다시 실행하면, 새로운 최종 손익 결과가 나타난다(따라서 각 변화가 미치는 총 재무적 영향을 바로 볼 수 있다).

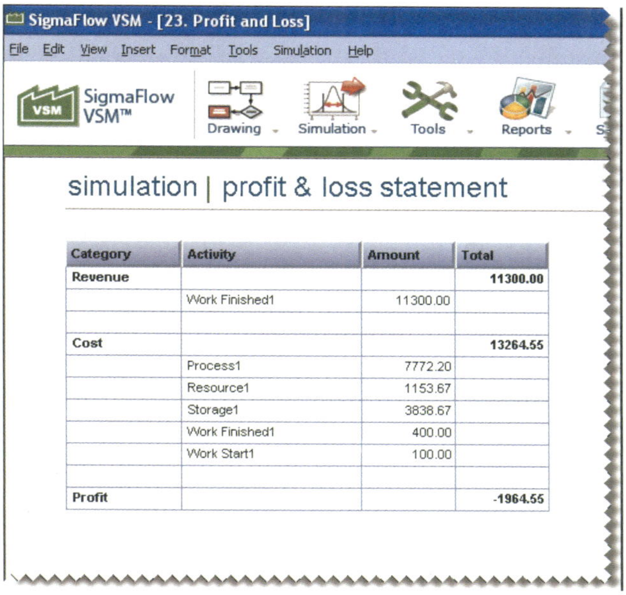

Category	Activity	Amount	Total
Revenue			11300.00
	Work Finished1	11300.00	
Cost			13264.55
	Process1	7772.20	
	Resource1	1153.67	
	Storage1	3838.67	
	Work Finished1	400.00	
	Work Start1	100.00	
Profit			-1964.55

각 시뮬레이션 실행은 Profit & Loss Statement를 생성한다. 비용 수치가 없는 object는 P&L Statement에 나타나지 않는다.

Entering Costs and Revenues (비용과 수익 입력)

Object Level Cost / Revenue (object 수준 비용 / 수익)

비용을 유발하는 시뮬레이션 object를 클릭하고 Simulation Data 과제 창으로 간다. Finance 부분에 해당 object에 대한 실제 비용을 입력한다. "Simulation Objects" 섹션에 재무 수치를 입력하는 방법에 대한 보다 자세한 내용이 있다.

Finance Overheads (재무 간접비)

Profit & Loss Statement에 추가하고 싶지만 시뮬레이션에서 모델화 되지 않는 재무적 성과 요소가 있는 경우가 있다. 예를 들어, 고정 간접비 또는 다른 수익이 있을 수 있다. 또한 정보가 없지만 일반적인 몫을 반영하고 싶은 자본 비용이 있을 수도 있다. [Simulation] – [Simulation Settings] – [Finance

Overheads] 메뉴를 이용하여 Fixed Costs와 Fixed Revenues를 추가할 수 있다.

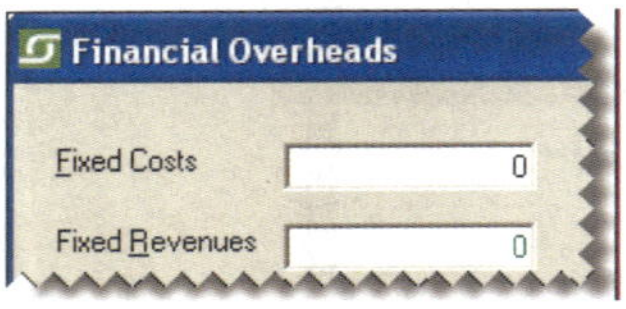

Finance Overheads는 시뮬레이션마다 발생하며, 시뮬레이션의 인수나 결과에 영향 받지 않는다. 이 값들은 Profit & Loss Statement Report에 포함된다.

Object Naming Convention (object 이름 부여 규칙)

시뮬레이션에서 다른 work 요소에 대해 이름을 부여하는 관례를 만드는 것은 항상 좋은 생각이다. 이를 통해 모델의 오류를 쉽게 찾아낼 수도 있다. 다음은 naming의 한 예이다.

Prefix	Definition
Que	Queue, Storage or Delay
Wc	Work center or process
Ws	Work Start
Wex	Work Finished point or work complete
Dnd	Named distribution
Dpp	Probability profile distribution
Isv	Information store variable
Iss	Information store spreadsheet
Lbl	Label

찾 / 아 / 보 / 기

가

나

사

아

자

차

타

파

하

강현수 ceo@expertchoice.co.kr

연세대학교를 졸업하고, 금융회사에 입사하여 기획, 예산, 평가, 목표 관리, 투자, R&D 등의 업무를 두루 거쳤다. George Washington University에서 MBA를 취득하였으며, 1999년 「의사결정지원 및 성과측정/평가/향상 전문회사」인 Decision Science의 설립에 참여했다. 국회, 지식경제부, 국토해양부, 해양경찰청, 한국개발연구원(KDI) 등 100여 기관에 교육 및 용역 서비스, 관련 솔루션 등을 제공하였으며 중앙공무원교육원에서 정책형성 관리과정을 강의하는 등 여러 기관에서 강의하였다.
현재는 (주)디시전사이언스의 대표이며 한국생산성본부에서 강사로 활동 중이다. 저서 및 역서로는 「계층분석적 의사결정」, 「성과예산 실무」, 「IT Governance」, 「카플란과 노튼의 BSC의 모순과 한계 그리고 새로운 대안」, 「정책결정의 품질향상」 등이 있다.

조영성 cys@expertchoice.co.kr

연세대학교를 졸업하고 (주)디시전사이언스에 입사하여 현재 AHP 분석 및 의사결정, 자원배분 및 최적화, BSC와 DEA 등 성과측정/평가/향상, 성과예산, 타당성 분석 등의 업무를 수행하고 있다.

시그마플로우 가치흐름지도 그리기 시뮬레이터를 활용한
SigmaFlow VSM(Value Stream Mapping) Simulator

린(Lean) 6시그마 분석과 성과 향상

2010년 6월 25일 초판 인쇄
2010년 6월 30일 초판 발행

옮긴이 / 강현수 · 조영성
펴낸이 / 오판근
펴낸곳 / 교우사

주 소 / 서울 동대문구 제기2동 148-19
전 화 / 925-2861(代), 편집부 / 925-2825
팩 스 / 925-2860

E-mail / kyowoo@kyowoo.co.kr
http://www.kyowoo.co.kr

등록 / 1994. 3. 24 제6-0256호

ISBN 978-89-8172-856-4 (13320)

값 20,000 원

© KyoWooSa, 2010.

※ 이 책의 무단전재, 복제를 금합니다.